《オーストリア哲学》の独自性と哲学者群像

——ドイツ哲学との対立から融合へ——

島崎 隆 著

創 風 社

ま え が き

　本書は，旧著『ウィーン発の哲学』（未來社，2000 年）の続編である。旧著の展開を踏まえて，それをより豊かに，個別の哲学者に即して詳細に展開した。全体的構想やオーストリアの歴史的・文化的などの幅広い背景については，旧著のほうが詳しいので，是非そちらをご参照いただきたい。さて以下に，本書の目的意識を四点簡潔に述べたい。詳細は以下の本文でも明らかになるだろう。

　第 1 はオーストリアの哲学や思想（以下簡潔に，《オーストリア哲学》と表現する）の独自性を，いわゆるドイツ哲学と区別して展開することである。同じドイツ語圏であるということで，《オーストリア哲学》は何となくドイツ哲学と一体化されて論じられてきた。反省すると，ウィーンでの研究滞在前の自分がかつてはそうであった。あたかも《オーストリア哲学》などは無きがごとしであったのが事実である。もっとも，オーストリア本国では，ルドルフ・ハラーを始め，《オーストリア哲学》の独自性の研究は存在するし，その翻訳もあるが，日本の哲学界がそれを正当に理解し，受容しようとしない状況である[1]。だが実は，かつての《オーストリア哲学》の多くはドイツ哲学と対立し，それに反発する側面をもち，それと異質な性格をもつといえる。ここに《オーストリア哲学》の独自性の探究というテーマが成立する。もちろん，すべての《オーストリア哲学》が同じ特徴と傾向をもっているなどという馬鹿げたことを主張するつもりもないし，そうできるわけはない。あくまでそこに，ドイツ哲学と対立するような，何か根強い傾向が見られてきたということを指摘したい。それが偶然でないとすれば，なぜいかにして《オーストリア哲学》が成立してきた

---

1) この点でいえば，従来一般に，分析哲学が過去の哲学者を歴史的脈絡や文化的背景にそって理解しようとしないという傾向があった。これは，オーストリアの論理実証主義者でも，それ以後の世界と日本の分析哲学界においても，そうであった。「分析哲学的アプローチの問題点」として，その「歴史感覚の欠如 a luck of histrical sense」がブライアン・マギーによって指摘される所以である。マギー編『哲学の現在』（磯野友彦訳）河出書房新社，1983 年，168 ページ。まさにその反省のうえで，《オーストリア哲学》という問題領域が開かれたわけである。

4

のか,その特徴と意義は何か,という問いが正当に成立する。日本の哲学界では,そうした問題意識はほとんど見られないようだが,私はその点を議論したいと思う。ある意味,私の問題提起は,日本ではかなり独特であるが,だが幅広い分野へとつながる可能性をもつものでもあろう。この試みがどの程度成功するか,その判断は読者諸氏に任せたい。

第2に,第1点とつながっているが,もしそうであるならば,近代・現代の哲学史および哲学の状況は大きく塗り替えられることになりはしないだろうか。というのも,近代以後に限っても,哲学史的にいって,従来のイギリス経験論と大陸合理論の対立をドイツの哲学者カントが大きく総合したといわれる。そして,哲学といえば,ドイツ哲学であるという風潮がかつて広められてきた。それは通俗的見解ではあるが,一概に否定されるべきでもない。いずれにせよ,もしドイツ語圏で《オーストリア哲学》なるものが独自にあり,それがカント以後のドイツ哲学に意識的に対立しているとすれば,そう単純には,哲学史の流れを描くことはできない。また哲学の現代的配置状況としても,ドイツ哲学,イギリス哲学,フランス哲学,またせいぜいアメリカ哲学というように区分されるのが常識であるが,もし《オーストリア哲学》というものがあるとすれば,この配置図は修正されなければならないだろう。ちなみに,文学の領域では,ドイツ文学とオーストリア文学は,ある意味で区分されている。私は本書でそれと同様の方向性を模索する。

とくに「20世紀は言語の世紀である」といわれ,現代哲学の《言語論的転回 linguistic turn》ということがいままで強調されてきた。そこにソシュールらの言語学とともに,分析哲学,言語哲学が大きく寄与してきたことも指摘されてきた。だが,その《言語論的転回》が《オーストリア哲学》から始まったということは,本格的に議論されることはかつてなかったと思われる[2]。こうして,言語哲学と《オーストリア哲学》の関わりが,あらためて議論されるべきである。そのなかで《オーストリア哲学》の独自性も具体的に明らかになることだろう。

---

2)新田義弘・他編集『言語論的転回』岩波書店,1993年,というそのものずばりの内容の著作においても,ルートヴィッヒ・ウィトゲンシュタインがその中心人物として展開されるが,《オーストリア哲学》の位置づけなどの議論は存在しない。わずか,野家啓一がフリッツ・マウトナーに少し言及するだけである。前掲書,148ページ以下。

第3に，オーストリア哲学の独自性を主張する背景には，哲学を抽象の世界に止めておくべきではなくて，たえずその哲学が登場する歴史的事情や地域性を探る必要があるという問題意識が私にある。ある意味で，哲学的観念の根底に社会と歴史を置くという唯物論的な歴史意識が私の前提となっているといえよう。その観点を重視する場合にのみ，ドイツ哲学にたいする《オーストリア哲学》の区分が意義をもつといえよう。のちほど少し詳しく述べるが，中世以後，近現代の歴史のなかで，中欧の大国であり，代々，神聖ローマ皇帝を輩出してきたハプスブルク帝国，またはその後のオーストリア・ハンガリー帝国（1867〜1918年）は，北の新興国家のプロイセンと対抗関係に陥り，ドイツ語圏のなかでライバル争いが発生して，プロイセンに大国の地位を徐々に譲っていくのである。こうした対抗関係は，哲学にも何らかの影を落としているといえよう。こうして，オーストリアとドイツは宗教的にも，政治的にも，さらに文化的にも，その国民性も異なっており，そのライバル意識は，いまでも，とくに小国となってしまったオーストリアの側から，はっきりと見られる。

こうした現実的背景が抽象的な営みである哲学にも影響を及ぼしていると考えるのが自然であり，事実その目で見ると，初めてオーストリア哲学とドイツ哲学の区別がはっきりと示されるのである[3]。哲学を中空に浮かぶ抽象的な思弁の産物ととらえるのではなく，哲学者たちが生きた社会と歴史のなかからある種，必然的に発生してきたという認識がそこに関わる。これはある意味，唯物論的なものの見方だといえよう。ところが哲学には，その時代との関わりなどは非本質的だ，または大した意味をもたないという考え方が，主張されてきたことがあったと思われる。

第4に，哲学の時代性・地域性の指摘とともに，哲学の普遍妥当性についても語られなければならない。もちろん哲学はもともと，世界のあり方，人間の生きかたについての普遍的なもの，その本質を探究しようとするものであって，つねにそこには，特定の時代と地域を超えて，一定の普遍性が宿されている。

3）《オーストリア哲学》を研究してきたルドルフ・ハラーは，はっきりと次のように指摘する。つまり哲学は，文化の一部であり，そのなかで文化が発展した社会性の一部である。ウィーン学団も，同様にその地域的根源性が発見されるべきである……。私はこの意見にまったく賛同したい。Rudolf Haller, Einleitung, in: *Fragen zu Wittgenstein und Aufsäte zur Österreichischen Philosophie*, Amsterdam 1986.

私はもともとヘーゲル論理学の研究者であったので，哲学の普遍的・抽象的性格は十分に心得ているつもりである。ウィトゲンシュタインやブーバーというような《オーストリア哲学》の人びとも，いまや事実として，日本でも大きな共感をもって迎えられ，グローバル化してきている。ある意味，哲学がいかなる時代，地域で生まれても，それが別の時代，地域で理解され，関心をもたれることはある。だから，時代性・地域性と普遍性・共通性という性格は，つねに矛盾し，排除しあうわけではない。とくに，世紀末といわれた時代に生まれた《オーストリア哲学》は，すでに現代的でもあり，東洋思想にも手を伸ばしていた。だからますます，《オーストリア哲学》は現代的な普遍妥当性をもっているといえよう。

　したがって私は，以上の4点を意識しつつ，本書を展開する。もしそれが成功するならば，哲学の世界はかなりの程度，塗り替えられるのではないだろうか。少なくとも，《オーストリア哲学》という存在が認知されることになるだろう。従来，哲学研究者にたいして，「どちらの哲学を専攻していますか」というような質問に，そこに関わる言語を想定して，「ドイツ哲学です」「フランス哲学です」などと答えられてきたが，本書のような問題意識が通用すれば，「オーストリア哲学です」というような返答も出てくることになるかもしれない。またはより詳しくは，「オーストリア哲学，とくにウィトゲンシュタインです」などと答えられるだろう。これからは，そういう状況を期待したいと思う。

　以下で，各章を簡単に紹介する。

　第1章「《オーストリア哲学》の独自性と19世紀転換期（世紀末状況）」は，序論的に，そもそも《オーストリア哲学》というジャンルが成立するとすれば，それはいかなる性格ないし独自性をもつと考えられるのかをあらかじめ述べる。さきほど述べたように，オーストリア由来のすべての哲学にそうした独自性が妥当するわけでもないし，その証明の一端は，第2章以後で各哲学者に即してもおこなわれる。したがって，第1章を手始めに読んでいただければ，あとはどの章から読んでも，けっこうである。各章でも，オーストリアの歴史的・文化的事情などについて必要な限りで触れてある。

　第2章「フリッツ・マウトナーと《言語論的転回》の開始」では，ウィトゲンシュタインに先立って，いわゆる《言語論的転回》を本格的に開始したマウトナーの哲学を詳細に明らかにする。《オーストリア哲学》はまず彼から始めら

れるべきであろう。彼は文学の方面では日本でも一定程度，注目されてきたが，哲学ではほとんど無名であった。マウトナー哲学を理解することによって，哲学研究が文学研究にようやく追いついたのである。彼の言語感覚には驚くべきものがあり，ここで《オーストリア哲学》の真骨頂が示される。

第3章「エルンスト・マッハの哲学とレーニンの批判」では，日本でもある程度知られているマッハの哲学を扱うが，それを《オーストリア哲学》の脈絡で展開するとともに，有名なレーニン『唯物論と経験批判論』に示されたマッハ批判の妥当性を詳細に扱う。マッハは当時，ブレンターノと並んで，《オーストリア哲学》の父といわれるほどの影響力をもった。ソ連社会主義の激烈な政治闘争のなかでの哲学論争として，レーニン哲学への評価の問題とも合わせて，いまでもきちんとは総括されてはいない問題であり，この分野にあえて挑戦したい。

第4章「フェルディナント・エーブナーの形而上学批判と言語哲学」では，エーブナーというカトリックの小学校教師の哲学を扱う。その信仰の厚さとことばへの敏感さは，驚異的であり，マウトナー，ウィトゲンシュタインとともに，オーストリアの言語哲学の代表者といっても過言ではない。彼こそ，オーストリアの世紀末状況を鋭敏に感じて，それに抵抗するとともに，同時にその病理にも冒されるという意味で，いかにも現代的でもあるのではないだろうか。日本では，ほとんどまったく無名の哲学者である。

第5章「マルチン・ブーバーの《対話の社会主義》」では，対話のなかでのことばの問題を考えつづけたブーバーの哲学が扱われる。日本では，彼は実存主義の脈絡で扱われてきたと思われるが，社会主義の脈絡で扱われることはほとんどない。彼はエーブナーと異なり，一種のコスモポリタンとして，オーストリアの世紀末的な狭さを抜け出ているといえるし，国権主義的なソ連の社会主義にも鋭く反対する。私の考えでは，彼は，《対話の社会主義》ともいうべき，興味深い構想を展開している。

第6章「ウィトゲンシュタインはヘーゲル，マルクス，禅仏教と融合可能か」は，上記の第4点の，哲学の普遍性・共通性に関わる。本章は，まったく歴史性，地域性を超越して，《オーストリア哲学》の代表者のウィトゲンシュタインをドイツ哲学の中心人物のヘーゲルやマルクスと融合させようとする試みや，それを日本の禅の思想と直接融合させる試みを扱う。これらは一般に，地域性を捨象して，2つの思想をいきなり融合させる試みだが，これがうまく行っている

かどうかを，紹介しつつ検討する。

　第7章「新ヘーゲル主義の登場とポスト分析哲学」は，《オーストリア哲学》の哲学者たちを中心とした，論理実証主義，分析哲学の側の変容とともに，従来，水と油の関係にあったヘーゲルと分析哲学とが最近，接近・融合してきている状況を扱う。アメリカを中心に，ドイツの哲学者たちも積極的に参加して，プラグマティズムのリチャード・ローティを初め，ピッツバーグ学派（ロバート・ブランダム，ジョン・マクダウェルら）など新ヘーゲル主義の登場によって，現代の哲学的状況がここまで変わったのかと，まことに興味深いものがある。《言語論的転回》，《プラグマティズム的転回》をへた新ヘーゲル主義の研究は，ヘーゲルをどの程度，豊かに変貌させたのだろうか。

　第8章「アドラー心理学の流行と現代」は，ウィーン世紀末の心理学者であったアルフレート・アドラーを扱う。彼はフロイト，ユングとともに心理学の三大巨頭といわれる。彼を中心素材とした，『嫌われる勇気』という心理学ないし自己啓発本ともいうべき著作は，日本で130万部以上も売れたといわれる[4]。

　アドラー心理学が日本などで爆発的に受容されていることこそ，現代日本がいま世紀末状況にあることの証左であるといえば，我田引水にすぎるだろうか。いずれにせよ，フロイト，ユングと比べると，彼は卑近な人間関係に踏みとどまり，そこで人間の幸福を現実的に考えるという意味で，近代主義のすぐれた面を発展させたといえるだろう。『嫌われる勇気』の著者である岸見氏は，アドラーをある意味，哲学者と呼んでもいいといっている。

　最後に「補論」では，オットー・バウアー「プロレタリアートと宗教」の翻訳を掲載する。残念ながら，本書では，ほとんどオーストリアのマルクス主義・社会主義には触れられなかった。世紀末状況からの脱出には，弥縫策は役に立たず，資本主義と近代主義の限界をともに克服する，根本的な解決策が望まれると思われるが，彼ら社会主義者の試みがひとつの展望となると考えている。文化的豊かさを誇った，当時のオーストリアの先進性が，左翼的な政治状況のなかで，ソ連社会主義に対抗して別の社会主義の思想を生んだといえよう。社会主義が宗教をどう扱うのかという，いまでも微妙な問題について，バウアー

4）岸見一郎・古賀史健『嫌われる勇気』ダイヤモンド社，2016年。両者による続編の『幸せになる勇気』ダイヤモンド社，2016年もまた，すでに37万部も売れているという。

はかなり説得的で成熟した理解を示しているといえるのではないか。

　以下に各章の初出を示したい。転載の許可をくださった各方面の方々にはお礼を申し上げたい。なお本書掲載にあたり，第2章と第7章は，大幅に縮小したし，別の章も加筆・削除をおこなったことをお断りしたい。

　第1章　「『オーストリア哲学』の独自性の探究」，一橋大学・一橋学会編『一橋論叢』
　　　2000年8月号
　第2章　「『オーストリア哲学』の独自性とフリッツ・マウトナーの言語批判」，一橋大
　　　学・大学教育研究開発センター『人文・自然研究』第6号，2012年
　第3章　「レーニン哲学の総括とマッハ哲学への評価」，上島武・村岡到編著『レーニン
　　　革命ロシアの光と影』社会評論社，2005年
　第4章　「エーブナーにおける信仰のことばと形而上学批判」，唯物論研究協会編『唯物
　　　論研究年誌』青木書店，第7号，2002年
　第5章　「マルチン・ブーバーにおける『対話の社会主義』」，刊行会編・季報『唯物論
　　　研究』第69号，1999年
　第6章　「ヴィトゲンシュタインとマルクス」，東京唯物論研究会編『唯物論』第63号，
　　　1989年
　第7章　「現代における新ヘーゲル主義の登場」，一橋大学・一橋学会編『一橋社会科
　　　学』第5号，2008年
　第8章　「アドラー心理学の流行と現代」，刊行会編・季報『唯物論研究』第137号，
　　　2016年
　補論　オットー・バウアー「プロレタリアートと宗教」（島崎史崇との共訳），『カオス
　　　とロゴス』第27号，2005年

　すでに退職の身であり，こうした固い専門書を出版することはむずかしいご時世である。お引き受けくださった創風社の千田顕史氏には，厚く感謝したい。すでに千田社長には，いままで何冊も出版のお世話になった。このことにも改めて感謝したい。

2017年11月

島崎　隆

目　　次

まえがき……………………………………………………………………3

第1章　《オーストリア哲学》の独自性と19世紀転換期
　　　（世紀末状況）……………………………………17
第1節　オーストリアの歴史と19世紀転換期……………………17
第2節　オーストリアの政治・社会と哲学の形成………………19
第3節　《オーストリア哲学》の概略的説明………………………22
第4節　カルナップのハイデガー批判について…………………26
第5節　形而上学の行方と世紀末状況……………………………30
第6節　《オーストリア哲学》の特徴づけ①……………………34
　　　　──形而上学の拒否と言語批判・言語分析について──
第7節　《オーストリア哲学》の特徴づけ②……………………38
　　　　──自然科学と実証主義への傾斜，および世紀末的二重性──

第2章　フリッツ・マウトナーと《言語論的転回》の開始…………43
第1節　《言語論的転回》の目指すもの…………………………43
第2節　マウトナーの人生とマッハとの交流……………………46
第3節　マウトナーの著作と日本での研究………………………49
第4節　マウトナーによる《言語論的転回》の開始……………52
第5節　マウトナーのコミュニケーション的言語観……………54
第6節　「偶然感官」による認識論と論理学への批判…………57
第7節　言語批判から見た哲学史の再把握①……………………59
　　　　──唯名論と実念論の争い──
第8節　言語批判から見た哲学史の再把握②……………………62
　　　　──観念論的諸概念への批判──
第9節　マウトナーの言語批判の到達点とウィーン世紀末状況…………64

第3章　エルンスト・マッハの哲学とレーニンの批判………………69
第1節　マッハという人物…………………………………………69

第2節　当時の歴史的状況と私の問題意識……………………………70

第3節　議論の第1前提 ——《実践的唯物論》とは何か……………72

第4節　議論の第2前提 ——エンゲルス哲学への評価………………75

第5節　レーニン哲学への一般的評価①……………………………78

第6節　レーニン哲学への一般的評価②……………………………81

第7節　マッハは何を問題としたのか………………………………83
　　　　——中立的要素論と形而上学批判——

第8節　マッハ哲学の妥当性①………………………………………85
　　　　——物体は感覚複合体か——

第9節　マッハ哲学の妥当性②………………………………………88
　　　　——形而上学批判とボグダーノフ——

第4章　フェルディナント・エーブナーにおける
　　　　信仰のことばと形而上学批判………………………………93
　　　　——時代の病理に抗して——

第1節　ウィーン世紀末の時代状況のなかで………………………93

第2節　エーブナーの宗教・神・精霊についての見解………………96

第3節　われとなんじの対話…………………………………………99
　　　　——ブーバーとも比較して——

第4節　ことばと愛……………………………………………………102

第5節　形而上学的観念論への批判…………………………………105

（1）デカルト的自我への批判　　105

（2）形而上学発生の根拠　　107

第6節　科学と耽美主義への批判……………………………………109

第5章　マルチン・ブーバーの《対話の社会主義》………………113

第1節　ブーバーを見る視角…………………………………………113

第2節　ブーバーとオーストリア……………………………………115

第3節　ブーバーの思想遍歴…………………………………………117

第4節　「他者」との対話……………………………………………118

第5節　われとなんじの対話…………………………………………122

第6節　社会主義観……………………………………………………123

（1）ブーバー社会主義の方向性　　123

（2）ユートピア的社会主義の構想　125

第7節　マルクス・レーニン主義的社会主義への厳しい批判……………127
　　　　——連合主義・ユートピア・社会的原理——

第6章　ウィトゲンシュタインはヘーゲル，マルクス，禅と
　　　　融合可能か………………………………………………………………131

第1節　ウィトゲンシュタインの言語哲学……………………………………131

第2節　ウィトゲンシュタインとヘーゲル，マルクスの共通性とは………136

（1）『確実性について』の「世界像」　136

（2）ダニエル・クックの総括　138

（3）スーザン・イーストンのウィトゲンシュタイン的アプローチ　140

第3節　ウィトゲンシュタインと禅……………………………………………142

（1）非欧米的精神　142

（2）黒崎宏の禅的アプローチ　144

（3）ウィトゲンシュタインと禅の共通性についての解釈　146

第7章　新ヘーゲル主義の登場とポスト分析哲学…………………………149
　　　　——対立から融合へ——

第1節　問題提起と論文の概略…………………………………………………149

第2節　従来の傾向から新傾向への転換………………………………………150

（1）分析哲学と大陸の哲学の対立から融合へ　150

（2）新ヘーゲル主義の登場　153

第3節　直接的認識と要素主義の挫折…………………………………………156

（1）感覚与件などへの懐疑　156

（2）ウィルフリッド・セラーズによる「所与の神話」批判　157

（3）ヘーゲルによる「感覚的確信」と「直接知」への批判　159

第4節　「全体論」の提起………………………………………………………162

（1）ウィラード・クワインの批判　162

（2）クワインとヘーゲルの全体論的認識　164

（3）後期ウィトゲンシュタインの批判　166

第5節　意識と対象の一致………………………………………………………168

第6節　《言語論的転回》と観念論の立場……………………………………170

（1）常識的な《言語論的転回》との対決　171

　　（2）「言語論的観念論」との対決　173

　　（3）ヴェルシュの結論に関して　174

第8章　アルフレート・アドラーの心理学の流行と現代……………177

　第1節　なぜいま「アドラー心理学」なのか………………………177

　第2節　アドラーとはどういう人物か………………………………179

　第3節　アドラー心理学の基礎にある人間観・社会観……………180

　第4節　アドラー心理学の特徴①…………………………………182

　　　　　（目的論，ライフスタイル，人生のテーマ）

　第5節　アドラー心理学の特徴②…………………………………186

　　　　　（課題の分離，承認欲求の否定，共同体感覚）

　第6節　アドラー心理学に見られる逆説的状況……………………189

　第7節　アドラー心理学の問題点と現代的意義……………………191

補論　プロレタリアートと宗教（オットー・バウアー）……………195

　第1節　宗教は社会的・集団的な現象である………………………195

　第2節　宗教は私事である……………………………………………197

　第3節　初期プロレタリアートと宗教の密接な関係………………198

　第4節　私たちは反宗教的プロパガンダをおこなうことはできない………200

　第5節　宗教そのものではなく，社会制度が問題である…………201

　第6節　宗教を党の事柄にしてはならない…………………………203

　〔解説〕政治・政党は宗教をどう扱うべきか………………………205

索　引……………………………………………………………………209

《オーストリア哲学》の独自性と
哲学者群像

——ドイツ哲学との対立から融合へ——

第1章　《オーストリア哲学》の独自性と 19 世紀転換期
（世紀末状況）

第1節　オーストリアの歴史と 19 世紀転換期

　まずここで,「世紀転換期」と「世紀末」という用語について一言。両者は,内容的には同じ意味範囲をもっている。終末論的・頽廃的で芸術至上主義的なペシミズムの状況には,たしかに「世紀末」という用語が妥当するだろう。だが他方,田辺氏によれば,当時のウィーンは,第1にけっして暗い時代ではなかった。むしろ急速な科学・技術の進歩と経済発展を背景とする前向きの時代であり,文化の面でも全体として暗い「終末」というよりは,むしろ明るく華やいだ「始まり」だった,とも指摘される[1]。したがって,「ウィーン世紀転換期 Wiener Jahrhundertwende」という客観的な表現を使えば,そうした偏向からは免れるだろう。だが,フランス由来の「世紀末 Fin de siècle」という用語は魅力的であり,本書でこの両語は適宜使い分けられるが,内容的には同じものを含む。こうしてここに,資本主義と科学・技術の発展のなかから,新しいものを生むモダニズムや合理主義の傾向も存在した。だから,哲学その他の分野でも,次々と新しいものが生まれたのだ。

　いずれにせよ,ドイツ哲学と比較される《オーストリア哲学》の独自性を十

---

1) この点の対比的傾向として,ロート美恵『「生」と「死」のウィーン』(講談社,1991 年) と,田辺秀樹「陽気なミューズの世紀末」(木村直司編『ウィーン世紀末の文化』東洋出版,1993 年),154 ページが挙げられる。なお,上山安敏執筆の「世紀末文化」の項目もまた参照。そこでは,終末論的なペシミズムのみではなく,この用語が,「若返りと再生という希望のスパイス」として使われていたと指摘される。クリムトらの「聖なる春」「ユーゲント様式」の表現,「若きウィーン派」の文学などの新しい要素にも言及される。木田元・他編集『コンサイス 20 世紀思想事典』三省堂,1995 年,500 ページ以下参照。またウィーンの都市化と近代ブルジョアジー (市民階層) の生活を描いたものとして,山之内克子『ウィーン――ブルジョアの時代から世紀末へ』講談社,1995 年を参照。

18

分に認識するためには，オーストリアのたどった歴史的・文化的発展過程，およびその19世紀転換期（ほぼ1860年代から1930年代，ナチスの台頭まで）の状況をまずは理解しなければならない。現実の歴史がドイツとの対抗過程にあったため，それを反映して，《オーストリア哲学》の独自性が生じたという側面があるからである。

さて，千年も続いたといわれる，オーストリアのハプスブルク家によって，中世以後，神聖ローマ帝国の皇帝が代々，継承されてきた。カール5世の時代（16世紀前半），スペインの領土を継承したハプスブルク家は，周辺の東欧諸国のみならず，五大陸すべてに領土をもつこととなり，まさに日の没することなき一大帝国となった。まさにハプスブルク帝国は，中欧に属することによって，ヨーロッパの中心ともなった。さらにとくに，政治嫌いのルドルフ2世（16世紀から17世紀）らは美術品の収集に熱をあげ，いまも美術史美術館は充実した作品群を誇っている。宗教戦争の時代（1618年以後の30年戦争），伝統を誇るハプスブルク帝国はカトリックを守護して反宗教改革を成功させ，またオスマントルコの大軍勢を2度にわたり撃退した。「帝国の母」といわれるマリア・テレジアの時代（18世紀中葉在位），ウィーンはさらに発展し，バロック様式などによって芸術の都となった。だがこの時代，北の新興国家プロイセンが台頭し，神聖ローマ帝国内に，オーストリアとプロイセンという2つのドイツ国家が並立することとなった。

18世紀末からのナポレオン戦争ののち，ナポレオンによる画策もあり，1806年神聖ローマ帝国は崩壊したが，宰相メッテルニヒらによる政治によって，国内は独裁的な官僚制が敷かれ，国民の間で芸術愛好や趣味の生活を好む小市民的生活様式がはやった。他方，産業革命が進み，皇帝フランツ・ヨーゼフ（在位1848年から1916年）の時代に，大規模な都市改革もおこなわれ，国会議事堂など，ウィーンのリング通りに壮麗な建築物が並んだ。そして，北方ドイツとの覇権争いのなかで，ついにプロイセン・オーストリア戦争が勃発し（1866年），オーストリア側は敗北し，オーストリア・ハンガリー二重帝国となって弱

2）以上，マルセル・ブリオン『ウィーン——はなやかな日々』（津守健二訳）音楽之友社，15ページ以下。クラウディオ・マグリス『オーストリア文学とハプスブルク神話』（鈴木隆雄・他訳）風の薔薇，1990年，など参照。シュテファン・ツヴァイク『昨日の世界』（原田義人訳）I，II，みすず書房，1999年は，ウィーン世紀末を見事に

体化していった。こうした歴史的事情のなかで，政治的無関心と受動的な生活態度，一種の享楽主義がはやり，昔の栄華を回顧する「ハプスブルク神話」が徐々に浸透した。ハプスブルクのオーストリアは，あの白髭の皇帝フランツ・ヨーゼフを頂点に戴く，中央の輝ける文化帝国である……という共同幻想に人びとは浸った。世紀末状況の始まりである[2]。

　こうした歴史的事情のなかで，北方のドイツと対比された「オーストリア的なるもの」，その国民性もまたしばしば問題にされた。オーストリア人はもともと，「自然らしさ」を重んじ，よい食べ物，飲み物を愛好し，生きる喜びを享受しようとする。ドイツ人が「ゲシュヴォレン geschwollen」（「膨れ上がった」「尊大な」の意味）だとして，それと対比的に，いささか自嘲的に，オーストリア人の「シュランペライ精神 Schlamperei」（だらしなさ，いい加減，適当の意味）が強調される。この精神は，反面，人間的なおおらかさも示している。カムピッツは，「オーストリア的なもの」として，さきの「いい加減」を含め，「情実主義」「耽美主義」「享楽的傾向」，それと対比的に「ニヒリズム」を挙げる[3]。いずれにせよ，ドイツとオーストリアの国民性は，かなり対照的だといえるだろう。さらに，ドイツがプロテスタント国家として宗教改革を断行したのにいして，オーストリアは古いバロック様式の伝統と反宗教改革の保守主義を固守する。効率のよい，質実な近代国家として成長していくプロイセン的ドイツと，現実への対応能力を欠き，昔の栄光を偲びつつ徐々に没落する保守的なハプスブルク帝国とは，まさに対照的である。また，ドイツの統一的民族主義にたいして，ユダヤ人を含め，10の多民族，多言語・多宗教のコスモポリタニズムを表現するオーストリアでは，つねに言語が問題となり，「言語令」によって，公用語が決められてきたという事情がある。

第2節　オーストリアの政治・社会と哲学の形成

　以上の歴史的事実は，哲学にも影を落とす。この点で，詩人のハインリッヒ・ハイネは，カント『純粋理性批判』のなかの批判的精神が，フランス革命のな

　　活写しているといえよう。

3 ）Peter Kampits, *Ludwig Wittgenstein*. Wege und Umwege zu seinem Denken, Graz/Wien/
　　Köln 1985, S.37.

かで，国王をギロチンにかけたロベスピエールのテロリズムと内容上，対応していると喝破した。カントの批判精神は，実は「世界を押しつぶすような破壊的な思想」だった[4]。実はヘーゲルもまた，フランス革命を，行き過ぎがあるにしても，思想に基づいて現実を築き上げるという意味で，「輝かしい日の出」[5]だとして，肯定しつづけた。彼の弁証法は，あるがままの現実を受容する経験主義や実証主義ではなくて，対象を批判的に再構築するという作業をへて，あらためて現実を認識するという点で，ある意味，革命的なのである。こうして，フランス革命とドイツの「哲学革命」は内容上，対応している。ところが他方，オーストリアの歴史では，こうした革命的エネルギーはほとんど生まれず，それを担うブルジョアジーも安定的にはついぞ形成されなかった。その歴史的状況の説明の詳細は省略するが，チェコなどの民族主義の台頭もあって，進歩，人間性，美と教養形成，法的秩序などの理念を掲げた彼らの自由主義（1860年代から）は1890年代に早々と挫折してしまった。こうして，健全な自由主義勢力を育てられなかったオーストリア人からすると，「絶対精神」を頂点として，世界のすべての現象を体系内に満載する，ヘーゲルのドイツ的思弁などは，「ゲシュヴォレン」の典型としか見えず，オーストリア的な自然らしさに反するものだっただろう。

　さらに政治が，もっと直接的に，哲学を圧迫したという歴史的事実がある。ウィリアム・ジョンストンによれば[6]，当時のハプスブルク帝国で，カント『純粋理性批判』が発禁とされたり（1827年），ウィーンとプラハで，ヘーゲル主義者が圧迫されたりするという事件が起こった（1848年以後）。そこでは，ヘーゲル主義者たちが教授職から追放されたり，まったく無視されたりした。1848年の革命以後，その反動のなかで，カント以後のドイツ観念論がオーストリアで迫害されたりしたのである。《オーストリア哲学》の独自性を研究しつづけてきたクルト・フィッシャーが，こうした状況を踏まえて，政治と哲学の関係を次のように指摘することは興味深いことである。「カトリックという保守的

4）ハインリッヒ・ハイネ『ドイツ古典哲学の本質』（伊東勉訳）岩波文庫，1973年，65ページ以下参照。

5）ヘーゲル『歴史哲学』（武市健人訳）岩波書店，下巻，1971年，311ページ。

6）ウィリアム・ジョンストン『ウィーン精神』（井上修一・他訳）1，みすず書房，488ページ。

第 1 章　《オーストリア哲学》の独自性と 19 世紀転換期　**21**

だが重要な要素は，カントとドイツ観念論をオーストリア哲学から排除し，こうして間接的に，分析哲学の興隆に寄与した。その要素は，反カント的な，反観念論の，そしてたしかにまた，反超越論的な哲学に寄与したのだ」[7]。だから，分析哲学の興隆には，歴史の皮肉も含めて，ドイツ（哲学）との対抗関係，言語への問題関心，自然科学と技術の発展などの諸要素が関係したといえるだろう。いずれにせよ，この指摘は，オーストリアとドイツの歴史的差異が，哲学上の差異を生んだということを的確に示唆している。以上で，かなりの程度，哲学・思想を規定する歴史的現実のあり方を説明できたと思う。このあとさらに，彼ら《オーストリア哲学》の哲学者や思想家が，いかに実際にドイツ哲学を批判したり，あえてそれと異なる哲学を展開してきたのかを示したりすることが必要である。それが可能ならば，《オーストリア哲学》の独自性が成立することとなろう。そのうえで，その哲学の意義をあらためて議論することもできる。

　ところで，この世紀末・世紀転換期の現象は，現代に生きるわれわれにとって，あらためて何を意味するのか。この点で，1998 年夏学期にウィーン大学でおこなわれた，ハンガリー人の哲学者コカイ・カーロイの講義「文化史のトポスとしての 1900 年ウィーン」という講義は，興味深いものだった。彼は 1900 年前後のウィーンの状況が現代，つまり 20 世紀のどんづまり（当時）に暮らしている私たちにとっておおいに参考となるという。「人はここに，現在支配的であるものの何か範型があると考える。1900 年のウィーンには，今日私たちの世界を規定する矛盾が現れている」[8]。現代的に一般化していうと，この状況は，次々に生まれる新しい要素と絶えず回帰してくる古い要素とのせめぎあいであり，そこから絶えず生まれる文化領域である。一言でいえば，以上の両側面の弁証法的な矛盾・対立と総合の関係である。

　カーロイの根本テーゼは，「1900 年前後のウィーンの創造性は，政治的・経済的・社会的な現実性のレベルでの欠陥が，文化のレベルで埋め合わされるという不十分性によって説明されるべきだ」[9]というものである。つまりウィーンの驚くべきほどの広範な文化的・芸術的創造性は，政治的失敗，近代の未成熟，

---

7) Kurt R. Fischer, *Philosophie aus Wien*, Wien/Salzburg 1991, S. 63.

8) Kókai Károly, Wien um 1900 als Topos der Kulturgeschichte, Wien 1998（Vorlesungs-manuskript）, S. 1.

9) Ibid., S. 3.

民衆の無力，ユダヤ人問題などを含めて，一種の挫折と現実逃避の産物であり，恐ろしく屈折したものとなってしまった。よく考えると，ここで描かれた矛盾と問題点は，ドイツを含め，近代化ののちに欧米で早晩到来する，現代の資本主義体制の危機そのものであり，それがオーストリアという文化の成熟した国で，近代化と自由主義の挫折の末に，早々とやってきたと解釈できるのではないか。こうして19世紀末のオーストリアとウィーンは，20世紀，21世紀の初頭に生きるわれわれ現代人にとって，歴史的にいって，先取り的なもの・予兆として現れている。だからこそ，それは魅力的なのであり，ここに世紀末，世紀転換期の研究の現代的意義があるといえよう。

　では，「世紀末の未来」[10] はいかに描かれるのか，という問題が最終的に提起されるだろう。それは本書の課題を超える現代的問題である。それでも，この現代的問題にたいしては，本書の考察のなかにひとつの回答の試みがあると思われる。安易な改良主義や弥縫策では，間に合わない。それは資本主義と近代主義を根本的に克服する展望になると思われるが，この点では，候補者として，オーストリア社会主義が浮かび上がってくる。現代で何らかの社会主義を提起するには，旧ソ連社会主義などの問題点をはっきり出してそれを克服することが必要であるが，「補論」の宗教問題の考察に少し見られるように，オーストリア社会主義はその方向性をもっている。もちろんこの社会主義はそれはそれで，文字通りオーストリア的なもののもつ弱点から免れていないので，あらためて総合的に，社会主義やマルクス主義の理論と展望を構築すべきである（本書第3章，第5章など参照）。すでに私はこの方面の著作も残しているので，関心がある方は参照願いたい[11]。

第3節　《オーストリア哲学》の概略的説明

　以上で，《オーストリア哲学》成立の歴史的発生基盤について明らかにした。もっとも，こうした《オーストリア哲学》の独自性を認めず，あくまでオーソ

10）この点でとくに，拙著『ウィーン発の哲学』の「現代と『ウィーン世紀末』」（48ページ以下）「『世紀末』の未来」（61ページ以下）などを参照。

11）拙著『ポスト・マルクス主義の思想と方法』こうち書房，1997年。拙著『エコマルクス主義』知泉書館，2007年，など参照。

ドックスなドイツ哲学を固守する立場の哲学者も，かつてオーストリアには存在したこともまた付加したい。それは，カント哲学を中心とする，ロベルト・ライニンガー，レオ・ガブリエル，エーリッヒ・ハインテルといった哲学研究者の流れである。現代では，ウィーン大学でハンス－ディーター・クライン教授にまで継承されているといえよう。氏はウィーン大学滞在時の，私の担当教授であった。ハインテルは，カント的な「言明の超越論的な問い」があくまで重要であり，論理実証主義（logical positivism, 独語では，logischer Empirismus）を提起したウィーン学団（Wiener Kreis）による経験論的な基礎命題の解釈ではこの問題は解けないし，またこの意味で哲学は，他の個別科学から援助は期待できない，と指摘する。ハインテルは，フランツ・ブレンターノ，ウィーン学団などに言及するが，本書で展開されるような《オーストリア哲学》の歴史的独自性には関心がない。いずれにせよ，以上で示したように，歴史と文化という哲学成立の背景を無視することはできない[12]。ここではさらに，《オーストリア哲学》を説く人びとの理論内容に即して，さらに具体的にその独自性の概略を解明したい。

　さて，「オーストリア的な哲学の始祖」[13]と呼ばれる哲学者に，フランツ・ブレンターノがいる。まず彼から始めたい。彼こそ，《オーストリア哲学》の典型である。彼はオーストリアにふさわしくカトリックの司祭であり，それに照応して，アリストテレス・スコラ哲学を復興し，ドイツ観念論に敵対した。彼は，1874年から21年間の長きにわたり，ウィーン大学で講義をする。彼はカントの超越論的方法に反対して，心的現象の観察・記述を主とする経験論に立ち，言語の正確な使用を説いた。彼はむしろ，イギリス経験論に親近感を覚える。彼はドイツ哲学を激烈に批判する。

　　「もっとも冒険的な体系がフィヒテ，シェリング，ヘーゲルを通して公衆に供されて，喝采をもって迎えられる。ヘルバルトがそのとき彼らの批判をおこない，ショーペンハウアーは彼らに罵詈雑言を浴びせる。しかしながら，一方のヘルバルトも他方のショーペンハウアーも，カントそれ自身のなかに

---

12) Vgl. Erich Heintel, Österreichische Philosophie 1945-1985, in: *Wiener Jahrbuch für Philosophie*, Bd. XXI, 1989.

13) ペーター・カムピッツ『仮象と現実のはざまで』（針生清人監訳）富士書店，1988年，115ページ。

24

存在する災いの芽を認識していない。そうであるから，彼ら，とくにショーペンハウアーは，本来の改善策を置くことはできない。実際，哲学的不協和音に慣れてしまった感情は，しまいにはニーチェのような身の毛もよだつ不条理を喜んで受け取る。人はもはや哲学の領域で光明や真理を求めることを考えず，思いもかけない新奇なものを通じてのおしゃべりだけを求めることを考えている。アプリオリな総合判断の樹木になった成果において，その樹木はあるがままの姿以上に，十分に認識されるのである」[14]。

これはいわば，いわゆるドイツ哲学の総批判である。カント，フィヒテ，シェリング，ヘーゲルらのドイツ観念論の中心人物のみでなく，それと異質なショーペンハウアー，ニーチェも同時になぎ倒されている。とくにカントにたいする批判は猛烈であって，ドイツ哲学の誤りの源泉はカントにあるという。「身の毛もよだつ不条理」を説くとされるニーチェの哲学も，カント哲学の主張する「アプリオリな総合判断」という樹木に生じた「成果」である！　ブレンターノはとくに，カントの説く「分析判断」と「総合判断」の区別，さらに「アプリオリな総合判断」という概念が，分析にかかると，ことばと概念の厳密な使用に耐えることができず，この判断は，何と「盲目的判断」といわれるべきだとされる。ことばや概念にたいするこうした分析の厳密さは，ある種《オーストリア哲学》の特徴でもあるだろう。

さてこのブレンターノは，哲学者マイノング，ゲシュタルト心理学の創始者エーレンフェルス，論理学のポーランド学派を創設する哲学者トワルドフスキー，現象学の創始者フッサールらの後継者を育てた。精神分析のフロイトも師のブレンターノの依頼で，J. S. ミルの著作を独訳しているほどである。さらに，自然科学者・科学哲学者のマッハもまた，当時の哲学者，文学者にきわめて大きな影響を与えており，もうひとりの《オーストリア哲学》の始祖といえるだろう。本書第3章で詳しく扱いたい。さらに私がここで念頭に置くオーストリアの哲学者・思想家というのは，日本で著名な人物としてしては，ルートヴィッヒ・ウィトゲンシュタイン，論理実証主義を唱えるウィーン学団（モーリッツ・シュリック，ルドルフ・カルナップ，オットー・ノイラートら），対話の哲

14）Franz Brentano, *Versuch über die Erkenntnis*, Hamburg 1970, S. 41. 日本では，ブレンターノの研究は少ない。全体を網羅したものとして，小倉貞秀『ブレンターノの哲学』以文社，1986 年がある。

学者ブーバーらである。また日本でほとんど無名な哲学者としては，ウィトゲンシュタインに影響を与えたマウトナー，またカトリックのキルケゴールといわれたエーブナー，さらにアドルフ・シュテール，リヒャルト・ヴァーレらの形而上学への批判者が存在する。なおまた，フロイト，ユング，アドラーは，当時を振り返ると，心理学の三大巨頭と称され，ジグムント・フロイト，カール・ユングは現代思想の源流とみなされるだろう。さらに本書ではほとんど扱えなかったが，一群のオーストリア社会主義・マルクス主義の思想家（マックス・アドラー，オットー・バウアーら），ハンス・ケルゼン，カール・メンガー，ヨーゼフ・シュンペーターら多数の著名な社会科学者が存在する。

　そしてウィーン大学を中心に，多くの自然科学者が活動していた。さらにその文化的周辺に，世紀末・世紀転換期に活動した無数の芸術家（グスタフ・クリムトらの画家，オットー・ワーグナーらの建築家，ヨハン・シュトラウス親子，マーラーらの音楽家），ロベルト・ムージル，フーゴ・フォン・ホフマンスタールらの文学者たちが存在して，喫茶店やサロンなどを通じて，豊かに交流して，相互に刺激を与え合っていたという。こうした異分野交流のおかげで，オーストリアとウィーンの驚くほどの文化的豊穣性が生まれたのである。

　ところで，《オーストリア哲学》の一大特徴である，言語の問題への関心という点に絞って，そこにおける哲学者たちを紹介しつつ，分類してみよう。それはほぼ，以下の3つに区分できると思われる。

（1）言語への懐疑論，不信論の立場。そもそも言語によっては，真理はとらえられないという立場。本書の第2章で扱うマウトナーはこの立場であり，まずは饒舌に言語批判をおこなうが，タオイズムなどの東洋思想にも注目して，最後は「聖なる沈黙」に到達する。またシュテールは，とくに言語分析によって，形而上学的思考を批判する。だが，その解決の方向性は，あまり語られない。

（2）曖昧な日常言語への批判ののちに，正確な科学的言語を構築する。カルナップ，ハーン，シュリックら，ウィーン学団の論理実証主義がこのモダンな立場を担う。曖昧な日常言語を批判しつつ，科学・技術を基礎づける数学的論理学による言語分析を遂行する。前期ウィトゲンシュタインもこの立場に近い。

（3）対話とコミュニケーションにおけることばを重視する立場。第4章で扱うエーブナーは，神との対話のなかのことばを追求する。第5章で扱うブ

ーバーは，「われとなんじの対話」とそこでのことばのあり方を重視する。彼はそこから何らかの共同体の構築へと向かう。後期ウィトゲンシュタインの「言語ゲーム論」もまた，前期からの転換として，日常のコミュニケーションのなかでの言語行為を重視する。

以上簡単に，《オーストリア哲学》の哲学者を紹介しつつ，簡単な分類を試みた。

ここでも示唆されたように，いわゆる分析哲学は「英米系」だといわれてきたが，ウィトゲンシュタインの言語批判，ウィーン学団の論理実証主義に明らかなように，言語の批判的分析はオーストリアから始まったのである。すでにマウトナーは，大著『言語批判論集』を1901・02年に刊行して，ウィトゲンシュタインに影響を与えた。イギリスのマイケル・ダメットによれば，分析哲学の起源は，「英米系」ではなくて，ブレンターノの存在を含めて，むしろ「英墺系」といわれるべきだという[15]。正当な指摘だと思われるが，彼はそれ以上展開してはいない。また，論理学の革命をおこなったドイツのフレーゲ（「概念文字」1879年出版）の存在を考慮すると，ここでまず問題になるのは，広くドイツ語圏の哲学であろう。

第4節　カルナップのハイデガー批判について

まずは，周知のことであるが，ウィトゲンシュタインにそって言語批判とはいかなるものかを簡単に見よう[16]。ウィーン学団にも大きな影響を与えた（前期）ウィトゲンシュタインは，命題関数，トートロジー，写像の理論などによって，

15）マイケル・ダメット『分析哲学の起源』（野本和幸・他訳）勁草書房，1998年の序および2ページ参照。

16）ウィトゲンシュタインについては，拙著『ウィーン発の哲学』で詳細に述べられているので（とくに第8章「ウィトゲンシュタインとウィーン世紀末」），ここではこれ以上述べない。また本書の第6章参照。

17）Ludwig Wittgenstein, *Tractatus Logico-philosophicus*, New York 1974, 4. 0031. 奥正博「論理哲学論考」，『全集』大修館書店，1975年。以下，本書については，本文中に番号を示す。

論理学の構想を改革した。同時にまた、「あらゆる哲学の目的は『言語批判 Sprachkritik』である」[17]と宣言して、哲学の仕事を言語批判へと転じた。「あらゆる哲学の目的は思想の論理的解明（logische Klärung）である。／哲学は教説ではなく、ひとつの活動である。（中略）哲学はそのままではいわば濁っていて、輪郭のはっきりしない思想を清澄にし（klar machen）、はっきりと限界づけるべきである」（4. 112）。明らかなように、彼は、従来の哲学、形而上学を批判したわけだが、カントが理性への批判によって形而上学の「果てしない闘争の戦場」[18]を批判・再構築しようとしたとすれば、ウィトゲンシュタインは、その理性を使用するための言語を批判することを目指したといえよう。彼は後期に至っても、「哲学とは、言語によってわれわれの知性が呪縛されていることにたいする闘いである」[19]と宣言して、言語批判を続行する。

　それでは具体的に、彼ら《オーストリア哲学》の哲学者はどういう哲学者を批判するのか。ウィトゲンシュタインはだれか哲学者を挙げて詳細には批判していないので、ここでカルナップのハイデガー批判を取り上げてみよう。彼は、アリストテレス以来の従来のいわゆる伝統的（形式）論理学を、現在の数学の基礎づけや科学・技術の構築への要求を満たすことができない「古い論理学」だとして批判し、その代わりに「新しい論理学」としての数学的論理学ないし記号論理学を構築しようとした[20]。ここに、時代の要請に応えようとする、ウィーン学団のモダニズムがある。彼によれば、伝統的論理学を利用した古い形而上学とは、何か超越的なるもの、経験の彼方に横たわるとされる「物自体」「無規定者」「絶対的なもの」などを対象とするが、だが、そうした仰々しい対象をとらえようとする論理と推理には、何か曖昧さと論理の飛躍がある。こうした形而上学的対象は、実はそこにことばとしては存在しているかもしれないが、

18）カント『純粋理性批判』（高峯一愚訳）河出書房、第1版の「序」。

19）藤本隆志訳『哲学探究』、『全集』第8巻、大修館書店、第1部第109節。

20）数学的論理学、分析哲学の存在根拠を歴史的・文化的背景のみに還元するわけにはいかない。それらがいかに現実を科学的に反映するのかという認識論的根拠を、他方で究明する必要がある。弁証法を含め、そうした認識論的含意については、拙論「形式的論理学の悟性的性格——数学的論理学を中心にして」、『一橋論叢』1980年8月号を参照。なおこの論文では、逆に、分析哲学、数学的論理学などについての文化的発生根拠などは述べられていない。まだ私にそうした問題関心がなかった。

28

実は実体はなく，非科学的なもの，無意味なものである [21]。

　こうしてカルナップは，さらに「言語の論理的分析による形而上学の除去」という論文で，とくにハイデガーを標的に定める。形而上学の陳述は，文法的には正しくとも，みずからの「論理的構文論」の立場からすると，曖昧な「偽—陳述 pseudo-statements」にすぎない [22]。そこでカルナップは，ハイデガーの『形而上学とは何か』を取り上げる [23]。ハイデガーはそこで，「無 nothing, Nichts」という形而上学的対象を問題とするが，「何も存在しない There is nothing. Es gibt Nichts.」という言語表現は，文法的にも論理的構文論からいっても正しい。だがこのとき，「無」は主語や目的語として実体化されることはできない。たとえば，ここから「無とは何か」，「私は無を探している」などという言語表現を使うとすると，論理的構文論からして，それは誤りである。ところがハイデガーは，まさにこの「無」を主語に立て，形而上学的テーマとして問題にする。それどころか，ハイデガーは，「無はおのずから無化する The Nothing itself nothings. Das Nichts selbst nichtet.」というような，言語上も意味上も，珍妙な表現を使う。これはまさにドイツ語を悪用したことば遊びのようなもので，こうして彼の形而上学は，何か深遠な真理を語っているように装うのだ，いや，こうして人をけむにまく……。

　カルナップは，ヘーゲルの「純粋存在と純粋無は同一である」，デカルトの「われ思う，ゆえにわれあり」という言語表現も，同様な誤りを含んでいるという [24]。彼の批判は，科学的で厳密な批判であり，従来，学者と民衆が大仰な哲学のことばにたぶらかされて，その権威に抑圧されてきたが，それを科学的な言語批判で打破しようとするものである。彼の言語批判が科学的で鋭利であることは疑いなく，これは古い体制を批判するための「啓蒙」の立場だともいえよう。彼らウィーン学団が，迷信や権威を打破するような自由で進歩的な立場に立っていることは疑いない。ここで，近代のフランシス・ベーコンが「市場のイドラ」によって言語批判をしたことを想起できる。ベーコンこそ，言語使用の正確化を期して，唯物論的な啓蒙主義を説いたと考えられる。ここに，プ

21）以上は，ルドルフ・カルナップ「古い論理学と新しい論理学」，石本新・訳編『論理思想の革命』東海大学出版会，1972 年を参照。

22）Rudolf Carnap, The Elimination of Metaphysics Through Logical Analysis of Language, in: Alfred J. Ayer, *Logical Positivism*, Glencoe/Illinois 1959, p.　61.

ロイセンのドイツと対抗する《オーストリア哲学》の批判を見ることができるだろう。

だが，そうまとめてしまうと，ハイデガーの主張はまったく無意味なのか，一体彼は何をいいたかったのかと，疑問に思う読者もいるだろう。そこでさらにハイデガー『形而上学とは何か』を読んでいくと，「無にたいする問いの究明」という箇所がある。彼によれば，「無」は存在するものの総体的な否認であり，漠然とした不安感のなかではじめて「無」は現れてくる。不安の気分は，けっして「無」を対象として把握はしないが，「無」はその不安のなかで，存在するものと一緒に生じてくる。そこで彼は，さきの「無はおのずから無化する」[25]という命題を引き出してくる。彼によれば，「無」は本質的に拒否的であり，それでも「現存在」（人間のことと解せる）のまわりに迫ってくる。そしてこの「無」の本質は「無化 Nichtung」[26] することであり，これを「無の根源的顕示性 ursprüngliche Offenbarkeit des Nichts」といい，これなしでは，人間的自己の存在も自由もない。「無」こそ，人間存在にとって，存在するものがそこに現れることを可能とするものである……。

以上でハイデガーは，「無」にたいする答えは得られたと結論する。だが，カルナップならば，これはまさに曖昧で非科学的な言語表現で人をごまかすものだ，その言語上の「意味基準」を示せと迫るだろう。こういう哲学にひかれるものが，ナチスにも共感するのだといえるかもしれない。たしかに，自由主義的なウィーン学団はナチスのオーストリア併合のなかで，抑圧され，崩壊し，離散する。なるほど，「無」「無はおのずから無化する」という言語表現は，その示す事態がもっと具体的に表現されないと，説得的ではないだろう。こういう哲学には，ムカつくという人も多いだろう。だがそれでも，ハイデガーのいっていることはたしかによくはわからないが，いわば文学的な表現として，底無しの不安のなかに漂っている現代人の不安を巧みに表現しているような気がするという人も多いだろう。実は，私の哲学講義では，アンケートを取ると，カルナップよりもハイデガーのほうに共感する学生が多かったのだ。哲学はむ

23）*Ibid*., p. 69ff.

24）*Ibid*., p. 73.

25）Martin Heidegger, *Was ist Metaphysik?* Frankfurt am Main 1943, S. 15.

26）*Ibid*.

ずかしくてわからないのが当たり前という前提があるのだろうか。いずれにせよ，私には，カルナップの科学的・分析的思考とハイデガーの形而上学的な「概念詩」は，ともに一面的であるように見える。

第5節　形而上学の行方と世紀末状況

　明らかにカルナップは反形而上学の立場に立っている。ところで，私が気になるのは，一度否定された形而上学の行方である。それはまったく雲散霧消してしまったのか。あえてその問題を追究すると，彼はさきのハイデガー批判の論文で，次のように付加していることが見えてくる。「それら〔形而上学の偽―陳述〕は事実の記述に役に立つのではなくて，人生にたいする個人の一般的態度の表現として役に立つ」[27]。さらに彼によれば，そもそも形而上学は神話に由来し，人生にたいする人間の情緒的または意志的な反応である。それは人生に降りかかってくる不幸にたいする表現を与える必要性から生じてきたのだ……。

　以上のように，興味深いことに，彼は一度排除した形而上学に，学や客観的認識としてではないが，それなりの有用な位置を与えているように見える。彼は表では否定した形而上学を，裏からもう一度輸入しているようである。さらに彼は，このハイデガー批判の論文のあとで，「理論的認識と実践的決断」という論文を書き，「形而上学と神学への闘い」[28]を詳細に遂行しており，興味深い。そこで彼は，①科学的・実証的言明，②迷信（神学，形而上学，伝統的道徳を含め），③火葬・民主主義・社会主義などのイデオロギー，の三者を区分して議論する。②は科学的に反駁できるものであり，③は理論的論証外の実践的態度の問題であるとされる。②と③が区分可能かどうかなど，気になる箇所ではあるが，全体として，この論文で興味深い考察がなされる。そしてカルナップにとって，「形而上学は理論の仮装をした叙事詩である」[29]と規定される。

27）Carnap, *Op. cit.*, p. 78.

28）Carnap, Theoretische Fragen u. praktische Entscheidungen, in: H. Schleichert（Hg.），*Logischer Empirismus- der Wiener Kreis*. Kritische Information, München 1975, S.173.

29）*Ibid.*, S. 175.

30）Adolf Stöhr, *Ist Metaphysik möglich?* Leipzig 1916, S. 10f.

第 1 章　《オーストリア哲学》の独自性と 19 世紀転換期　**31**

　ウィーン学団とは別系統だが，こうした形而上学への批判的評価は，同じオーストリアの哲学者のシュテールによる詳細な形而上学批判に似ている。彼は形而上学の発生源を 3 つに区分して，そのひとつを「パトゴーンの形而上学 pathogone Metaphysik」と名づける。この形而上学の目的は，人生の苦悩からの脱出であり，善と悪との闘いから生ずる，圧迫された心情を何とか弱めたい，そこからさらに慰めと希望を得たいということであった[30]。ここには，何かカルナップの形而上学の批判と受容に似通ったところがある。それは一言でいうと，人生の意味を求める探究ということである。だからこれは，体系的な学としての形而上学というと，不正確なので，何らかの「形而上的なもの」の探究といえるだろう。

　さらに続いて，形而上学の位置づけという問題に関連して，ウィーン学団の指導者であったシュリックの見解を考察しよう。彼もまた，ウィトゲンシュタイン『論理哲学論考』に結晶する新しい数学的論理学の構想と言語批判を高く評価し，さらにまた「哲学」(形而上学)に言及する。「現代の偉大な転回点(turning point) は，われわれが哲学のなかに認識の体系を見るのではなくて，行動の体系を見るということにある。哲学とは，それを通じて陳述の意味が明らかにされ，決定される活動性である」[31]。こうして，形而上的な意味での「偉大な探究者はまた，つねに一個の哲学者である」[32]と評価される。ここでは，カルナップよりも，哲学つまり形而上的なものの探究の位置が高くなっているように見える。

　シュリックに影響を与えたウィトゲンシュタイン自身もまた，同様の傾向をもつといっていいだろう。彼は『論理哲学論考』で，「自然科学の命題」のみが科学的な認識として積極的に語りうると述べつつも，すべての科学的な問いに答えが与えられたとしても，「われわれの生の問題」は依然として手つかずの状況のままであると感ずるという (6.52)。つまり自然科学や技術は，人生の問題に応えられないのである。周知のように，実は，『論理哲学論考』の結び部分（命

---

31) Moritz Schlick, The Turning Point of Philosophy, Ayer, *Op. cit.*, p.56.

32) *Ibid.*, p. 58. シュリックはさらに，「人生の意味について」というそのものずばりのタイトルの論文で，ショーペンハウアー，ニーチェのニヒリズムに強く共感している。それはまさに，世紀末の気分そのものである。Vgl. Moritz Schlick, Vom Sinn des Lebens, in: H. Schleichert（Hg.）, *Op. cit.*, S. 332ff.

題6・4以後）で，倫理学や美学について積極的に語られ，独我論，死，永遠，神秘的なものなどにも言及される。この点で，ジャニク／トールミン『ウィトゲンシュタインのウィーン』は，ウィトゲンシュタインのこの著作について，第1に，それがウィーンの生活と文化を基盤として理解されるべきこと，第2に，この著作は論理よりも倫理を中心に解釈されるべきこと，と結論した。これは著者たちによって，ウィトゲンシュタイン解釈の「第3の可能性」[33]と述べられた。こうした明快な解釈についてコメントすれば，まさに第1点は，いままで私が強調しつづけてきた《オーストリア哲学》の独自性に関わるものである。第2点に関しては，カルナップ，シュリックよりも，ウィトゲンシュタインが，人生の意味を直接問うという意味での形而上的なものをむしろ，上位に置いているといってもいいだろう[34]。

　ところで，当のウィトゲンシュタインは，ハイデガーについて何かいっているだろうか。実はウィーン学団のフリードリッヒ・ヴァイスマンが，シュリック宅でウィトゲンシュタインが述べたことを書きとめている。1929年12月30日のことである。ウィトゲンシュタインは，ハイデガーに共感して，「私は，ハイデガーが存在と不安について考えていることを，十分に考慮することができる。人間は言語の限界にたいして突進する衝動をもっている」[35]と述べている。

　さらに問題は，このときウィトゲンシュタインは，どのハイデガーの著作を念頭に置いていたのかということであろう。『存在と時間』なのか（Th. Rentschの説），それとも『形而上学とは何か』なのか（M.Murrayの説）ということである。この点では，ペーター・カイヒァーは，ノルウェーのベルゲン大学のウィトゲンシュタイン・アルヒーフで発見した，ハイデガーへの言及の遺稿にも

33）ジャニク／トゥールミン『ウィトゲンシュタインのウィーン』（藤村龍雄訳），TBS ブリタニカ，1979年，224ページ。

34）この点で，『論理哲学論考』を論理－倫理の二部構成としてとらえ，ウィトゲンシュタインの倫理指向を徹底して探究した著作として，細川亮一『形而上学者ウィトゲンシュタイン』筑摩書房，2002年を参照。ただし彼は，ジャニク／トゥールミンとは異なり，ウィトゲンシュタインをウィーン世紀末と関連づけてはとらえてはいない。なお細川は，ウィトゲンシュタイン「倫理学講話」（『全集』第5巻所収）などについて詳しく分析している。この点の考察は本書では扱われなかった。

35）黒崎宏・杖下隆英訳『ウィトゲンシュタインとウィーン学団』，『全集』第5巻，2001年，97ページ。

第1章 《オーストリア哲学》の独自性と19世紀転換期　**33**

とづいて，それが『形而上学とは何か』だと結論する[36]。

　それは「シュリックのための書き取り」と名づけられ，D302という番号が付いている。それは，速記録から起こされたタイプ原稿のコピーだという。そこではウィトゲンシュタインは，はっきりと「無は無化する」について議論している。それを彼は，「無の無限の海によって周囲を洗われるひとつの島」と詩的イメージによっていいかえている。カイヒャーによれば，ウィトゲンシュタインの解釈するハイデガーはここで，哲学的混乱から，みずからを解放する言語的な試みをおこなっているのだとされる。つまりハイデガーは，表現されないものにたいする表現を求めるという倫理的努力をしているとみなされるのだ。またカイヒャーは，ウィトゲンシュタインがハイデガーの『形而上学とは何か』それ自身を読んだのではなく，さきのカルナップ論文を読んだのか，または何らかのまた聞きをしたのではないかと推定する。いずれにせよ，この未公刊のD302を私は検討できてないので，以上の紹介にとどめたい。

　以上のようにして，論者によってその軽重があるものの，《オーストリア哲学》において，一般に，科学的認識への越権行為である，体系としての形而上学は排斥されるが，人間精神が求めてやまない形而上的なもの（人生の意味の探究または倫理的なもの）は何らかの意味で容認されるのである。ここに私は，古い伝統的なものと新しいものがせめぎあい，混交しあう19世紀末に生じた，科学主義的な論理実証主義の運動の裏の側面を見たい。つまり世紀末とは，一方における科学・技術や合理主義の隆盛，他方における，その反動としての人生の意味への探究，超経験的なもの，神秘的なものへの希求の状況である。ウィトゲンシュタインの『論理哲学論考』は，この両側面の補完状況を徹底して煮

36）Peter Keicher, Eine Insel des Seins umspült vom unendlichen Meer des Nichts, in: Uwe Meixner/Peter Simons(Hg.), *Beiträge des 22. Internationalen Wittgenstein Symposium in Kirchberg am Wechsel*, 15.-21. August 1999, Metaphysik im postmetaphysischen Zeitalter（Bd. VII/1）. なおこの資料を，ウィーンのギムナジウムの教授のホーフシュテッター氏から拝受した。記して感謝したい。なお氏は，Robert Hofstetter, Wittgenstein und Heidegger, *Wissenschaftliche Nachrichten*, Jänner, 1990. において，ウィトゲンシュタインとハイデガーの思想が営まれたのは，当時の時代精神から見ると，ファシズムの登場のなかで，健全な個人主義が消失し，人間性と主体の精神が喪失される野蛮な時代であった，と指摘する。それがウィトゲンシュタインの独我論の議論に現れているとされる。示唆に富んだ意見だと思われる。

詰めたものだといえないだろうか。通例日本でも，論理実証主義者やラッセル
とウィトゲンシュタインとの峻別が強調されてきた。もちろんそれは，論理実
証主義者とウィトゲンシュタインの安易な同一視という以前の偏見への否定と
いう妥当な側面があるが，しかしさらに，ウィーン世紀末という歴史的状況を
前提して《オーストリア哲学》を改めてとらえ返すと，以上のように，イギリ
スのラッセルはさておき，カルナップ，シュリック，シュテールとウィトゲン
シュタインを包括する，《オーストリア哲学》の大きな傾向が姿を現すといえよ
う。彼らは同じ時代の空気を吸っていたのだ。

　こうして，この19世紀末・世紀転換期という歴史的状況が，実は現代の20
世紀末・世紀転換期の状況を，100年前に早々と再現していることにも思い至る。
ある意味，世紀末状況とは，単に世界が滅び行く，ハルマゲドン的な状況だけ
が一方的に進展しているわけではない。そこには実に新しいものが豊富に生ま
れてきている。学問でいうと，このウィーン学団の論理実証主義も，哲学分野
ではもっともモダンで新しいものといえるし，フロイトらの精神分析も新しい
心理学だった。古い伝統的なものの重圧があるからこそ，それと格闘し，あえ
てそれを断ち切ろうとして，新しいものが生まれることもある。画家グスタフ・
クリムトらの分離派の芸術運動も古い権威主義的な美術アカデミーからの「分
離」の試みだった。だがそこでも，どんどん新しいものへ向かうというだけで
なく，古いものがたえず回帰してくるし，滅びと死の問題は，宗教的なものと
ともに蘇ってくる。これこそ，19世紀末と20世紀末をつなぐ共通の現実で
ある。

第6節　《オーストリア哲学》の特徴づけ①
—— 形而上学の拒否と言語批判・言語分析について ——

　以上のように展開されてきた《オーストリア哲学》をあらためてどのように
総括し，特徴づけられるのだろうか。実はすでにオーストリアで，ハラーやフ
ィッシャーが，その困難さの指摘とともに，こうした特徴づけを試みている[37]。
なおハラーは，オーストリア・ウィトゲンシュタイン協会の会長であったが，
従来，ウィトゲンシュタインが英国の哲学者とみなされてきたことにたいして，
1968年にウィーンで開催された哲学のための国際会議で，ウィトゲンシュタ
インがむしろオーストリアの哲学者ではないかと問題提起したのだという[38]。お

そらくこれが，ウィトゲンシュタインとオーストリアの関連づけの最初の試み
だっただろう。こうした研究を継承して，私は現時点で，《オーストリア哲学》
の特徴を，以下の5点にわたって考えている。もちろんこれは，以上に述べた
オーストリアの哲学者・思想家のすべてに妥当するというものではないが，ひ
とつの大きな，必然的な傾向だと考えられるものであろう。これらは，拙著『ウ
ィーン発の哲学』などの試みの継承・発展である[39]。

（1）反形而上学的・反観念論的な傾向。弁証法など，総じて思弁を重んずる
　　　立場への反発。
（2）言語批判，言語分析などの重視，言語（的コミュニケーション）への敏
　　　感な傾向。
（3）哲学構築のさいの自然科学，数学などの精密科学の重視，科学哲学への
　　　傾向。
（4）何らかの実証主義的・経験論的さらに現象主義的な態度。
（5）背景としての，ハプスブルク帝国の長い伝統，さらにその帰結としての
　　　世紀末的二重性の影響。

　もちろんこれらの特徴は，各哲学者に例外なくぴったり当てはまるというわ
けではない。だが，ドイツ哲学との対比において，かなりの程度，強く現れる
傾向であると思う。さて第1の点は，さきにカルナップの哲学に即して言及し
たように，カントの超越論哲学，フィヒテ，ヘーゲルらの思弁的形而上学への
拒否を意味する。総じて，学問的体系化を目指す形而上学の否定である。たと
えば，「科学的世界把握　wissenschaftliche Weltauffassung」を唱え，哲学の科学

37）この点で，ルドルフ・ハラーについては，林泰成訳『ウィトゲンシュタイン研究』
　　晃洋書房，1995 年。クルト・フィッシャーについては，Kurt Fischer, *Philosophie aus*
　　Wien, Wien/Salzburg 1991. が参照されるべきである。

38）Haller, *Fragen zu Wittgenstein und Aufsätze zur Österreichischen Philosophie*,
　　Amsterdam 1986. S. 31ff.

39）『ウィーン発の哲学』216 ページ以下参照。さらに，拙論「『オーストリア哲学』の
　　独自性とフリッツ・マウトナーの言語批判」（一橋大学・教育研究開発センター編『人
　　文・自然研究』第 6 号，2012 年），126 ページ以下で，ハラー，フィッシャーらの試
　　みを紹介している。

化を目指したウィーン学団の宣言文によると，古典的意味での形而上学（スコラ哲学，ドイツ観念論の体系的形而上学）や，カントのアプリオリズムもまた認められない[40]。第2章で述べるように，言語分析を同様に中心テーマとするマウトナーの批判にも，方向に違いはあるものの，上記の観念論の拒否が明示される。

　ただしさきに述べたように，何か人生の深遠な意味を問うという意味での「形而上的なもの」は拒否されない。この点で，ドイツ哲学からは，ショーペンハウアー，ニーチェらの生の哲学は，世紀末的雰囲気を支えるものとして，むしろ積極的に受容されることが多い。たとえば，論理実証主義を唱えたウィーン学団の指導者であったモーリッツ・シュリックは，すでに触れたように，その表面上の合理主義・実証主義にもかかわらず，意外とショーペンハウアー，ニーチェらの哲学を積極的に受容するのである。これはシュリックのみに例外的に認められる傾向というわけではない。この点で付加すると，たしかにシュリックの倫理学は，新功利主義などといわれ，まったく反カント的である[41]。

　さらにいえば，シュリックは，さきほど言及した論文で，「苦痛」と「退屈」のあいだを（！）往復するのが人生であるとして，その無意味さを説くショーペンハウアーのペシミズムに共感して，芸術への逃避を説く。人生とは，「苦痛」と「快楽」とを往復するものだなどという常識的見解ではなく，まさに苦痛と退屈のあいだを往復するのだという辛辣な断言は，世紀末の悲観主義・厭世主義そのものだという感じがする。さらにシュリックは，人生を目的の観点から見るかぎり，結局それが無意味にならざるをえないと考えるニーチェ，また遊

40）ヴィクトル・クラーフト『ウィーン学団』（寺中平治訳）勁草書房，1990年所収の付録「科学的世界把握——ウィーン学団」234ページ参照。この点では，フィリップ・フランクとオットー・ノイラートが「科学的世界把握」という名称を思いつき，さらにノイラートが「ウィーン学団」という呼称を考案した。というのも，「科学的世界把握」だけでは無味乾燥であるし，「ウィーン学団」という呼び名は，「ウィーンのワルツ」「ウィーンの森」というように，人生の快適な側面を思い出させるからだという。Vgl. Karl Sigmund, *Sie nannten sich Der Wiener Kreis*. Exaktes Denken am Rand des Untergangs, Wiesbaden 2015, S. 126. 同書は学術的探究の著作とはいえないが，カラーの写真，図版，エピソードなどが満載されており，おおいに興味深い。なおウィーン学団の構成員として，非哲学研究者として著名であるのは，数学者のクルト・ゲーデ

第1章 《オーストリア哲学》の独自性と19世紀転換期　**37**

戯に人間の目的を見いだそうとするシラーらに大いに共感しつつ，せめて子ど
もの純粋さ，青年期の若さを保ちつづけることを人生の指針とする[42]。ここにも，
世紀末的な雰囲気が如実に現れている。これは科学的・合理的な論理実証主義
のはらむ裏の側面であるといえよう。ちなみに，シュリックは，教え子の恨み
を買って，ウィーン大学内で拳銃で射殺されてしまった。その現場には，階段
の床に，記念碑がはめ込まれている。シュリックの射殺事件は，ウィーン学団
の運命をまさに暗示することとなった。

　第2点の言語批判・言語哲学の強烈な傾向は，北方のドイツ哲学の思弁的形
而上学が追求してきた「絶対精神」「絶対者」「民族」「真理」などの概念が，実
は「言語捏造 Glossomorphie」[43] による形成物であり，そのことばに対応する何
ら客観的な実体をもってはいない，ということを意味するものである。いまま
でに明らかなように，オーストリア哲学の始祖といわれるブレンターノからし
て，そうした言語への関心をもち，さらにウィーン学団，ウィトゲンシュタイン，
マウトナー，シュテールらもがそうした言語批判的な傾向を濃厚にもつ。エー
ブナー，ブーバーらも，コミュニケーションの観点から，言語に敏感な傾向を
示す。なぜカント，ヘーゲルらの観念論が拒否されるかというと，彼らの何か
壮大な形而上学的体系が，実はそこで用いられることばの誤用・乱用に基づい
て発生したとされるからである。したがって，ウィーン学団によれば，言語の
分析による言語への批判が哲学の大きな仕事となるが，それは形而上学による
認識上の越権行為を阻止するためである。そのことによって，人びとは権威か
ら初めて自由になれる……。そしてウィーン学団の言語分析の論理学は，おの

　ル，経済学者のカール・メンガーである。この学団の指導的代表者としては，アルベ
　ルト・アインシュタイン，バートランド・ラッセル，ウィトゲンシュタインの3人の
　名前が挙げられている（前掲訳，251ページ以下参照）。

41）シュリックの反カント主義は，安藤孝行訳『倫理学の諸問題』法律文化社，1967
　年を貫く傾向でもある。

42）以上，Moritz Schlick, Vom Sinn des Lebens, in: H. Schleichert（Hg.），*Op. cit.*, S. 342ff.

43）ウィーン大学の哲学教授で言語批判の哲学者シュテールの表現。Adolf Stöhr,
　Lehrbuch der Logik in psychologisierender Darstellung, Leipzig/Wien 1910, S. XII,
　S. 403f. なお，この言語批判の著作は，後述のように，マウトナーの第2の主著『哲
　学辞典』とほぼ同時期に出版されている。

ずと科学的な数学的論理学となった[44]。したがって，上記の第1の点とこの第
2の点は表裏一体化している。ところで，いままでにも指摘したように，言語
批判の立場は，広く歴史的産物でもあるだろう。ここで問題にしているオース
トリアの哲学・思想の基盤には，ユダヤ人を含め，10以上の多民族・多宗教・
多言語の地域を抱えるハプスブルク帝国の特殊事情がある。言語に関心をもた
ざるをえない事情のひとつに，ドイツ語を中心にしつつも，多言語を許容しな
ければならず，「言語令」までも施行して言語を統制しなければならなかったこ
の大国の歴史がある。

第7節　《オーストリア哲学》の特徴づけ②
—自然科学と実証主義への傾斜，およびウィーン世紀末的二重性—

　第3点の自然科学などの精密科学の重視という点は，これもドイツ哲学と区
別される重要な特徴であると思われるが，だが，かならずしも幅広く見られる
特徴とはいえない。とはいえ，ポッパーを初め，現代まで続く《オーストリア
哲学》の特徴を，何らかの科学哲学だとみなす傾向は強く存在している。

　数学，数学基礎論，数学的論理学（記号論理学），自然科学，心理学，技術な
ど，近代的学問（科学）の重視は，1850年代以後の資本主義の急速な成長にと
もなう，このオーストリア世紀末のモダニズムの現れである。オーストリア哲
学の開始に大きな影響を与えた自然科学者・哲学者のマッハがまさにその立場
であり，すでにフランツ・ブレンターノも心理学的立場を重視し，就職テーゼ
のなかで，「哲学の真の方法は自然科学の方法以外のものではない」という命題

---

44) 本書第7章で展開されるように，まことに興味深いことに，近年，水と油の関係と
　　されたヘーゲルらのドイツ観念論と分析哲学の融合が強まってきている。

45) Vgl. Haller/Friedrich Stadler（Hg）, *Wien-Berlin-Prag. Der Aufstieg der wissenschaft-
　　lichen Philosophie*, Wien 1993, S.14.

46) 本書では，ウィーン学団の全体についてはあらためて検討できなかった。この点で
　　は，Hans-Joachim Dahms（Hg.）, *Philosophie, Wissenschaft, Aufklärung. Beiträge zur
　　Geschichte und Wirkung des Wiener Kreises*, Berlin/New York 1985. は，それを詳細に試
　　みている。ちなみに，ダームスは「序言」で，ウィーン学団の展開の段階を，①前史
　　（1922年まで），②構築の時期（1928年まで），③ウィーンでの公共的な局面（1934

を残した[45]。ウィーン学団のメンバーの大多数は，正統派の哲学者ではなく，数学，数学的論理学（記号論理学），自然科学，技術などを重視しており，考えてみれば，分析哲学へと継承されるこの哲学ほどモダンな哲学は，世界的に見てほかには見当たらない。ウィトゲンシュタインもまた，数学基礎論に強い関心をもち，ベルリン工科大学で学び，マンチェスター大学では航空学を学ぶ。だから彼は，ある意味技術者なのである。

　なお付加すると，この自由主義的なウィーン学団に関しては，1938年のナチスによるオーストリアの「併合」後，彼らの著作は発禁とされ，彼らの結成したエルンスト・マッハ協会も，ナチスによって危険視されてしまった。自由主義的なウィーン学団の最後の運命を思うべきである[46]。

　もちろん，こうした傾向から乖離している哲学者，思想家も多い。言語に関心をもつ哲学者のなかでも，マウトナー，エーブナー，シュテール，ブーバーらには，そうした（自然）科学重視の関心はないといえよう。いずれにせよ，こうしたモダニズムは，世紀末的な二重性を形づくるさいの一方の要素と見られる。ドイツ観念論では，こうした科学重視はほとんどなく，ドイツ観念論の完成者といわれるヘーゲルが，数学も含めて，物理学，生物学，化学など，当時の自然科学にも強い関心をもっていたのは事実ではあるが，だが，彼にはそこから，何か科学主義的な哲学（いわゆる科学哲学）を主張し構築しようとする態度は見られない。それは彼にとって，思弁的な自然哲学の内容へと吸収されるのであり，その自然哲学は，論理学・自然哲学・精神哲学（『エンチュクロペディ』の体系）という，ヘーゲルの思弁的哲学体系の一部門となり，その中心部分を占めるわけでもない。ヘーゲルにとって「自然」は，「他在という形式

年まで），④国際化，解消，移住（1938年まで），⑤後世への影響，と5つに区分する。①と②のあいだにシュリックとハーンがウィーンへ招聘されるというできごと，②と③のあいだに綱領（「科学的世界把握」）の発表（1929年），エルンスト・マッハ協会の設立，雑誌『認識』の出版，③と④のあいだに，マッハ協会の禁止，ナチスによるオーストリアの併合，などのできごとがあるという（Vgl. *Ibid*., S. IXf.）。ウィーン学団の基本性格としては，わかりやすく，「迫りくる非合理主義とその政治的利用者に対抗して，科学・哲学・民衆的啓発の啓蒙的な連合を成立させるという試み」（*Ibid*., S. 28）をおこなったとまとめられている。

における理念」[47] という非自立的なものにすぎず，「精神」と比べると，それは真実在ではない。その意味で，自然は一度，否定されなければならない。また，フィヒテやシェリングの自然科学的知見の取り扱いも，いずれにせよ思弁的である。

　第4点の実証主義的・経験論的・現象主義的な傾向は，ことがらの必然としてかなり濃厚に現れる現象といっていいだろう。というのも，これこそ，カント的な超越論哲学やヘーゲルの弁証法哲学に対抗するための，おそらく唯一の認識方法であるからだ。カントやヘーゲルの認識論は，経験論などを一要素として含むけれど，むしろ全体として思弁的となっている。カント『純粋理性批判』の提起した「アプリオリな総合判断はいかにして可能か」というさいのその判断は，経験的な総合判断とアプリオリな分析判断の統合であるが，そこでは対象を感覚の働きからして受容する単なる経験論はすでに超えられている。だが，このカント認識論こそ，ブレンターノが批判した当のものであった。

　これら実証主義などの立場は総じて，所与としての事実をそのまま正確に受け取るという方法論的態度であり，感覚から始めて人間の経験に実証的に即すことであり，それは何らかの実在を前提として，それを分析するという態度をも含む。さらに認識主観に現象する事実をそのまま受け取るというような態度や，すでに最初から認識主観と対象が一体化して現象するという認識論的な立場をも含む。政治的に見れば，ドイツ観念論に比して，こうした立場は何か受容的・保守的であるといえるのではないか。

　具体的には，第4点はまずウィーン学団がイギリス由来の経験論を重視し，論理実証主義を唱えたことに現れ，ブレンターノ，マイノングらの実在論，ウィトゲンシュタインによる意味の検証主義にもそれが見られる。マッハの中立的な感覚要素論もその現れであり，この立場は現象主義といってもいいかもしれない。これはフッサール現象学にもつながるだろう。のちほど見るように，マウトナーもマッハの影響を受け，感覚主義的な認識論をもっている。

　実はここに存在する共通性は，カントやヘーゲルの認識論と対立的である。ヘーゲルの弁証法的認識方法によれば，「すべてのものは媒介されている」，「前提は措定される」という弁証法が主張される。これは現実をありのままに受容するという態度とはまったく逆であり，対象を一度批判の網の目にかけて，と

47）ヘーゲル『自然哲学』（加藤尚武訳）上，岩波書店，1998 年，第 247 節。

らえ返すことを意味する。つまり批判的再構築の立場である。直接的所与の否定がヘーゲル弁証法の出発点である。これは『小論理学』「予備概念」における，ヤコービの「直接知」への批判として現れた。直接の経験的所与も，実は長い経験の過程や教養によって媒介され，成立している。「直接知，つまり他のものとも，自己自身のうちで自己とも媒介されていないような知があるということは，事実として誤っている」[48]。

第5点として，世紀末状況に由来するその二重性が挙げられる。

いままで強調してきたように，世紀末的二重性とは，古い伝統をもつ，神聖ローマ帝国の末裔であるハプスブルク帝国の実に多様な遺産の継承（まずは何と 68 年間の長きにわたって君臨した守旧派の皇帝フランツ・ヨーゼフの存在，さらにカトリックの宗教的伝統，バロックの芸術様式，ビーダーマイヤー様式など）と，近代において勃興する資本主義やそこでの産業革命などのブルジョアジーの歴史的新しさとの，矛盾をはらんだ状況であり，その矛盾的総合から驚くほど多種多様で新しい学問・科学や文化・芸術が生まれてきたということである。哲学・思想もまさに，そのなかの一例であるということだ。新興国家プロイセンの台頭のなかで，フランス革命に積極的に呼応して「近代」の成果を定着しようとした時代が，カント，ヘーゲルらが活動した時代であったとすれば，オーストリアの世紀末文化はすでにその時代を経過して，19 世紀の転換期という「現代」（の始まり）に突入していた。ウィーンのリング通り様式のオンパレード的な建築をおこなったブルジョアジーのひ弱さが「自由主義体制の危機」[49] を産み，彼らは進歩，自由，ヒューマニティ，教養形成などの近代的理念をうまく定着させることができなかった。ドイツをめぐるプロイセンとの主権争いにも敗れ，そうした挫折感から，徐々に「ハプスブルク神話」が生まれ，過去への懐古趣味や現実逃避が広がった。そこには古いものも新しいものも何でもあったが，生まれてきたのは「保守革命」という，保守主義からの革命という矛盾物であった。この特質は，ウィトゲンシュタインの現代的哲学，フロイトの精神分析などに端的に現れる。この 2 人の思想は，ラディカルかつ革命

48）Hegel, *Enzyklopädie der philosophischen Wissenschaften*, Ⅰ, Bd. 8, Suhrkamp, § 75. 松村一人訳『小論理学』上，岩波文庫，234 ページ。

49）カール・E・ショースキ『世紀末ウィーン』（安井琢磨訳）岩波書店，1983 年，11ページ。

的で新しくはあるが，何か本質的に保守的であり，また世紀末に彩られている。

　ところで，19世紀半ばにオーストリアに登場した自由主義を一種の啓蒙的合理主義とみなせば，その源泉は，遠くマリア・テレジアの息子の皇帝フランツ・ヨーゼフ二世（在任1765〜1790年）の思想と政策に由来するということがいわれる。フランスのヴォルテールを称賛する彼は，啓蒙君主として，当時としては型破りな宗教寛容令，農奴解放令などを実施し，「人民皇帝」「革命家」などと呼称された。だが，この体制は根づかず，彼の死後，ただちに旧体制に復帰してしまった。この挫折した啓蒙的急進主義は「ヨーゼフ主義」と呼ばれ，後世まで影響を与えた。ウィーン学団はもちろんであるが，第3章で扱う，マウトナーに見られる啓蒙主義を，この伝統に結合して見ることも不可能ではないだろう。

　私はここで以上の世紀末的二重性の問題をこれ以上詳細に論ずることはできないが，21世紀にはいった現代も，新しいものが大いに現れはするものの，いわば展望の見えない時代状況が続いている。現代は，経済にせよ，広く社会にせよ，近代合理主義の限界がはっきり示された時代である。現代とは，新旧取り混ぜて，いわば何でもありの時代だといえる。とすれば，オーストリア世紀末（19世紀転換期）はこの現代の敏感な先取り・予兆であったといえるのではないか。浅薄な楽観主義は，ただちに馬脚を現す。この時代を熟考することは，21世紀初頭の現代とその未来を洞察するうえで大きな意味をもっているのではないかと思われる。

第2章　フリッツ・マウトナーと《言語論的転回》の開始

第1節　《言語論的転回》の目指すもの

「20世紀は言語の世紀である」といわれてきた。とすれば，それが始まったのは，実は当時のハプススブルク帝国，すなわちオーストリア・ハンガリー二重帝国においてであった。ところで，《言語論的転回》の用語を強く主張したのは，アメリカのプラグマティストのリチャード・ローティであったが，この用語をはじめて提唱したのは，まさに当時のウィーン学団の一員であったグスタフ・ベルクマン（のちに渡米）である[1]。したがって，《言語論的転回》という表現は，形式的にも内容的にも，オーストリア由来なのである。彼は，1953年に発表された論文「論理実証主義，言語，そして形而上学の再構築」で，「論理実証主義」という用語の採用の事情に触れたのち，論理実証主義者はすべて，ウィトゲンシュタインが『論理哲学論考』のなかで開始した《言語論的転回 linguistic turn》の思想を受容する。もちろん彼らは，『論考』を彼らなりのやり方で解釈したのだけれども，と述べている[2]。ウィトゲンシュタインが当時の《言語論的転回》を大きく駆動したことは間違いないが，彼の前に，フリッツ・マウトナー（1849 〜 1923年）という偉大な先達がいたことが指摘されるべきである。

　ところで，なぜ《言語論的転回》という現象が哲学や思想全般において重要であったのか，マウトナーを論ずるにあたって，このことをあらかじめ広く述

---

1) ベルクマン（1906 〜 1987年）はウィーン大学で数学を学び，ウィーン学団の構成員となる。1938年渡米し，アイオア大学で哲学と心理学の教授を務める。Vgl. Friedrich Stadler, *Studien zum Wiener Kreis*. Ursprung, Entwicklung und Wirkung des Logischen Empirismus im Kontext, Frankfurt am Main 1997, S. 660ff. なお，ヴィクトル・クラーフト『ウィーン学団』（寺中平治訳）勁草書房，1990年，250ページに，ベルクマンがウィーン学団のメンバーとして，その名前が掲げられている。

2) Cf. Bergmann, "Logical Positivism, Language, and the Reconstruction of Metaphysics (in part)", Richard Rorty (ed.), *The Linguistic Turn*, Chicago 1992, p. 63.

べておくことは必要なことであろう。私はここで，言語学者ソシュールやサピア・ウォーフの仮説には触れないが，日本でいうと，この現象をきわめて広範に扱った『言語論的転回』という論文集においても，意外なことに，このテーマはだれもまともに論じていない[3]。また，ハッキングの『言語はなぜ哲学の問題になるのか』という著作もあるが，《言語論的転回》という表現もマウトナーも具体的に論じられず，私の期待を満たすものではなかった。同書は，近代哲学史を「観念の全盛期」「意味の全盛期」「文の全盛期」と発展的に区分して，この問題「言語はなぜ哲学の問題になるのか」を扱うが，それほどはっきりした答えを用意していないように思われる。彼はすべての実在を言語的なものと見る，一種の「言語的観念論」を警戒するあまり，シャープな答えを出せないようである。いずれにせよ，彼はこの問題に，17世紀哲学で「観念」がそうであったのと同様に，いまや「言語」が認識主体と認識されるものとのインターフェースの役割を果たしているから，と同書の最後で答える[4]。

　この点からすれば，《言語論的転回》のオリジナルの提唱者のベルクマンの言い分にまず耳を傾ける必要がある。この意味では，リチャード・ローティが『言語論的転回』というアンソロジーで，「ベルクマンがここで使用し，このアンソロジーのタイトルで私が使用した『言語論的転回』という言い回しは，私の知るかぎり，ベルクマンの造語である」[5] と指摘することに，まず注目されるだろう。さてベルクマンは，言語と哲学の関係を，言語と他の専門個別科学の関係から類比的に考える。2人の物理学者がいた場合，一方が現象主義者で他方が実在論者であったとしても，科学の成果が実験と経験的確証によって決定される以上，彼らのそうした哲学的立場は関係ない。事実はそのままで，だれで

3）新田義弘・他編『言語論的転回』岩波書店，1993年参照。この論文集では，言語分析や言語哲学について，おもに個別の哲学者に即して述べられているが，総括的にそもそも言語批判の哲学とは何か，「言語論的転回」とは何であるのか，ということがそれほど具体的には述べられていない。なお野家啓一は，注目すべきことに，同書，151～154ページにおいて，本論でのちに述べるマウトナー『言語批判論集』について論じている。

4）イアン・ハッキング『言語はなぜ哲学の問題になるのか』（伊藤邦武訳）勁草書房，1989年，282，289ページ以下参照。

5）Richard Rorty（ed.），*The Linguistic Turn*, p. 9, note 10.

あっても，客観的真理としてとらえられる。だが，哲学者は，みずからの哲学的対象がそうした客観的事実ではなく，一種の言語構築物である以上，言語を批判的に分析しなければならない[6]……。

もちろん，現段階の新科学哲学では，パラダイム論（トマス・クーン）や理論負荷性（ノアウッド・ハンソン）の理論によって，自然科学ですらもイデオロギー的パラダイムを免れない以上，自然科学的真理を素朴に信奉するベルクマンは，広くいって当時の論理実証主義の段階を超え出てはいない。だが，いずれにせよ，彼にとって，従来の哲学的な形而上学や存在論などは，言語によってはらまれたひとつの幻想にすぎない。ここから《言語論的転回》の試みが始まる。

さてローティは，ベルクマンを継承して，《言語論的転回》の意義を説明する。ローティによれば，「言語哲学」によって，哲学的問題が，言語を再定式化するか，またはわれわれが，いま使っている言語についてもっと深く理解することによって，解決（または解消）するかもしれないものであるという立場が意味されるという[7]。これこそ哲学の《言語論的転回》の主張と考えられる。つまり彼によれば，「哲学的問題は，実は言語の問題である」。

なぜそういえるのか。ローティによれば，ここには伝統的哲学への批判がある。

伝統的哲学者ならば，こう指摘するだろう。「君の人生をことばなどに浪費するな。われわれのところに来て，これらのことばが表現するものについて，ともに推理しよう。」つまり伝統的哲学者は，ことばそのものよりも，それが何を意味するかという，深い存在論的問題を追究してきた。だが，言語哲学者ウィトゲンシュタインの次の主張を聞けば，衝撃を受けるはずだという。「『苦痛』が何を意味するかをわからない人を想像しよう」「君が言語を学ぶとき，君は『苦痛』という概念を学んだことになる」[8]。つまり何か異様な感覚にさいなまれるが，それを表現することばをもたないとすれば，本人は呻くばかりで，それを同定できない。のちにそれを，何であったとも表現できない。またその感覚を，他の異なっている感覚からも区別できない。「苦痛」ということばを学ん

6）Cf. *Ibid*. pp. 64f.

7）*Ibid*., p. 3.

8）Wittgenstein, *Philosophische Untersuchungen*, Frankfurt a / M 1977, I. § 271, 384.

だときにはじめて,「痛い」という感覚を特定でき,「あのときは痛かった」と表現でき,「苦痛」を「痒み」「熱さ」などの他の感覚とも区別できるだろう……。

なぜ哲学者は言語的問題にしかアプローチできないのか。その理由を,あらためて以上のベルクマン,ローティの主張に関係させてまとめて見よう。

個別諸科学であるならば,ある与えられた現実的問題に,観察,実験,統計的データなどによって接近できる。だが哲学はそういう手段をもたず,言語形成物である概念や普遍的カテゴリーしか用意できない。だが,それらのものが現実に直接関われないかぎり,結局哲学は,そこで利用されることばにしか関われないことになる。つまり哲学は,科学や日常言語で使われることばについて分析し,批判することを中心課題とすることになる。あらゆる客観的事象は,言語形成物としてわれわれに現れることは確実である。ウィトゲンシュタインの提起する「苦痛」の例が示すように,言語化できないものは,茫漠としており,確固としてその輪郭をつかめない。「現実から言語へ」——ここには哲学上の大きなパラダイムの転換が見られる。これこそ,哲学における「言語論的転回」であった。

この意味で,ローティは,近代の認識論哲学からの《言語論的転回》(さらに続けて,彼は《プラグマティズム的転回》を引き起こす)を強調したのであり,さらにユルゲン・ハーバマースは,近代の意識哲学からの《言語論的転回》を語ったのである[9]。だが,現代の《言語論的転回》についての考察は,ここでの課題ではないので控えたい。

第2節　マウトナーの人生とマッハとの交流

フリッツ・マウトナー(1849 ～ 1923 年)はハプスブルク帝国の版図のボヘミアの小都市ホルツィッツ(Horzitz 現在のチェコ領)に生まれる。両親はユダヤ人であり,数年後プラハに移住した。プラハ大学で法学を学んだが,科学哲学者ともいうべきエルンスト・マッハの講義に強い感銘を受ける。そののちべ

---

9) ローティの代表作『哲学と自然の鏡』(野家啓一監訳)産業図書,1999 年では,彼はすでに言語論的転回を超えて,プラグマティズム的転回へと至っている。ハーバマースのこの点での代表作は,河上倫逸・他訳『コミュニケーション行為の理論』全3巻,未來社,1985 ～ 87 年である。

ルリンに在住し，パロディー作家，風刺作家，ジャーナリストとして活動し，哲学の大著も何冊か書いている。だが彼は，大学教授を嫌っていた。彼はボヘミアのユダヤ人として，幼少の頃から，ドイツ語，チェコ語，ヘブライ語に接しており，現実に唯一対応し，それを正確に指示する言語など存在しないことを経験していたといえるだろう。それぞれの言語が現実にたいするそれぞれのとらえ方をするのみである。言語にたいする懐疑はこの頃の生活から芽生えていたと思われる。

　人的交流から見ると，ベルリン時代，ドイツ生まれの神秘主義的無政府主義者グスタフ・ランダウアーに影響を与えた。そのランダウアーは，さらに，ウィーンで生まれ，ウィーン大学で学び，マウトナーと同じユダヤ人であったマルチン・ブーバーに影響を与えたが，そのブーバーはマウトナーに，自分が編集した「社会」というシリーズものの第9巻として，『言語』という著作を書かせたりしている（この著作はランダウアーに捧げられている）。そして，左翼的なランダウアーとの交流は錯綜しており，マウトナーが『言語批判論集』を書いているときに，彼は監獄でその著作の整理を手伝っている。だが，マウトナーが第1次世界大戦後，国粋主義者になったことにランダウアーは反発したりして，最終的に，2人の友情は決裂している。「そうしたマウトナーにあって，無政府主義者グスタフ・ランダウアーとの交友は，それだけに一層，謎めいて見える」[10]。さらにまた，マウトナーは，詩人であり作家であったホフマンスタールにも強い影響を与えているが，すでに《オーストリア哲学》の独自性に関して述べたように，むしろ言語への強い関心は，この当時の共通の文化的背景として存在したといえよう。そして，マウトナーはビスマルクを崇拝しており，彼こそニーチェ的な超人であるという[11]。世紀末の思想家ともいうべきそのニーチェも，マウトナーに大きな影響を与えた。

　ところで，マッハのマウトナーとの関係は，当時の知識人たちの豊かな交流の一端を示すものとして興味深いものであり，2人はお互いにエールを交換し

---

10) 平野嘉彦「唯物論もしくは『神なき神秘説』」，『現代思想』1994年2月号，108ページ。なおキューンは，マウトナーとランダウアーとの交流を詳細に扱っているが，結局それを読んでも，政治的には一見対立的で，ともに複雑な悩みを抱えていた彼らの深い精神的交流についてはすっきりとはわからない。Vgl. Joachim Kühn, *Gescheiterte Sprachkritik*. Fritz Mauthners Leben und Werk, Berlin 1975, S. 201ff., 250, 263ff.

ている。以下，そのことを紹介しよう。

1895 年のマウトナーからマッハ宛の書簡では，「概念が単なることばではないかという，中世の唯名論の古い学説」について，マッハの意見を聞いている [12]。本章の第 4 節で展開するように，この「唯名論」をどう評価するかがマウトナーの大きな問題であった。さらに，1901 年のマッハからマウトナー宛の書簡では，「私より言語科学になじんでいる人びとにとって，御高著〔『言語批判論集』〕は，まさに革命的に働き，彼らを『独断のまどろみ』から目覚めさせることでしょう」と，最大限の賛辞が送られている [13]。また，1906 年のマウトナーからマッハ宛の手紙では，「哲学者たちは，私の著作〔『言語』〕を言語学的とみなしているので，依然として沈黙しています。そして言語学者たちは，私が彼らのサークルをかき乱したために，沈黙しています」と，彼は書き送っている [14]。自分の言語批判の哲学が，哲学者からも言語学者からも無視されたことへの不満が，ここでマウトナーによって述べられている。そこには，彼が在野の哲学者であったことも関係しているのかもしれない。さらに 1906 年のマッハからマウトナー宛の手紙では，マウトナーの『死者たちの会話』にたいする返礼がマッハから述べられ，マウトナーの言語についての著作が若い世代の人びとに浸透していると伝えられている [15]。さらに，1912 年のマッハからマウトナー宛の手紙では，自著の『感覚の分析』が仏教の影響から直接発生したのではないとしても，自分が仏教に最大の共感をもっていると告白される。こうし

11）以上，マウトナーの生涯については，Gershon Weiler（Hg.），*Fritz Mauthner. Sprache und Leben*, Salzburg / Wien 1986, S.31ff. ジョンストン『ウィーン精神』井上修一・他訳，1，1986 年，298 ページ以下。カムピッツ『仮象と現実のはざまで』針生清人監訳，富士書店，1988 年，117 ページ以下。以上を参照した。なお，最初のヴァイラーの著作は，マウトナー自身のいくつかの哲学的著作からの詳細な抜粋集である。さらに，注 10 の前掲 Kühn, *Op. cit.* は，マウトナーの言動を，おびただしい往復書簡や彼の著作に関する書評の紹介などに即して，きわめて詳細に扱っている。だが，オーストリア哲学の独自性や世紀末現象への関心はほとんどない。

12）Rudolf Haller / Friedrich Stadler（Hg.），*Ernst Mach——Werk und Wirkung*, Wien 1988, S.232.

13）*Ibid.*, S.233.

14）*Ibid.*, S.239.

15）*Ibid.*, S.240.

第2章　フリッツ・マウトナーと《言語論的転回》の開始　**49**

た事実は，マッハの著作からは直接は出て来ないものであろう。またそこで，「自我の分析，持続する自我の幻影の破壊」に関して，ヒュームと仏教について言及され，マッハがこの無我の考えをゲオルク・リヒテンベルクの「考えが浮かぶEs denkt.」から直接獲得したと伝える（なお後述する『言語批判論集』では，リヒテンベルクにたびたび言及されている）。本論の第9節で議論するが，彼のこの「無我」の考えは，当時の知識人の話題になったものといわれるが，ここでもその話がお互いのあいだで出たということであり，まことに興味深いものである[16]。以上のように，マッハとマウトナーの往復書簡のなかに，当時の思想家相互の交流の一端がよく窺える。

　ところで，マウトナーは言語が現実を真に把握できるとは考えず，この不可知論的立場から言語批判を遂行した。それでも真実への希求をやめず，東洋の道教などの神秘主義に到達した。多様な活躍をした彼は，「天才的な趣味人」ともいわれた。彼は人間であるかぎり，その限られた五感の認識から脱することができないとみなし，「人間主義」の限界を唱えた（この点は，さらに本章第3節で述べられる）。碑銘には，「人間であることから救われし」と書かれている。これはまさに，人間の認識と言語のありようが真実の洞察を根本的に妨げたとすれば，彼は死んではじめてその人間的限界を超えたということを意味するだろう。人間を超えた彼は，あの世で神や仏と会話しているのかもしれない。ちょうどイデア論を構想したプラトンがほぼそのように想定したように。

第3節　マウトナーの著作と日本での研究

　さて，マウトナーの言語哲学を考察するさいに中心となる著作は，『言語批判論集』（1901／02年）[17]と『哲学辞典』（1910／11年）[18]である。この2つの

16）*Ibid*., S.242. リヒテンベルクは18世紀，ゲッチンゲン大学で物理学の教授であった。その著述は世紀末の当時，マッハ，クラウス，ウィトゲンシュタインら，ウィーン知識人のあいだで非常にポピュラーになったといわれる。山本・黒崎編『ウィトゲンシュタイン小事典』大修館書店，1981年，249〜252ページを参照。

17）Fritz Mauthner, *Beiträge zur Kritik der Sprache*, Drei Bände, Leipzig 1923. 『言語批判論集』については，以下このテキスト（第3版）を使用する。以下，使用するテキストについては，初版と異なる場合がある。本文中で引用箇所を示すさいに，I. S.1. などと巻数と頁数を併記する。

あいだには，ほぼ10年が流れている。この間に『言語』(1906年)[19] があり，そして晩年になり，『無神論と西洋におけるその歴史』(1920 ～ 21年)[20] が書かれ，死後の1925年には，『世界の3つのイメージ』が出版される。そのほか哲学以外の分野でも，パロディ集『名文模作――パロディー研究』，歴史小説『新しいアハスヴェル』，『ゴータマ仏陀の最後の死』などがある。彼はまた，『ベルリン日報』の編集をしながら，多くの評論を書いた。

　私はこの論文で，もっぱらマウトナーの哲学分野の著作を扱う。ケーニヒスベルク出身のヨハン・ゲオルク・ハーマンがカント『純粋理性批判』を言語論的な観点から批判したというような先例があるが，マウトナーこそは，哲学分野における本格的かつ詳細な「言語論的転回」を展開した人物といえるだろう。カムピッツはその点で，次のように解説する。「哲学的にはあまり一貫していないが，その著作は言語分析的な哲学にたいする挑発および刺激として重要となった。こうして，マウトナーの言語批判的な懐疑主義は，20世紀の哲学の『言語論的転回』の先駆者とみなすことができる」[21]。

　日本では，マウトナーはおもに文学畑から，オーストリア文学などとの影響関係について，わずかながら研究されてきた。もちろんマウトナーを扱う場合，著者は哲学的分野にも言及せざるをえないが，哲学からの本格的な研究はまだ手薄であるといえよう。

　たとえば，水上藤悦，平野嘉彦らである。このなかで，水上は，「マウトナーの言語哲学は，今世紀の分析哲学，言語行為論につらなる言語使用と言語行為に関する新たな理論的地平を切り開いている」と高く評価しつつ，20世紀文学における「言語革命」や，カムピッツと同様に，哲学における《言語論的転回》にも言及する[22]。さらにまた，西村雅樹は『言語への懐疑を超えて』で，オーストリアの文学・思想を幅広く扱い，そのなかでウィトゲンシュタイン，ヘル

18）Mauthner, *Wörterbuch der Philosophie*. Neue Beiträge zu einer Kritik der Sprache, Zwei Bände, Zürich 1980. 本文中で引用箇所を示すさいは，I. S. 1. などと巻数と頁数を併記する。

19）Mauthner, *Die Sprache*, Frankfurt a. M. 1906.

20）Mauthner, *Der Atheismus und seine Geschichte im Abendlande*, Zwei Bände, Stuttgart / Berlin 1920-21.

21）Franco Volpi（Hg.）, *Großes Werklexikon*, Bd. 2, Stuttgart 1999, S. 1018.

マン・ブロッホ，ヘルマン・バールらとともに，「フリッツ・マウトナーの言語批判」という章を書いている。これは本格的なマウトナー論であるが，まだ哲学的考察は，それほどなされているわけではない[23]。私自身は，以上の先学の業績に学びつつ，哲学の分野からマウトナーにアプローチしたい。

　さて，日本での文学・思想からの研究では，いま言及した3人の研究者は，すべてホフマンスタールの短編『チャンドス卿の手紙』を取り上げ，それとマウトナーとの影響関係に注目する。私は，オーストリア世紀末の状況におけるこの両者の関係を詳しく扱う能力はないが，簡単に述べておきたい。

　『チャンドス卿の手紙』という短編は，チャンドス卿がフランシス・ベーコン卿に当てて，文学の営みを今後一切絶つことを手紙で述べたという趣旨になっている。彼は突然，「精神」「魂」「肉体」などのことばについて，それを口にすることが不可能となり，ことばと現実のつながりが失われ，ただことばがちりぢりばらばらに自分の周囲に浮かび漂うだけになったという経験をする。言語への極端な懐疑と不信の現象である。その代わりに，彼は，ことばにはならないが，如露，馬鍬，犬など何気ないものそのものが，突如，崇高な感動で自分に迫ってくるという体験をする。それはけっしてことばには表せないもので，もっと直接的なものである[24] ……。

　マウトナーを知っている者ならば，これは彼の言語観とそっくりであり，それにリアルな文学的表現を与えたものであるということを直観するだろう。1901年に出た『言語批判論集』をただちにホフマンスタールは熟読したが，その翌年に彼の『チャンドス卿の手紙』が発表されたのである。さらに『チャンドス卿の手紙』を読んだマウトナーは，そこに自分の影響があることを確認したという[25]。ホフマンスタールが言語との解離の果てに見た現実とは，いわばカント的な「物自体」であり，すでにそれは，マウトナーのいう神秘に包まれた世界であろう。

---

22) 水上藤悦「マウトナーの言語論と世紀末文学」千葉大学文学部編『人文研究』第28号，1994年，250，252ページ。平野嘉彦「唯名論もしくは『神なき神秘説』」（前掲）。

23) 西村雅樹『言語への懐疑を超えて』東洋出版，1995年。

24) 川村二郎訳『チャンドス卿の手紙』講談社文芸文庫を参照。

25) 水上，前掲論文，259ページを参照。

52

第4節　マウトナーによる《言語論的転回》の開始

　以下において，私は『言語批判論集』に関して，①マウトナーの言語批判の
目的ないし意図，②彼の言語観の基本的枠組み，③その言語観を支える彼の認
識論および彼の論理学観，について紹介・検討したい。

　マウトナーは『言語批判論集』と『哲学辞典』を回顧して，自分の課題がや
はり「言語の批判」であったという。「理性の批判は言語の批判にならなけれ
ばならない。すべての批判的な哲学は言語の批判である」[26]。ウィトゲンシュタ
インに関心をもっている者ならば，ここで思わず，『論理哲学論考』（1921 年に
出版される）の命題を連想するだろう。「すべての哲学は『言語批判』である（だ
がしかし，マウトナーの意味においてではないけれども）」[27]。残念ながら，ウ
ィトゲンシュタインがマウトナーをどう具体的に評価したのかは，これ以上わ
からないようである。いずれにせよ，ウィトゲンシュタインの眼に，マウトナ
ーの著作が触れたことは間違いない。マウトナーからウィトゲンシュタインへ
の大きな直接的影響はないにしても，オーストリアの一九世紀末を背景として，
言語が重視される状況のなかで2人が同時に言語批判に強い関心をもったこと
だけは断定できるだろう。

　以上のようにして，いわゆる《言語論的転回》はオーストリアのマウトナー
によって本格的に開始された。それは，『言語批判論集』（1901 ／ 02 年）とい
う3巻本の著作であった。

　マウトナーは，『言語批判論集』の最初の論文「言語の本質」の冒頭で，次の
ように述べる。「『初めにことばがあった。』もし人間がことばのもとにとどまり
続けるならば，人間はことばとともに，世界認識の端緒に立っており，立ちつ
づけるのである」（I. S.1.）。マウトナーは明示していないが，周知のように，「初
めにことばがあった」という表現こそ，聖書の「ヨハネ福音書」冒頭のもので
ある。それを少し引用しよう。「初めにことばがあった。ことばは神とともにあ
った。ことばは神であった／すべてのものは，この方によって創られた／こと

26）Vgl. Weiler, *Op. cit.*, S.100f.

27）Ludwig Wittgenstein, *Tractatus Logico-philosophicus*, London 1961, Satz 4.0031. S.36.

28）日本聖書刊行会編『聖書』1991 年，157 ページ。

ばは人となって，私たちのあいだに住まわれた」[28]。

　マウトナーが聖書に依拠して，「初めにことばがあった」という引用から言語批判を始めるのは，実に示唆的である。人びとが「ことば＝神」に束縛されているのならば，「ことばの迷信 Wortaberglaube」を打破し，「ことばの権力 Wortmacht」から人びとを解放しなければならない。そしてそれは，「神」や「神の証明」などということばへの批判をとおして，おのずと宗教的迷妄への批判ともなる。ここでは，神とは，単にことばであって，何らその実体をもっていないという認識がある。

　興味深いことに，この考え方は，同時代のカトリックの言語哲学者フェルディナント・エーブナーとはまったく逆である（エーブナーについては，本書の第4章を参照）。というのも，彼は同じ「ヨハネ福音書」冒頭の文章を最大限重視し，神と信仰の問題を直接に「ことば」の問題とするからである。マウトナーが言語批判をキリスト教批判と結合するとすれば，エーブナーは逆に，ことばこそ，神への信仰の最高の証と考える。一方はことばによる神の世界創造を迷妄とし，他方はここにこそ，積極的な意味で，信仰と人間の生きかたがかかっているとみなす。さきの『聖書』の「ことば＝神」の定式化は，マウトナーにあっては，神は単にことばにすぎないということを意味する。それは言語的虚構であり，神などはもともと存在しないと，意味上逆転されてしまう。ここには，彼のパロディーの才能が発揮されているといえないだろうか。いずれにせよ，マウトナーの立場は，「ことばの迷信」を打破し，「ことばの権力」から人びとを解放するという意味で，《言語論的啓蒙主義》または《啓蒙主義的言語批判》ということもできよう。

　ところで，マウトナーのこの啓蒙主義的立場を明示するものに，「意味する bedeuten」ということばの興味深い分析があるので，ここで言及しよう（I. S. 158f.）。「意味する」ということばは，通常の言語的意味よりもメタファーによって拡大され，そこに「ことばの迷信」「ことばの権力」が生まれる。マウトナーは，一般にメタファーによる意味拡大に注目するのである。将来のできごとや隠された事実に関して，「これは何を意味するのか」という言語表現は，たとえば，カトリックの司祭らによってしばしば用いられる。「この地震は何を意味するのか」「この奇形児は何を意味するのか」「この彗星は何を意味するのか」などである。だが，啓蒙主義者マウトナーによれば，もちろんこれらの現象は，自然現象以外の何ものでもない。「今日では，人は自然現象の地震，奇形児，彗

星については豊かに啓蒙されており，それを放置しておく」。それ以上の意味づけは迷妄を生むばかりである。同様に，哲学においても，「理性」「魂」「質料」などについて，「それは何を意味するのか」としばしば問われる。「意味する」という言語表現は，メタファーによって拡大されておどろおどろしいものとなり，それを受容する人びとの心を歪め，抑圧するようになる。こうした批判のなかでこそ，彼の《言語論的啓蒙主義》は遺憾なく発揮されるといえよう。

第5節　マウトナーのコミュニケーション的言語観

　以上の第2点について。マウトナーは言語を一般的にどうとらえているのか。「言語はしかし，単独ではけっして実在せず，いつも人間のあいだでのみ実在する。言語にはいつも少なくとも2人の人間が属している以上，性交の場合のように，言語は人間を結合するものと考えられることができるだろう」(I. S. 28)「言語はいつも人間のあいだにある何ものかであり，社会的（sozial）であるから，それは孤立した人間においては存在しない」(I. S. 29)。

　こうして，彼は言語のコミュニケーション的性格，社会的性格を強調する。その特徴づけはおおいに重要なものと見られるが，だがそれでも，その把握の仕方はかなり独特のもので，注意を要する。「言語はしかし，何ら慣用（Gebrauch）の対象ではないし，また道具でもない。それはそもそも何ら対象ではないし，言語の実体はその慣用以外の何ものでもない。言語は言語慣用である」(I. S.24.)。彼は少し前で言語が「慣用の対象 Gebrauchsgegenstand」であることを一度認めながらも，それを以上のように訂正するのである。

　ここには，言語を何か神聖なものとみなしたり，神が与えたものと考えたりする傾向や，言語能力を何か神秘的で特別なものとみなす伝統に対立して，言語の真実を徹底して暴露しようとする意気込みがある。言語起源論風にいえば，言語とは神が与えたものではなく，コミュニケーションをする人びとによる自然発生的な共同の産物以外のものではない。したがってそこに，何か神秘的なものは一切ない。言語は何か深遠な実体をもったものでもなく，宗教や哲学の領域における深い意味と真実を伝えるものでもない，というのである。ここにも，マウトナーの《言語論的啓蒙主義》が現れる。

　だから言語は，真実を把握するための「道具」とすらいえず，人びとのあいだで「慣用」としてただひたすら使われるものにすぎない。語りとしての言語は，

第 2 章　フリッツ・マウトナーと《言語論的転回》の開始　**55**

「慣用」のために話されては消失するだけの，実体のないものである。人びとが
そのことばを使うことを段々やめれば，そのことばが消失するだけのことであ
る。したがって，「言語の本質とは何か，『言語なるもの』は〔現実に存在する〕
諸言語にたいしていかなる関係に立つのか」という問いには，端的に「『言語な
るもの die Sprache』は存在しない。ことばは色あせた抽象物であり，その結果
ことばには，もはや現実的なものは対応していない」と答えられる（I. S.4）。

　こうして，言語を「慣用」と関わらせる見方は，前期ではなく，とくに後期
のウィトゲンシュタインの「言語ゲーム Sprachspiel」の議論に似ているといえ
るだろう。この点で，ウィトゲンシュタインは，日常言語に即して，言語を「意
思疎通のシステム」とみなし，そうした言語活動は「生活形式」と一体化して
いると考えた[29]。これは一種，言語行為論ともなり，マウトナーの言語理論と
かなり似ているといえよう。さきに述べたように，前期ウィトゲンシュタインは，
『論考』でマウトナーの言語批判に釘を刺したが，たしかにマウトナーの言語理
論は，言語による写像理論を説く前期ウィトゲンシュタインのそれとは似てい
ない。この点で，後期ウィトゲンシュタインは，さらにマウトナーに接近して
いるともいえるだろう[30]。

　ではなぜ，単なる社会的産物である言語が独立した実体と力をもつように想
定されてしまうのか。それに関して，まずマウトナーは次のように指摘する。「言
語は印刷術の発明以前には，まだけっして辞書のなかに集められなかったが，
その言語は社会的要素として，初めて何か現実的なものとなる。ひとつの社会
的現実性が言語である。それを除いては，言語は特定の運動からの抽象である
にすぎない。」（I. S. 17f.）たしかに言語は，辞書のようなもののなかに収集され
て初めて，実体をもつかのように見えるだけである。そして言語は，人びとの「伝
達衝動」の産物でもある。これにたいし，言語学者は，母語としての「民族の

---

29) Wittgenstein, *Philosophische Untersuchungen*, I, § 3. 興味深いことに，同書において
　は，マウトナー同様，「慣用 Gebrauch」という表現が頻発する。

30) なおキューンは，マウトナーとウィトゲンシュタインの言語観を詳細に比較し，表
　面上は両者は似ているが，その方向性は異なると結論する。彼は興味深いことに，マ
　ウトナーの兄弟の経営者エルンストがウィトゲンシュタイン家と交流があったと指摘
　し，そこから，ウィトゲンシュタインがマウトナーと面識があったことは明らかだと
　推定する。Vgl. Joachim Kühn, *Gescheiterte Sprachkritik*, S. 95ff. und S. 95. Fußnote 29.

言語」の実在を強調するかもしれない。だが，マウトナーは，これすらも，「空気のなか」にあるにすぎず，「民族のなかにあるということは，人びとのあいだにあるということにすぎない」（I. S.19）と一蹴して，言語の実体化を退ける。

　ここで続いて，ヘーゲルらの観念論も批判される。「全面的には看過されえなかったこの〔言語の慣用的性格という〕事実は，ヘーゲル以来ねじ曲げられようとされてきたのであり，その結果，言語は，芸術，宗教，国家制度とともに，いわゆる客観的精神の創造物とみなされてきた。」（I. S.24）マウトナーにとっては，ヘーゲルのいう神的なニュアンスをもつ「客観的精神」などという仰々しいものは，実体のない非合理的なものでしかない。こうして，言語というものは，民族の生活のなかのある時点，ある場所で慣用されているだけのものであり，それ以上のものではない。言語は，生命的有機体とは異なり，何も生まない。それは「中身のない，トートロジーのクルミの殻」でしかない。それでも，そうした言語が，人びとに強制力を働かせる。

　「言語は，ゲームの規則（Spielregel）のように，仮象の価値しかもたない。その規則は，参加者がそれに従属すればするほど強制的になるが，だが，現実世界を変えようとも把握しようともしないような，ゲームの規則なのである」。言語の社会規則のなかで，同じゲームの規則に従って人びとが，「発展」「自由」「進歩」というようなことばによって揺り動かされるならば，彼らはおおいにそれを喜ぶのである。「この世界的な社会ゲームのなかでことばが呼びかける強力な本性によって，歴史はつくられる」（I. S.25.）。これは，人びとの共同産物である言語が，まさにそれゆえに，「ことばによる物神崇拝 Fetischismus mit Worten」（I. S.160）に陥る事態を意味するが，それは，言語による疎外現象ともいえよう。マウトナーが言語を重視し，それを批判する所以は，まさにここにある。天才やニーチェ的な超人しか，こうした束縛を打破できないとされる。いずれにせよ，「私が飽きることなくくり返すように，言語は，人間の記憶の世界で正しく振る舞うには，……欠陥のある手段以外の何ものでもない」（III. S. 2）。

　ところで，マウトナーは言語が人びとを抑圧し，そこに「ことばの迷信」が生まれる要因を多様に語っている。それはたしかに，上記に述べられた人びとの集団的力の問題や啓蒙されない愚かさの問題にも由来するが，ことばそのものの特性として，それがメタファーによって意味の拡大が無制限におこなわれること，「ことばの意味の流動性」（III. S. 341）など，ことばそのものが曖昧さ，不安定さをもつこと，場合によっては逆の意味をもつことなども挙げられる。

だが他方，マウトナーは言語を評価する側面もまたもっているようだ。たとえば，次のように指摘されもする。「言語は共同の財産である。すべてのものは万人に属し，万人はそのなかで沐浴し，それを飲み尽くし，万人は共有財産をおのずから与えるのである」（I. S.27）。言語こそは，「実際に社会主義的基礎（sozialistische Grundlage）のうえに立つ，唯一の社会制度」（I. S.27）であるとすら指摘される。のちに述べるように，マウトナーは現実世界をつなぐ紐帯や実体というものを客観的に承認しないから，慣用として使われ，万人の共同の財産となっている言語こそ，そういう普遍者の資格をもつものとみなされる。興味深いことに，この考えは，社会主義や共産主義を言語と結合するアイデアともなる。「共産主義は言語の領域では現実性をもつかもしれない。というのも，言語はそこで所有が主張されることができないものであるからだ。言語は世界観の共同性または共通性以外の何ものでもないから，共同の占有は障害なく可能である。」（I. S.25）マウトナーは本質的に左翼的ではないが，こうした（ある種の過激な）言語理解が左翼的なランダウアーとつながる余地を残したのであろうか。言語批判による解放を通じて，社会主義・共産主義へという指向性は，たしかにあまりにもユートピア的であろう[31]。

第6節　「偶然感官」による認識論と論理学への批判

以上の第3点について。マウトナーの上記の言語観には，一種の認識論が結合している。「すべての批判哲学は言語の批判である。この批判は感覚主義（Sensualismus）から出発しなければならない。というのも，あらかじめわれわれの感官になかったものは，われわれの言語の概念のなかに存在しないからだ。……われわれの感官は生成してきたものであり，偶然感官（Zufallssinne）である」。つまり私たち人間は，長い歴史のなかで，これこれの限定された感官をもったものとして生成してきたが，それは一種の偶然にもとづく。われわれがそれでもって世界を認識する感官は，偶然の産物である。偶然の感官しかもてないわれわれ人間のあり方は，マウトナーによって，制限された意味での「人間

---

31) のちほど，『言語』においても，言語批判的な共産主義・社会主義が唱えられ，言語が物質形成の労働との対比で，より純粋に社会的であることが強調される。Vgl. Mauthner, *Die Sprache*, S.87, 115f.

主義 Hominismus」であると宣言される。ここでマウトナーは，制限された感覚を超えて，いなそれを利用しつつ，人間が科学的な成果を獲得していることを理解していない。彼は，客観的認識成立のさいの人間の感覚と言語の働きを否定的にしか評価しない傾向がある。「われわれは言語の助けで，いわゆる物が人間にとって何であるかをいつも経験するのみである。われわれは，この物が自体として何でありうるかを特徴づけるための言語手段をけっしてもっていない。言語が唯一の認識手段であるならば，われわれは人間主義を超えられない」[32]。

　以上の認識論には，彼が尊敬し，往復書簡を取り交わしてきた科学哲学者のマッハの感覚要素一元論の影響を認めることができるだろう（マッハについては，本書第３章を参照）。しかしマッハは，心理的と物理的の両面をもつ感覚要素が現象する世界をそのまま現実の世界と認めたのであって，何かその背後に本当の世界（カント的な物自体界）があることを承認しなかった。むしろ，そのように物自体，実体などを想定するところに，形而上学の発生源を認めたのである。マッハはけっして不可知論者ではない。ここにマッハとマウトナーの区別があるのではないか。

　さてマウトナーは，思考や論理をことごとく言語の働きに還元する。「発話（Sprechen）なしには思考は存在しない。つまり，ことばなしでは思考は存在しない。すなわち，より正確にいうと，思考することはまったく存在せず，発話だけが存在する。思考は店に出す価値があると判定された発話である」（I. S.176）。さらに，「話すことを超越した思考，言語理論を超越した論理学，ことばを超越したロゴス，事物を超越した理念——それらは，生物を超越した生命力，暖かい感覚を超越した暖かさ，犬を超越した犬性と同様に，存在しないのである」（I. S.176f.）。「思考は内的なことばである」（プラトン），「理性は言語である」（ハーマン）などを肯定的に引用しつつ，このように雄弁に，マウトナーは思考の抽象的性格を厳しく批判する。マウトナーによれば，思考・理性も論理学も文法も，そこに言語が関わるがゆえに，すべて言語それ自身の限界を免れない。思考，論理学，文法が何であるかは，言語批判によってしか把握できない。したがって彼は，思考，従来の論理学（「学校論理学」といわれる伝統的論理学のこと），文法などに徹底して不信の眼を向ける。

　だが，それではマウトナーは，現実を十分にとらえるための論理学の革新を

---

32) 以上 Vgl. Weiler, *Op. cit.*, S. 101f.

やろうとしたのか。もちろん彼は，たとえば，ウィーン学団やウィトゲンシュタインが新しい科学的な数学的論理学を求めて論理学の革新を追求したことと比較すれば，当然にもそうしたことには考え及ばない。彼は，ラッセル，フレーゲらによる，当時勃興してきた数学的論理学にはまったく関心がなかったようである。ところで，彼は『哲学辞典』で，数学的論理学の前駆形態ともいえる，ブール，シュレーダーらの「論理代数 Algebra der Logik」（I. S.16ff.）について述べている。だが，それへの評価はまったく低く，「大きな誤り」を侵しているという。したがって，おのずと数学的論理学への評価も低かったと推測できる。さらにまた，伝統的論理学や数学的論理学とはまったく異質の弁証法（的論理学）についてはどうかといえば，当然にもこれは，彼が敵対するヘーゲルらの論理学であるから，許容できるものではない。こうして，思考や論理学がことばの働きに還元され，言語による認識の基礎は偶然感官であるから，やはりマウトナーは不可知論をとらざるをえないのである。

第7節　言語批判から見た哲学史の再把握①
——唯名論と実念論の争い——

さて，マウトナーは『哲学辞典』において，さらに哲学史の観点から，言語批判を展開する。逆にいえば，哲学上の諸概念（言語表現）を，すべて言語批判と関係づけて説明しようとする。これはまさに野心的企てといえよう。

マウトナーは「唯名論 Nominalismus 」（II. S.156ff.）という項目で，イギリスの唯名論者ウィリアム・オッカムに注目し，彼が，神，自由，不死などの，いわゆる学校哲学で扱われる形而上学的・存在論的概念を，さらに原因，法則などのすべての科学的思考の概念を，ことごとく思い込まれた仮象であると暴露したと指摘する。私は，形而上学的概念と自然科学的概念はレベルを異にすると考えるが，いずれにせよ，神，自由，不死などのことばは，実に重々しい歴史を保持してきて，人びとの精神に影響を与えてきた。だが実は，それらは「仮象の概念 Scheinbegriff」にすぎないとされる。

こうしてマウトナーは，この『哲学辞典』の目的について述べる。「この哲学辞典のほとんどあらゆる項目は，こうした仮象からの解放を目指すのであって，これらの概念は，メタファーおよび類比による意味転化の途上で発生してきたのである」（II. S.167）。哲学史上の概念をことごとく言語批判の網の目にかけて

60

批判することができるならば，これはきわめてユニークなものといえよう。

　以下において私は，第1に，唯名論と実念論の争いへの評価，第2に，古代以来の哲学史上に出現した観念論的諸概念への分析，をおこなう。

　マウトナーが哲学史上のできごとにおいてもっとも注目するイベントは，唯名論と実念論（実在論 Realismus）[33] の争い，つまり「普遍的なもの」はどこに存在するのかという論争である。周知のように，普遍は，プラトンのいうようにイデアとして現実世界の前に存在するのか（universalia ante rem），それとも現実世界のなかに内在するのか（universalia in re），それとも現実世界のあとにことばとしてしか実在しないのか（universalia post rem），という問題である（II. S.158）。

　マウトナーは「アプリオリ」（I. S.37ff.）という項目で，「スコラ学のことばの実念論（Wortrealismus）」が普遍的なものが現実の個物よりも先にあるとみなしたが，それにたいして，「唯名論はこの馬鹿げたことにけりをつけることができるだろう」（I. S.38）と指摘する。イギリス唯名論から新しい世界観が生まれたのであり，われわれの認識は経験から始まり，それは感覚主義の名のもとで遂行された。こうして，「アプリオリ」という概念は生得観念とともに，哲学史のなかから追放されたのである。このように，マウトナーは唯名論を高く評価する。もちろんここで，カント哲学を支えるものとしての「アプリオリ」概念が批判される。この概念については再論したいが，いずれにせよ，マウトナーが唯名論を高く評価し，「ことばの実念論」を批判することは明らかである。

　マウトナーに関して，通例このように，唯名論への高い評価，実在論への低い評価が彼自身によって語られたといわれる。たとえば，ウィーン世紀末という幅広い文化的・歴史的背景のもとでウィトゲンシュタインについて展開したジャニク／トゥールミンは，ジャーナリスト的感覚がマウトナーを「極端な哲学的唯名論の立場へ追いやった」，「徹底的な唯名論を維持しようとして，マウトナーは，すべての哲学的問題が実際は言語についての問題であるという結論に導かれた」[34] と指摘する。しかし，必ずしも，事柄はそう単純ではない。

---

33)「実念論」とは，世界の本質を普遍的な精神ないし理念と見る客観的観念論の立場（プラトン，スコラ哲学，ヘーゲルらも属する）を意味するが，「実在論」という場合は，さらにそれに，世界の本質を客観的な物質ないし自然と見て，それが意識の外に実在するとみなす唯物論の立場も含まれる。以下，「実念論」に統一する。

第2章　フリッツ・マウトナーと《言語論的転回》の開始　**61**

　マウトナーは「唯名論 Nominalismus 」（II. S. 156）という項目で唯名論者と実念論者の哲学史上の争いについて，かなり長い説明を与える。ここでは，全体として，彼は唯名論の積極的意義を描くが，それでも実際，唯名論の否定的意義も描き，合わせて実念論の積極性も指摘する。マウトナーによる両哲学への評価には，微妙なところがあるといえよう。たとえば彼は，「ことばの実念論はつねに精神の奴隷状態と退歩につながり，唯名論は自由と進歩につながるという説明は，誤りである」と明快に指摘する（II. S.157）。というのも，彼の支持するマイスター・エックハルトらのドイツ神秘主義が唯名論からではなく，正統派の「ことばの実念論」に由来するからだという。それにたいして，彼は「普遍はことばの振動にすぎない」というロスケリヌスの極端な唯名論を批判する。ただし，ウィリアム・オッカムの「唯名論的心理主義」は高く評価する。というのも，観念連合，諸事物のあいだの類似性などから，心理現象によって普遍的なことばが出現するからである。このイギリス的唯名論が，さきに述べた学校哲学の形而上学的概念を追放したのである。いずれにせよ，マウトナーは，ロスケリヌスを念頭に置いて，唯名論が「もっぱら否定的な意味で，中世の教会のことばの実念論にたいして勝利を誇るが，積極的な意味では，世界認識にたいして貢献はしなかった」と指摘する。

　唯名論への評価の点で，ここには何かまだ不分明なものがあると思われるが，言語批判の遂行には唯名論的方向性がたしかに適合的であることは事実である。たとえば，ウィーン学団のハンス・ハーンは，「オッカムの剃刀」の議論を利用して，言語分析の観点から中世後期の唯名論を高く評価するが，これは当然の成り行きである[35]。他方，神秘主義を強めたマウトナーからすると，何か普遍的なものが世界に存在するという思想は魅力的であろう。とはいえ，彼によれば，それは何らかの実在論（実念論）であるとしても，それが明確にことばで表現できるという意味での「ことばの実念論」になるはずはないように思われる。

34）Janik / Toulmin, *Wittgenstein's Vienna*, Chicago 1996, p. 121.　藤村龍雄訳『ウィトゲンシュタインのウィーン』TBS ブリタニカ，1992 年，147 ページを参照。

35）Hans Hahn, Überflüssige Wesenheiten(Occams Rasiermesser), in: H. Schleichert （Hg.）, Logischer *Empirismus-Der Wiener Kreis*. Kritische Information, München 1975, S. 99.

第8節　言語批判から見た哲学史の再把握②
——観念論的諸概念への批判——

　すでにマウトナーによって,「アプリオリ」の概念が批判されていた。この議論を続けたい。彼は, カント『純粋理性批判』の基本課題「いかにしてアプリオリな総合判断は可能であるか」について, こうした判断はそもそも可能ではないと, いまや断固として返答できるという。つまりアプリオリとアポステリオリの区別, 分析判断と総合判断の区別は, 絶対的ではなく, 相対的にしか成立しないとされる（本書の第1章第3節のブレンターノを参照）。

　では, 彼はこの区別をどう考えるのか。「そもそもあらゆる思考法は, アプリオリとアポステリオリの両契機を基本的にもつ。」「あらゆる概念は, アプリオリな道程とアポステリオリな道程の出会いの場である。」（I. S.40）私はこの考えを, カントの考えよりも無理がなく, 説得的に思う。つまりマウトナーは, 一連の認識過程のなかで, より前の認識をアプリオリ, よりあとの認識をアポステリオリとみなし, この両者の概念, および分析判断と総合判断の区別を相対化する。こうして, ある概念の形成に関して, それまでに獲得された認識の要素は, すでにその概念に内包されたものとしてアプリオリであり, そこで得られる判断は分析判断である。他方, その概念の確定後に獲得された認識（判断）は, あらたに付加されるものとしてアポステリオリであり, それは総合判断とみなされる。その意味で, あらゆる概念は, 一連の時間過程として見ると, アプリオリの認識（分析判断）とアポステリオリの認識（総合判断）の「出会いの場」なのであろう。アプリオリに見える, 人類が遺伝的に獲得した認識や行動形態も, 長い進化の過程からすると, ある時点で経験的に獲得した, アポステリオリの認識であろう。その意味では, 相対的にしか「アプリオリ」という現象はない。絶対にアプリオリな判断や認識などは実はありえない。

　それでは, マウトナーはみずからの最大の敵対者である, ほかならぬドイツ観念論をどう評価するのか。「観念論 Idealismus」（I. S.526ff.）という項目がそれを明示する。彼によれば, カントやドイツ観念論の強調する観念, 理念, 精神などは, 実は「古いプラトン的なイデア」からの継承物である。この「プラトン的なイデア」は現実の事物の不可視の母である。コーヒーのなかに垂らされたコニャックの香りのように, ほとんど目に見えないが, 何らかの重大な作

用をするものである。この不可視の観念，理念，精神などと称されるものこそ，さきほどの実念論が強調する普遍的なものにほかならない。そしてマウトナーは，批判されるべき観念論者として，カント，フィヒテ，シラー，ヘーゲルらを挙げる。カントやドイツ観念論の根本的性格がプラトンのイデア論に帰着するという指摘は，妥当だと思われる。マウトナーの批判は，フォイエルバッハらの唯物論からの批判と軌を一にする。

　たとえばマウトナーは，ヘーゲルに関連して，次のように指摘する。「この観念論は，〔従来の〕形而上学にたいし，精神ないし理念が物体世界にたいしてより高次なもの，先行するものであるということを教えると信じた。そしてヘーゲルぶりに至るまで，観念論のこの意味は，一面的に進展させられた」（I. S. 527）。こうして観念論は，現実に関するわれわれの知識がもっぱらこうした理念に依拠すべきだという認識論をもつ。

　つまりマウトナーによると，観念論の問題点は，現実をつねに観念，理念，精神を媒介にしてしか見ようとせず，それを明快にありのままの経験的現象物と認識しない点にある。観念論をそこで妨げている道具立ては，まさに理念などを形成する言語にほかならない。言語こそ，現実にたいする遮蔽物であるから，ここで言語批判がなされるべきであり，そうした啓蒙によって，観念論の霧が追い払われるべきであり，その結果，現実が真に見られるというのであろう。だからここで，さきほどの唯名論と実念論の争いが再現される。「私はしばしば，中世のスコラ学者の実念論が，われわれの現代的な形而上学的観念論にかなり合致することを指摘してきた」（I. S.529）。

　「観念論は理念の先行性，理念の現実支配にたいする信仰である」（I. S.529）。こうして，マウトナーは観念論の諸側面をさらに分類して，批判する。まず「形而上学」とは，理念または精神が世界を支配してきたという信仰である。「倫理学」は，理念または〔道徳〕法則が何か人間の外側か人間の上部にあるという信仰である。「政治」においては，理念ないし法（権利 Recht）が，同様に人間の外側か人間の上部にあるという信仰である。ここでは，流血のフランス革命が念頭に置かれる。ここに，革命やナポレオンにたいする敵対心が見られるが，これはまさにハプスブルク帝国の心情そのものといえるだろう。最後に「美学」もまた，（美的）理念または形式が，それに現実が屈しなければならないような高次のものであるという信仰であるとされる。

　これはまさに，カントやドイツ観念論への激烈な批判のオンパレードである。

「観念論および観念論的」という概念は，まさにことばから外に投げ出されたものであり，何と「埋葬されないままにさまよう幽霊」なのである。ここではまさに，その経験論的・唯名論的立場から，思弁的な観念論が徹底して無意味化される。ある意味この批判は，唯物論から観念論への批判と見てもいいだろう。マウトナーと観念論と，あまりに異なる2つのパラダイムがここにあり，ほとんど調停不可能とも見える[36]。「実念論 Realismus」（II. S. 294）の項目においても，彼はその立場を「ことばの実念論 Wortrealismus」と名づけ，プラトンのイデア，ヘーゲルの存在論などを批判し，他方，哲学的物理学者のマッハ，ヘルムホルツを称揚する。

　マウトナーにとって，さらにカントやヘーゲルの「概念」（I. S.97ff.）なるものも，単に「心理的・言語的できごと」（I. S. 100）として，現実の生き生きした体験から抽出されたもの以外のものではない。すでにわれわれは，『言語批判論集』で，マウトナーがどういう認識論をもっているかを見てきた。マウトナーの感覚主義によれば，概念的普遍性は，単にものの類似性をことばにもたらしたものにすぎない。ヘーゲル的な「概念の自己展開」などは，はじめから言語によって捏造されたものである……。たしかに，ヘーゲルらのドイツ観念論への批判は，そこに含まれる何らかの非合理主義や思弁を対象とするかぎり，それは啓蒙的合理主義の立場から妥当するとみなせるだろう[37]。

第9節　マウトナーの言語批判の到達点とウィーン世紀末状況

　ところで,マウトナーは最終的には神秘主義に到達する。これは「道 Tao」（II. S. 468f.）の項目で明示される。マウトナーによれば，エリッセン（Elissen），さらにとくにマルチン・ブーバーによる『道徳経』（『老子』）の翻訳を通じて，陰陽原理などをもつ道教を知ったという。マウトナーは,いくら探究しても,「道」のことばのもとで老子が何を理解したのか，もともとわからないと述べる。彼は道教と類似するキリスト教のロゴス説や同一哲学などにも触れつつ，ここで言語に関わって2つのことを指摘している。

36）ここで詳論できないが，カントやドイツ観念論にたいする批判という問題は，ドイ
　　ツでは，フォイエルバッハ，マルクス，エンゲルスらによって議論された。これらの
　　批判を考察することは，《オーストリア哲学》のドイツ観念論批判を評価するうえで
　　有益である。

第2章 フリッツ・マウトナーと《言語論的転回》の開始　　**65**

　第1に，東洋的な「道」のなかに，もっとも古い言語批判が発見されるという。この点では，老子は「名づけられる名前とは，それ固有の名前ではない」と述べる[38]。たしかにこの「無名」の精神は，マウトナーの言語批判の不可知論にある意味で合致すると見られる。というのも，深い真実は，それを感ずることはできても，それをことばでは表現できないというのが，彼の考えだからである。第2に，マウトナーによれば，それでも，表現できないものを何とか表現したいという「神秘主義の生き生きした憧れ」がここに見られる。マウトナーがマイスター・エックハルトらの神秘主義を尊重する所以である。

　この意味でいえば，さらに，「神秘主義」（II. S.115ff.）という長い項目で，キリスト教神秘主義，新プラトン派，さらに仏教などアジアの神秘主義，アラビアの神秘主義などの歴史が詳しく論じられる。そして，そのなかでくり返し言及されたのは，やはりエックハルトである。「神秘主義」とは，定義的にいえば，万物との秘密に満ちた合一が周囲に広がり，こうした合一について知られざるものが知られると信じられるような魂の状態であるという（II. S.115f.）。それは個人の浸る感情であるから自分で体験はできるが，ことばで他人に伝達はできない。神秘主義を標榜するマウトナーにとって，「自我感情は偽りであり，個体の統一は偽りである」。つまりデカルトへの批判に明示されるように，実は，確固たる自我や主体などは存在しない。だから，仏教的な「無我」の境地が最高なのである。マウトナーによれば，神秘的状態では，世界と私の区別がなくなり，私自身が神になるのであるから（II. S.132）……。

　さて，さらに興味深いのは，「3つの眼」の叙述である（II. S.124）。「第1の眼」は肉体の眼であり，感性的事物を見る。「第2の眼」は理性の眼であり，魂と魂の内容を見る。「第3の眼」はもっぱら神を直観する。この「3つの眼」は，実は形容詞的世界，動詞的世界，名詞的世界の3つにそれぞれ結合するとされる。ここで明らかになることは，やはりマウトナーは単なる唯名論者ではなく

---

37) 以下，オリジナルの拙論で私は，マウトナーの批判する，デカルトの「われ考える，ゆえにわれ存在す Cogito ergo sum.」（I. S.158ff.）について，それが空虚なトートロジーにすぎないこと，それが近現代人の精神病理を示していること，神の代替物として「自我」を措定したこと，という3つの論点について詳しく議論し，さらに，言語的な3つの世界（形容詞的世界，動詞的世界，名詞的世界）について考察した。その部分を大幅に割愛した。

38) 小川環樹訳注『老子』上編，岩波文庫，5ページ以下に該当箇所がある。

て，その立場と神秘主義を何とか矛盾なく両立させようとしていたことである。
いって見れば，彼は，論理的にいって，唯名論からはいって神秘主義へ到達する。
ここにマウトナーの矛盾を指摘する見解もあるが，唯名論によって言語批判を
遂行しつつ（「神」や「神の証明」ということばを排斥しつつ），言語を超えた
地点で，神なき神秘主義を唱えようとしたところにマウトナーの真骨頂がある。

　これは人物批評でいえば，唯名論を説くオッカムと神秘主義を説くエックハ
ルトを統一させようとする試みとなる。これは，『無神論と西洋におけるその歴
史』という浩瀚な著作の第1部9章「マイスター・エックハルトとオッカム」
で明示される。エックハルト（1260 ～ 1327 年）のほうがオッカム（1285 ～
1349 ／ 50 年）より少し先に生まれたとはいえ，実は両者は「運命の同時代
人」[39] であり，同じヨーロッパ社会とキリスト教の現状のなかで闘った。周知
のように，エックハルトは教会権力の精神的奴隷化に抗して，死後に異端とさ
れた。オッカムもまた，従来の教会権力の源泉の実念論を批判し，異端の疑い
で取り調べを受け，当時の法王とも争ったのである。もっともマウトナーは，
彼ら2人が時代の闘いのなかにみずからの立場を刻みつけたとはいえ，意図的
に宗教批判の啓蒙主義の立場から活動したとはいえないと釘を刺すことを忘れ
ない。2人は教会から罰せられたとはいえ，2人を裁く者自身よりもさらによ
きキリスト者たろうとしたからである[40]。そもそもこの宗教肯定の立場は，そ
の内容がどうであれ，マウトナーが是認するものとは正反対である。

　こうして，マウトナーは言語批判によって，「ことばの迷信」を批判し，「こ
とばの権力」「ことばによる物神崇拝」と闘った。この点からすれば，言語から
もたらされた迷妄を批判し，人間をそれから解放しようとするマウトナーは，
明確に啓蒙主義の立場に立っているといえよう。それはちょうど，近代のはじ
めにベーコンが，イドラのひとつとして「市場のイドラ」を挙げて，人びとが
ことばをうかつに信じて偶像視することを批判することに似ている[41]。だが，
保守主義に立つハプスブルクの伝統のなかで，この立場を支える進歩的主体（市
民，資本家，先進貴族など）は未熟なものであった。フランスやドイツと異なり，

39）Mauthner, *Der Atheismus und seine Geschichte im Abendlande*, Bd. 1, S. 348.

40）Vgl. *Ibid.*, S. 341.

41）服部英次郎訳「ノーヴム・オルガヌム」（『世界の大思想・ベーコン』河出書房，
　　1967 年所収）第 43，59 節参照。

ここではもともと革命的な伝統は弱々しいものであった。フランス革命の嵐も，ここには届かなかったといわれる。マウトナーの立場は，啓蒙主義を継承したカントがフランス革命に与えた影響などとは異なり，《主体なき啓蒙主義》といえよう [42]。それは，啓蒙君主のヨーゼフⅡ世の改革が挫折したのと，まったく同じ意味合いである。ヨーゼフⅡ世の場合も，彼の啓蒙主義を支える勢力はどこにもいなかった。マウトナーの試みは，はじめから挫折する運命にあった。したがって，第2節で述べたように，世紀末的状況のなかにあって，彼は啓蒙主義から反転して（またはそれを補完するかたちで），神秘主義の道をたどらざるをえなかったといえば，いいすぎであろうか。

　さて，私は第1節で《オーストリア哲学》の5つの独自性について述べたが，この点からマウトナー哲学についてあらためてどう評価できるかを総括して，本章を閉じたい。

　第1のドイツの思弁的観念論への強烈な批判という特徴こそ，まさにマウトナーの真骨頂であった。そこには何か，北の新興国家プロイセン的ドイツへの敵対心があるかのようである。第2の言語哲学，言語批判の特徴こそ，《言語論的転回》を本格的に開始したマウトナー自身のそれである。そしてそのなかで，彼は言語そのもののオーソドックスな分析というよりも，人びとのあいだの言語的コミュニケーションの問題点を徹底して暴いたといえるだろう。彼はけっして，通例われわれが念頭に置くような言語学者ではないが，ジャーナリストとしての敏感な言語感覚をもっていたといえるだろう。第3の自然科学重視は，科学哲学者マッハの影響を強く受けた部分はあるものの，彼にはそれほど見られないといえよう。この点では，ある意味，科学・技術を重視したウィトゲンシュタインのようなモダンさはない。ウィトゲンシュタインと異なり，彼の言語批判は新しい論理学の構築へとはけっして向かわなかった。だが反面，彼は，ジャーナリスト，フユトニストとして当時の社会に敏感に反応したといえるだろう。第4の実証主義的・経験主義的・現象主義的傾向は，彼には明確に見ら

---

42) 周知のように，カントには『啓蒙とは何か・他四編』（篠田英雄訳，岩波文庫）のような著作がある。フランス革命に与えたカントの「批判」の破壊的影響については，「哲学革命」を遂行したカントと，フランス革命のリーダーであったロベスピエールとを対応させた，ハインリッヒ・ハイネ『ドイツ古典哲学の本質』（伊東勉訳，岩波文庫）が強調している。

れる。彼はマッハとも密接に呼応して，感覚主義を絶対視した。それは，おのずと反思弁的ともなる，彼の唯名論的傾向ともつながった。私は第4の特徴を幅広くとっているが，この点で，彼は第4の特徴の範囲内にはいると見ていい。

　第5のハプスブルク的伝統の受容や世紀末状況の影響についていえば，神なき神秘主義の傾向など，まさに彼も，この文化的・社会的時代状況に濃厚に浸っていたのである。ところで，「タナトス」（死）の問題は，「メメント・モリ」（死を想え）のことばに見られるようなカトリック的伝統ともあいまって，当時の世紀末の最大の関心事であった。マウトナーはその点で，「死 Tod」という項目についてかなり長文の説明をする。彼によれば，人間だけが死ぬ（sterben）のであり，動物は斃死する（krepieren）のみである（II. S. 471）。つまり人は「死の不安」を抱えつつ，死に相対しており，いつか死ぬことを知っている。だが動物は，ただ本能に従って生きるのみであり，寿命が尽きたときに，ただ倒れて死ぬだけである。「死」ということばはたしかに存在し，人間の最大の関心事であるが，その内容を人は把握できない。「死は不可解な人生の不可解な否定である。この〔死という〕名詞的・神秘的否定について，もはやわれわれは知ることはない」（II. S. 477）。だから，「死」ということばも，他のことばと同様に，その実体は知られない不可解なものである。

　これは，いかにも世紀末的な解説といえよう。そして，いままで示唆してきたように，この世紀末状況は，実は20世紀末状況に生きる私たちにまで到達しているといえるのではないか。たしかに現代日本では，特定の宗教など信じられないが，それでも何か霊魂の存在や神秘的なもの（オカルト）の存在を受容する人びとの数は増えているというパラドックスが見られるのである[43]。

　明らかなように，いまから見れば，マウトナーは将来に向かって，確実で明るい展望を切り開いているわけではない。そしてまた，人はいつでも明るい未来を切り開けるわけではない。そこでは，癒しないし心の治癒が必要となる場合がある。たしかに，彼の言語批判とその闘いには，極端化している側面がある。だが，以上で展開されてきたように，大著によって《言語論的転回》を開始し，言語批判を遂行したマウトナーの思想は，現代という錯綜した時代を読み解くうえでも，あらためて評価されてよいものと考える。

43）亀山純生『現代日本の「宗教」を問いなおす』青木書店，2003年，23ページ以下参照。

第3章　エルンスト・マッハの哲学とレーニンの批判

第1節　マッハという人物

　私は本章で，《オーストリア哲学》の成立に当時，広範で重大な影響を及ぼしたマッハ（1838 ～ 1916 年）について考察したい。実はマッハが哲学的に有名であるのは，遠くロシアの社会主義の左翼政治に強い影響を与えた彼が，革命家レーニンによって当時のロシアの政治的・イデオロギー的闘争のなかで，批判のやり玉に挙げられたからであった。この意味で，レーニンに徹底的に批判されたマッハは「レーニンによって消された男」とさえいわれた。私は以上の意味で，マッハをとくにレーニン批判との関係で扱う。まずは一般的にマッハがいかなる人物であるのかを紹介し，そののちにレーニンのマッハ批判を考察し，そしてその批判がどの程度妥当するのかを検討する。

　さて，自然科学者であり科学哲学者でもあったマッハは，ハプスブルク帝国またはオーストリア・ハンガリー帝国の所領で活動し，航空工学における「マッハ数」の命名を始め，ヨーゼフ・ブロイアーとともに内耳の三半規管の機能を発見し，ゲシュタルト心理学の先駆をもなすという，多彩な業績を残した。さらに彼は，ニュートン力学の絶対空間・絶対時間の想定を先駆的に批判し，アインシュタインの相対性理論にも影響を与えた。彼は他方，物理学者として著名なボルツマンと激しい論争をおこない，原子論を否定しつづけた[1]。これはいうまでもなく，マッハの誤りとして記念される。もしかりにレーニンが学問的にマッハを非難するのならば，まず彼の科学者としての以上の業績を『自然弁証法』を著したエンゲルスにならって，哲学的に総括すべきであっただろう。

　さらに思想的影響という点では，具体的には，文学者として著名なロベルト・ムージルの学位論文がマッハについてのものであったということや，ウィーン学団が「エルンスト・マッハ協会」をつくり，科学的啓蒙活動をおこなったこ

1）野家啓一編訳『時間と空間』法政大学出版会，1977 年所収の論文「時間・空間に関する一考察」，および「訳者解説」を参照。

とが挙げられる。さらに木田元は,「現象学」ということばを介して, マッハからフッサールへの影響を強調している[2]。もちろん激烈な政治闘争や亡命の状況にあったレーニンにたいして, 現時点からの無いものねだりの要求はできないが, 後代のマルクス主義者がレーニンの偉大さを宣伝したということもあって, 現段階であえて, レーニンによるマッハ批判がどれほど正しいものであったのかを, 再検討しなければならないだろう。そしてそのためには, レーニンそのものの哲学がいかなるものであり, マルクス主義のなかでどういう位置づけをしめるのかが明らかにされなければ, マッハ批判の本当の妥当性も確定しないだろう。その意味で, 私は, レーニン哲学の位置づけもまた, ここで詳細におこなった。

ところでマッハは自然科学者としては一流であったが, 哲学者としては, みずから認めるように, それほど学問的訓練を積んでいたわけではない。だがそれでも, みずからの科学的探究の基礎づけとして, 哲学のなかでも, とくに認識論の分野で独自の業績を残したといえるだろう。マッハの哲学的主張は, その哲学的主著『感覚の分析』の第1章「反形而上学序説」, 続いて第14, 第15章などで展開される。とくにまた, 2つのドイツ語著作から編集された翻訳論文集『認識の分析』がわかりやすい[3]。

第2節　当時の歴史的状況と私の問題意識

ここでは, レーニン哲学の特徴を, 広くマルクス主義や社会主義のありようとの関係で論じ, そののちに彼のマッハ批判がどれほど妥当するかを検討したい。
のちに『哲学ノート』(1914 〜 15 年執筆) としてまとめられるわけであるが, レーニンはスイスの亡命先 (ジュネーブ) で, ヘーゲルの難解な著作『大論理

---

2) 木田元『マッハとニーチェ』新書館, 2002 年, 151 ページ以下など。なおこの著作の副題は「世紀転換期思想史」というもので, 当時の広範囲な思想家群像を取り扱っている。マッハの科学的業績の重要さについては, さらに野家『無根拠からの出発』勁草書房, 1993 年の「現象主義から現象学へ」を参照。マッハの全体像については, 今井道夫『思想史の中のエルンスト・マッハ』東信堂, 2001 年を参照。私の問題意識からすると, カムピッツ『仮象と現実のはざまで』(針生清人監訳) 富士書店, 1988 年の「エルンスト・マッハ——あるいは救いがたき自我」の章や, 木田元, 前掲書の, マッハに関する該当箇所, などが参考となった。さらに本書では議論できな

第3章　エルンスト・マッハの哲学とレーニンの批判　　**71**

学』などと対決し，その積極面と否定面を鮮やかに取り出した。だが，それ以前に執筆した『唯物論と経験批判論』（1909 年出版）では，亡命先で自由に取り組めた『哲学ノート』執筆のときと異なり，ボグダーノフ，バークリ，マッハらの哲学にたいしては，まさにその哲学的議論が党内の熾烈な政治闘争，イデオロギー闘争と密接に連動していたがために，こうした自由な学問的対応はほとんど不可能であった。当時ボルシェビキ幹部は，左の「前進」派，右のボルシェビキ調停派，レーニン派の３つに分裂しており，ボグダーノフは「前進」派に属していた[4]。それ以後，社会主義国家でつねに引き起こされてきた階級闘争の政治活動と自由な学問との衝突，さらに前者による後者の抑圧・弾圧という事情は，すでにこの時点でその原型を形成していた。

　ところで，私が過去の遺物とみなされる「社会主義」の哲学に，なぜこれほどまでにこだわるのか，そのことについて一言したい。

　その理由は第１に，あれほどまでに日本の知識人，自覚的な活動家，市民，学生に広範な影響を与えた，マルクス主義，唯物論や弁証法といわれたその哲学について，体制が崩壊したからといって，それを「死せる犬」として葬り去り，それに無関心を装うのが一番賢いのだという態度にたいして，まさに私は，そこに没主体的な流行重視，何らかの権威主義，過去への真摯な反省の欠如，などという日本人の従来からの悪癖の一例を見たということである。もちろん，この問題の重要性は，現在の中国，朝鮮，キューバなどの社会主義・共産主義国家，さらに世界各国のそうした左翼政党の現実に関わっており，単に過去の問題ではない。以上は学問的理由であり，ある種倫理的理由ともなる。

　ところで私は，マルクス，エンゲルス，レーニンらの哲学思想（さらにスターリン，毛沢東らのそれ）を頑迷に擁護するつもりはさらさらなく，そうした哲学をあくまで学問的姿勢で冷静に批判・総括しようという意図で臨んできた。

　かったが，《オーストリア哲学》を考えるにあたって，現実感覚よりも可能性感覚を重視する視点から，ロベルト・ムージルとマッハ，マイノングらとの関わりを論じた下記の考察が興味深い。大川勇『可能性感覚——中欧におけるもうひとつの精神史』松籟社，2003 年，第６章，第７章など。

3 ）須藤吾之助・廣松渉訳『感覚の分析』法政大学出版局，1991 年。廣松渉・加藤尚武編訳『認識の分析』法政大学出版局，1976 年。以下それぞれ，『感覚』『認識』と略記し，本文中に記す。

4 ）和田春樹『世界の思想家・レーニン』平凡社，1977 年，17 ページ参照。

私は，ソ連・東欧の「社会主義」崩壊にたいして，スターリン，エンゲルス，レーニンのみならず，マルクスにもその責任の一部があると考えている。だがそれでもなお，すでに現段階で，資本主義の現代的危機を背景に，また新メガの発刊の影響もあって，マルクスや『資本論』についての著作は日本でも多数現れており，「エコロジー的マルクス主義」「エコロジー的社会主義」というような思想がアメリカや日本，中国で提唱されてきている[5]。

第2は，将来に向けてのより実践的・政治的な理由である。「社会主義」体制の崩壊後，新自由主義による経済のグローバル化が影響を拡大し，資本と市場経済に由来する各国国民の生活破壊，自然破壊，侵略戦争などは文字通り地球規模で引き起こされている。そうした危機的状況にあって，すでにロシアでは共産党が最大野党となり，ドイツにおいても，旧東独由来の左翼党が健闘している。予測不可能な現代にあって，将来，再び社会主義が広く待望されないとはだれが断言できるだろうか。そのときのために，私は，社会主義・共産主義とマルクス主義の失敗を総括し，豊かに発展させておくことが必要だと思っている。

第3節　議論の第1前提
——《実践的唯物論》とは何か——

まず議論を始めるにあたって，最低限，2つの大きな前提について述べておきたい。

（1）そもそもマルクス主義哲学とはいかなる基本性格のものと考えられるのかが明らかにされないと，レーニン哲学への評価も曖昧なものとなるだろう。こうした哲学はけっして，人口に膾炙した，いわゆるマルクス・レーニン主義ではありえない。この点で私は，マルクス主義の哲学を弁証法的な《実践的唯物論》とみなしてきた。

（2）レーニンがかなり忠実に継承してきたエンゲルスの哲学に不十分性がな

5）たとえば，ジョン・ベラミー・フォスター『マルクスのエコロジー』（渡辺景子訳）こぶし書房，2004年，がその一例。最近では，岩佐茂・佐々木隆治編著『マルクスとエコロジー』堀之内出版，2016年，が新メガの成果を生かして，マルクス主義的エコロジーの新段階を展開している。

いのかどうかも，大きな前提問題となるだろう。この点で，エンゲルスとマルクスが本当に思想的に一致していたかどうかという，いわゆる「マルクス・エンゲルス問題」がさらに考察される必要がある。

私はこれら2点の前提問題をかつて詳細に議論してきたので，ここで逐一展開することをしない。第1点に関しては，以下のことを簡潔に述べたい。私の《実践的唯物論》とは，マルクスの哲学の本質部分を再現するものであり，かつそれを再確立するものであって，それは，ソ連などで国定の哲学となった「マルクス・レーニン主義哲学」と，それを批判した「西洋マルクス主義」（ルカーチ，コルシュ，シュミット，サルトルらを含む，さらにここに旧ユーゴのプラクシス・グループを入れたい）とを両面批判するものである。私見では，ルイ・アルチュセールの構造主義的マルクス主義や，疎外論を批判し物象化論を主張する廣松渉らの哲学も，マルクスの実像をとらえそこなっているといえよう。なぜ私がこうした《実践的唯物論》の立場にこだわるかというと，現代でも依然として，基本的な意味で，現実世界をより有効にとらえるような哲学・思想が現れないからである。もちろんこの《実践的唯物論》も，現代では，基本的に正しいとはいえ，それでも，かなり限定的にしか有効性をもっていないということは明らかである。いずれにせよ，『ドイツ・イデオロギー』などで集中的に提起された《実践的唯物論》の特徴は，私見では，簡潔に，以下のように特徴づけられる。

（1）弁証法的に進化してきた外的自然を人間存在の大前提とする。この点で，エンゲルス的な自然弁証法は，有益な役割を果たすと評価される。

（2）第1点における，自然存在としての人間のもつ絶対的受動性から出発して，批判的で実践的な主体としての「現実的諸個人」（『ドイツ・イデオロギー』）を世界形成の主体的根拠と見る。

（3）総じて，世界を理解するうえで，自然存在（←自然弁証法）は基礎・大前提であり，社会実践（→史的唯物論）は核心である。

（4）この世のすべての現象（社会存在のみではなく，自然存在も）を，一度ある意味で社会的・歴史的に媒介された存在として，その発生の現実的根拠によってとらえようとする。

（5）いわゆる史的唯物論による歴史的発展を媒介として，資本主義の矛盾から生ずる階級的・階層的な差別・抑圧への批判を中心に，歴史的最終目標を何らかの「共産主義」に設定する。

（6）文献的にいうと，《実践的唯物論》は，エンゲルス『フォイエルバッハ論』

を批判しつつ，むしろマルクス「フォイエルバッハ・テーゼ・第1」における，従来の唯物論と観念論の批判的統一の立場に立つ。

　もちろん以上のように規定されたからといって，この立場がただちに正当化されたわけではないが，従来のマルクス主義を反省して，より適切な理解を示しえたと考える。ここで一言すると，第1点は従来の唯物論からの継承であり，これと第4点の人間実践による社会形成の認識を媒介するところに，《実践的唯物論》が成立する（第2，第3の規定を通じて）。マルクス的唯物論は，レーニンが述べたようには，唯物論一般を社会へと一方的に「適用」ないし「拡張」すれば成立するわけではけっしてない[6]。とくに共産主義を頂点とする「史的唯物論」を現時点でいかに再構築するべきかは（第5の規定），まだほとんどだれも試みていない課題であろう[7]。

　ところで，このようにマルクス主義哲学の基本性格に固執する私の立場にたいしては，そもそもマルクスは「哲学」なるものを承認しているのか，さらに彼はヘーゲルらのドイツ・イデオロギーを中心に，むしろ哲学一般をイデオロギーとして批判してきたのであり，マルクス主義「哲学」とは語義矛盾ではないか，という根本的批判が生じよう。詳細は別稿を参照願いたいが，マルクスは「法哲学批判序説」（1843年）などの段階では，プロレタリアートのための頭脳となるべき「哲学」を積極的に承認してきたのが事実である。だがそれ以後，マルクスはみずからの世界観を《実践的唯物論》や何らかの「唯物論」と称したことはあったとしても，それを「哲学」と明快に名づけたことはなかったと思われる[8]。

　だが，マルクスの反哲学の立場の積極的含意を理解しなければならないとし

6）長谷部文雄訳『カール・マルクス』青木文庫，29ページ参照。

7）《実践的唯物論》の詳細については，拙著『ポスト・マルクス主義の方法』こうち書房，1997年の，序章第3節「弁証法的な実践的唯物論とは何か？」を参照。さらに同書の第1章から第3章の理論的考察もまた参照されたい。なお現段階でも，《実践的唯物論》を名のっていても，その名に値しない論者もいるので，そのリジッドな説明が必要である。史的唯物論についての現時点での見直しとしては，拙論「『経済学批判』序言における史的唯物論の『公式』について」，刊行会編・季報『唯物論研究』第114号，2011年を参照。

第3章 エルンスト・マッハの哲学とレーニンの批判　**75**

ても，そもそも「唯物論」を承認するかぎり，哲学史上，それはまさに一種の哲学であるに相違ないだろう。さらにまた，マルクスの思想もそのなかに，社会観，自然観，人間観を，さらに価値論や倫理学を内包するかぎり，そこに議論の濃淡があるとしても，それを何らかの意味で「哲学」と呼ぶことにはさしつかえないように思われる。マルクスの思想も，単に一種の社会科学や社会思想だというには，もっと幅広いものである。マルクスの思想といえども，何らかの意味で，体系化されなければ（硬直的でない柔軟な世界理解の枠組みとして），みずからの立場を説得的に展開はできないだろう。

　こうしてマルクスの思想も，何か社会認識だけに特化している，何らかの社会思想や社会学のようなものであるわけではなく，自然認識，さらに認識論，論理学，弁証法，科学論なども含んでいるし，独自のかたちで倫理学や道徳論をも内包しているだろう。それを明示し，発展させる試みがいま求められているのであって，そのようにマルクスの思想を客観化することが必要であろう。このように考えた場合，現実のマルクス主義の姿は，人間論，文化論などは弱いと思われるが，他の哲学と比べて，社会観，自然観，認識論など，全体的にバランスがとれ，すぐれているものと思われる。いずれにせよ，マルクス主義哲学も，他の哲学，思想と並んで，みずからを相対化し，おのれの真理性を主張していかなければならない。

第4節　議論の第2前提
―エンゲルス哲学への評価―

　上記の第2の前提に関していうと，マルクスとエンゲルスが，相互の信頼にもとづいて，基本的に同じ立場に立っていたといえるにしても，理論化の方向が異なっている場合があったことは，文献を詳細に探索する専門家のあいだでは，『ドイツ・イデオロギー』の持ち分問題に見られるように，確定されている

8）マルクスとエンゲルスの哲学観については，東京唯物論研究会編『燈をともせ』第3号，2005年所収の拙論「『哲学死滅論』と哲学の意義」を参照。こうした論点に関しては，田畑稔『マルクスと哲学』新泉社，2004年，第1章が有益である。もっとも田畑氏は，マルクスにあくまで内在するがゆえに，マルクスの思想を「哲学」とは積極的に認めていない点で，私と異なる。

見解である。またとくに，最近の新メガの発刊に伴い，『資本論』第2巻，第3巻についてのエンゲルスの編集の仕方の妥当性が問題となっている。私見では，エンゲルスがマルクスと一緒に，『ドイツ・イデオロギー』などを執筆していた段階では，その思想的異質性はそれほど問題にならなかったし，彼は上記の《実践的唯物論》の方向で，みずからの思想構築を模索していたように思われる[9]。

エンゲルス批判の詳細は別稿に譲りたいが[10]，彼はのちほど『反デューリング論』『空想から科学へ』『フォイエルバッハ論』『自然弁証法』などを書く段階で，自分の哲学的立場を，種々の観念論的哲学や政治的イデオロギーとの闘争のなかで正当化・理論化してきたという作業を忘れてしまったかのようである。または彼は，マルクス主義哲学をわかりやすく啓蒙する段階にあって，もはやそうした哲学的・世界観的正当化は，自然科学などの実証科学の進展によって不必要になったと見ているようである。

ところでエンゲルスは，「哲学」的なものについても語っている。たとえば彼が『フォイエルバッハ論』で，広く「弁証法哲学」[11]と名づけるものである。また，現実を弁証法的な「諸過程の複合体」[12]と認識すべきであるというような世界観的主張がそれである。だが実は，そうした一般論は，広く弁証法的な論理学や認識論などに含まれるテーマであって，『ドイツ・イデオロギー』などで展開された，歴史的・社会的な現実認識のテーマ，つまり史的唯物論のテーマとは異質である。弁証法的な論理学や認識論と史的唯物論とは，混同されてはならない。この混同も，従来のマルクス主義哲学のひとつの傾向であった。

9）新メガ編集に関わる最近のものとして，大谷禎之介・平子友長編『マルクス抜粋ノートからマルクスを読む──MEGA 第Ⅳ部門の編集と所収ノートの研究』桜井書店，2013 年。大村・渋谷・窪編著『新メガと「ドイツ・イデオロギー」の現代的探究』八朔社，2015 年，などを参照。

10）前掲拙著『ポスト・マルクス主義の思想と方法』の第 1 章第 1 節「エンゲルスとレーニンの評価をめぐって」，第 9 章「エンゲルス研究における論争と到達点」，第 10 章「エンゲルスにおける唯物論・弁証法・自由論」を参照。なお私は，エンゲルスをひたすら批判する西欧マルクス主義とは異なり，エンゲルスの功績を十分に認めつつも，彼をあえて批判するのである。

11）MEW21, 267. 出・藤川訳『フォイエルバッハ論』国民文庫，14 ページ。

12）MEW21, 293. 同上，55 ページ。

第3章　エルンスト・マッハの哲学とレーニンの批判　　77

前者もまた，一般的な意味での世界観を内包しているのである。この弁証法に関する内容は，レーニン『哲学ノート』などによって発展的に継承されたが，それは，多様な弁証法的なカテゴリーや三法則（量と質の相互への転化，対立物の相互浸透，否定の否定），さらに真理と誤謬の関係など，広く認識論的なテーマであった。エンゲルスによれば，これさえ残せば，もはや「哲学」といわれる内容は別に存在する余地はないというものであろう。この意味で，『反デューリング論』において，「これまでの哲学の全体のなかで，そのときになお引き続き独立のものとして残るのは，思考とその法則に関する科学——すなわち形式論理学と弁証法である。そのほかは，すべて自然と歴史に関する実証科学に解消してしまう」[13] といわれたのである。さきほどの「多様な弁証法的なカテゴリーや三法則」と述べたものは，ここでの「弁証法」に対応するだろう。だから，マルクスとエンゲルスが『ドイツ・イデオロギー』などで構築しようとした史的唯物論は，ここで事実上，哲学の範囲から除かれている。だが史的唯物論は，単なる実証的な科学としての歴史学ではないのであって，《実践的唯物論》によれば，むしろその哲学の核心部分となるものとみなされる。

　詳細な展開はここではできないが，一言でいえば，エンゲルスの哲学は，認識論中心主義，弁証法中心主義とでもいえるものであろう。弁証法的カテゴリーなどを，自然であれ社会であれ，その対象にきちんと適用すれば，それで現実の正しい認識が獲得できるというものである（もちろん他方，実践的変革の重要性はつねに強調されるが）。だが，史的唯物論や自然弁証法というのは，マルクス主義哲学の基本部分ではないのか。そして弁証法や認識論は，いかにして根拠づけられるというのか。この意味で，上記のエンゲルスの考えは，《実践的唯物論》の内容をさらにきちんと展開するというものではなくて，そのなかの弁証法や認識論を「哲学」として展開しただけである。そして実は，《実践的唯物論》によれば，上記の第2，第4の規定に従い，いかにして弁証法や認識論が社会の実践的生活から，さらに学問，科学との関係から発生してきたのかを展開しなければ，それらは十分に基礎づけられない。

　さらに批判の相手にたいしても，それをただちに非科学的だとか，「形而上学」的だとか非難するのではなくて，そうした哲学・思想・宗教などがなぜいかにして社会のなかから発生してきたのかということを究明しなければならない。

13）MEW20,24. 寺沢・村田訳『反デューリング論』（1），国民文庫，63 ページ。

科学的真理をふりかざすのは，近代の啓蒙の立場ではあっても，マルクス主義の立場ではない。『反デューリング論』にしても，デューリングにたいして，社会的分析，イデオロギー的分析をして，そのなかで彼を周到に位置づけているとは思われない。

　以上の事柄が確定されないと，エンゲルスを継承しているはずのレーニン哲学の評価が十分におこなわれない。のちに述べるように，レーニンはまさに以上の《実践的唯物論》の立場に到達はしていず，むしろエンゲルスの長所も短所も忠実に継承しているように思われる。従来のマルクス主義解釈の呪縛はあまりにも強い。マルクス主義に何らかの関心をもった多くの人びとは，マルクス主義から離れていった段階で，この時点で思考停止をしたままではないだろうか。マルクス主義にまだ関心をとどめている人たちも，哲学の分野では，同様の状況であろう。以上のような批判的考察なしに，レーニンを読んだとしても，その不十分性も，その長所もまた，十分に把握できないと思われる。

第5節　レーニン哲学への一般的評価①

　レーニンに関していえば，不幸にも彼は，《実践的唯物論》の内容が凝縮している『パリ・ノート』（『経済学・哲学草稿』のこと）や『ドイツ・イデオロギー』を読むことができなかった。したがってまた，彼は『資本論』などの内容も，その哲学的立場から読解することができなかった。だからおのずと，レーニンの哲学的業績は，『帝国主義論』『国家と革命』などの分野を除けば，認識論や弁証法の分野に限定されるのであり，《実践的唯物論》の中心課題には至らない。まずかつて「哲学のレーニン的段階」といわれてきたさいの規定を取り上げよう[14]。

（1）マルクス，エンゲルス以後の自然科学の発展に唯物論的弁証法を適用し，自然科学の世界観的危機からの脱出の道を開いた。

（2）帝国主義時代の新しい哲学的観念論の潮流（マッハ主義など）を批判するとともに，認識論としての弁証法（能動的・革命的な反映論）を確立し，

---

14)『哲学辞典』平凡社，1512ページ参照。規定の第6については，少し補った。なお，前掲拙著の第3章「『哲学のレーニン的段階』とはなんであったのか？」が詳しく論じる。

発展させた。

（3）物質についての哲学的概念と自然科学的概念との区別を明らかにして，
意識にたいする物質の独立性と第1次性を再確認した。

（4）ヘーゲルの論理学を唯物論的に改作し，「対立物の統一と闘争」を弁証
法の核心として定立した。

（5）認識論の基礎としての実践の意義を明らかにし，弁証法・論理学・認識
論の三者の同一性を主張した。

（6）哲学および科学における「党派性」ないし「真理の階級性」を明らかに
した。

私は以上の規定をおおむね受容したい。そして一読して明らかなことは，や
はりここでも，認識論，弁証法，論理学など，結局エンゲルスを継承して，広
く認識論の業績が多いということであり，また「物質の哲学的概念」などは《実
践的唯物論》の課題というよりも，唯物論一般の確立の課題といえよう。以上
のことを少し詳しく明らかにしたい。

第1，第2，第3の認識論的で唯物論的なテーマは，おもに『唯物論と経験
批判論』（1909年）で展開されたといえよう。たしかに，第3点にある「物質
の哲学的概念」は，自然科学的物質がどういう形態を取るものと考えられようと，
普遍的に妥当する規定となっている。物質が固体として不可進入的であるとみ
なされた段階から，20世紀以後，ラジウムの発見，分割可能な原子や電子など
によって物質が考えられた段階にあって，レーニンは「原子は非物質化し，物
質はいまや消滅した」[15]など，当時の一見モダンな見解にたいして，哲学的な
意味の物質概念について明確に提起した。

「物質の存在は感覚に依存していない。物質は第1次的なものである。感覚，
思想，意識は，特殊な仕方で組織された物質の最高の所産である。このよう
なものが一般には唯物論の，とくにマルクス，エンゲルスの見解である」（『唯
経』（1）57ページ）。「すなわち，この概念とは物質である。物質とは，人間
にその感覚によって与えられており，私たちの感覚から独立して存在しなが
ら，私たちの感覚によって模写され，撮影され，反映される客観的実在を表

15）寺沢恒信訳『唯物論と経験批判論』（2），国民文庫，362ページ参照。以下，『唯経』
（1）または（2）と略記し，ページ数とともに，本文中に記す。

現するための哲学的範疇である」（『唯経』（1）162 ページ）。

以上に依拠して，物質の哲学的概念に関して，①物質が人間の意識および感覚から独立して，その外部にあること，②物質が人間にとってまず感覚に与えられること，③物質は感覚から始めて，思考によって深く反映されること，という3つの規定が措定される。そして，意識がそうした物質を徐々に深く反映するのである。物質は，人間の主観なしに存在するということは，いかに科学が発展しても，普遍的な事実とみなされたが，これはたしかに，量子力学の段階でも，依然として真実であろう。主観的観念論などは，この事実を曖昧にしてしまうのである。

だがこのレーニンの説明は，あくまで唯物論一般の規定であり，またそれにもとづいた認識論的規定（反映論という規定）といえるだろう。そこにはさしあたり何か弁証法的な説明は見られない。しかも，複雑な社会認識に関しては，これではあまりにも不十分であり，そこには，マルクスが資本主義社会批判のなかで固有に展開した，疎外や物象化の現象の認識などは対象にはいってこない。また，社会や産業のなかでの自然科学のありかたも考察はされない。

ところでまた，エンゲルスは，一九世紀の自然科学を総括し，そこに画期的な三大発見（エネルギー恒存の法則，植物・動物の細胞説，ダーウィンらの進化論）を洞察し，自然科学の発展をフォローしつつ，弁証法的な自然観を形成した。私見では，これは偉大な達成であったが，20 世紀初頭にあって，多様な自然科学の発見があったことを踏まえて，レーニンがエンゲルスに匹敵するような自然弁証法を展開したわけではないだろう。むしろ彼は『唯物論と経験批判論』で，党派的論争との関連で，主観的観念論（バークリーに由来），不可知論（カントに由来），主客相関主義（マッハ，アヴェナリウスに由来），独我論などを，唯物論の立場から非合理的だとして批判したのみである。むしろ当時の自然科学の総括は，エンゲルスの時代にもまさって，主（観）体―客（観）体のダイナミックな弁証法的認識を必要としたのであるが，レーニンがその科学論的な認識を遂行したわけではないといえよう。レーニン自身は『唯物論と経験批判論』では，弁証法の認識の重要性を述べてはいるが，だがそれでも，彼が弁証法を熟知したのは，まさにヘーゲル論理学などと対決した『哲学ノート』の段階であった。

第3章　エルンスト・マッハの哲学とレーニンの批判　**81**

第6節　レーニン哲学への一般的評価②

　弁証法それ自身の展開は『哲学ノート』(1914 ～ 16 年執筆) によって果たされたと見られる。レーニンはヘーゲルの観念論的弁証法にたいして批判的に摂取しつつ、「簡単にいえば、弁証法とは、対立物の統一に関する学説と定義できる」[16]、「本来の意味においては、弁証法とは対象の本質そのものにおける矛盾の研究である」(『哲学』(2) 48 ページ) と総括した。この点で、たとえばレーニンは、運動 (位置移動) という現象は、物体がここに「ある」とともに、すでにそこに「ない」という意味で、それは対立物の統一という意味で矛盾であるというヘーゲル自身の規定を肯定した (『哲学』(2) 56 ページ)。運動とは、ある物体がここにあり、次の瞬間にそこにあることだ、と規定されると、それはもはや運動そのものの規定ではなくなるのである。また彼は、「弁証法の問題によせて」(『哲学』(2) 195 ページ) などにおいて、興味深いことに、弁証法についての豊富な規定を挙げた。

　さらに彼は、唯物論を貫きながらも、ある意味で、唯物論と観念論という対立物の統一や相互浸透関係の弁証法を洞察している。たとえば彼は、「愚かな唯物論よりも賢明な〔弁証法的〕観念論のほうが、賢明な唯物論に近い」(『哲学』(2) 85 ページ)、「ヘーゲルの絶対的観念論は……唯物論のすぐ近くに近づき、部分的に唯物論に転化している」(『哲学』(2) 89 ページ)、「ひとりの観念論者が他の観念論者を批判するとき、このことから得をするのは、いつでも唯物論である。アリストテレスのプラトン批判、ヘーゲルのカント批判などを見よ」(『哲学』(2) 98 ページ) などのダイナミックな哲学観を残した。こうした見解には、唯物論が観念論と闘争し、相互浸透しながらも、唯物論の側に究極の真理があるという大前提のもとで獲得されるものであろう。私もこうした深い見方に賛同したい。注目すべきことに、ここでレーニンは、『唯物論と経験批判論』のときとは異なり、種々の観念論にたいして唯物論をかたくなに対置することをしていない。

　そして付加すれば、《実践的唯物論》の規定における弁証法・論理学・認識論の三者の同一性の特徴づけ (『哲学』14 ページ) も、ヘーゲル論理学の認識論的

---

16) 松村一人訳『哲学ノート』(2)、国民文庫、221 ページ。以下『哲学』(1) または
　(2) と略記し、ページ数とともに、本文中に記す。

読解から獲得したものであった。だから実は，ヘーゲル自身がすでにこうした同一性の認識に到達していたといえる。もっとも，この三者の同一性は，あくまでヘーゲル論理学を中心に見たときにそういえるのであって，ヘーゲル自身が正しくそう考えているように，そのほかに形式論理学が独立にあるのであって，その点を考慮に入れると，この三者には厳密な「同一性」はなく，その（区別にもとづく）「統一性」があると考えるのが妥当である。

　いずれにせよ，以上は，エンゲルスの弁証法を継承した，すぐれた達成と見ることができよう。だがそれは，あくまでも認識論の分野のことであることも明らかであるし，弁証法を展開した『哲学ノート』は，あくまでも読書ノートにすぎず，ヘーゲルの偉大さに引っ張られて獲得された認識にすぎない。また，第5の「認識論の基礎としての実践の意義」も，あくまで獲得された認識が真理かどうかの基準としての実践の意味にすぎない。この意味でレーニンは，「生活，実践の観点が認識の第1の，根本的観点でなければならない」（『唯経』(1)181ページ）と指摘するのである。これはまさに，『唯物論と経験批判論』の第2章の六「認識の基準としての実践」という説で展開されている。だが《実践的唯物論》における実践とは，第1にはそういうものではない。第1義的な意味での「実践」とは，私たちの現実世界（自然，社会，精神世界）を実際に形成し，保持し，変化・発展させていく活動そのもののことである。実践で目指されるのは，よりよい世界の実現であり，みずからの思想が正しいかどうかが第1の問題であるわけではない。認識が真理かどうかを確認するための実践とは，まさにそれは認識論の枠内から見られた実践であって，正確には，真理認識のための「実験」といわれるものである。もちろんある種の革命的実践が，革命の真理性の実験でもあるということはありうる。いずれにせよ，ここでもまた，レーニンの哲学が認識論に偏向している事実があるといえよう。レーニンが真理の党派性や階級性というときも，マルクスが実質的に，それを経済・社会の認識を基礎としてのイデオロギー批判として展開したときのような深みはここでは見られない。

　レーニンがマルクス的な《実践的唯物論》の構想をとらえそこね，それを認識論的に偏向させたことに関して，スターリン問題とともに，社会主義運動への幅広い影響などとの関連で，さらに詳細に分析する必要があるだろう。だがその詳細は，拙論の当該箇所にまかせるとして[17]，こうしたレーニンによるマッハ批判がいかなるものであったのかを吟味することとしたい。

第3章　エルンスト・マッハの哲学とレーニンの批判　**83**

第7節　マッハは何を問題としたのか
―――中立的要素論と形而上学批判―――

　『感覚の分析』の第1章「反形而上学序説」を概観すると，まず世界には，さまざまな色，音，熱，圧，匂い，さらに空間，時間などの感覚（Empfindungen）ないし要素（Elemente）が相互にゆるやかに，または密接に結合している状態が存在するとされる。これがまずは，マッハの描く世界のありようである（これは要素 ABC……などと略記される）（『感覚』4ページ）。この要素はなかば心理的であり，なかば物理的性格をもち，この認識論は，心理的なものも物理的なものもいずれも第一義的なものにしないという意味で，中立的であり，かつ一元的である。たとえば，色という現象を取り上げると，光源（他の色のありかた，温度，空間などを含む）との依属関係で見ると，それは一方では，物理的対象であり，網膜（KLM……という要素と名づけられる）との依属関係で見ると，それは心理的対象である（『感覚』15ページ）。こうして色という要素自体は中立的で，それが物理学的研究と心理学的研究に派生的に分かれるが，それは単なる方向性の違いである。こうしてこの方向性の主張は，心理的・精神的なものを重視する観念論にも，物理的なものを重視する唯物論にも与しないということを意味するだろう。この意味で，マッハの認識論は，「中立的要素論」といわれる。これら要素にはまた，さまざまな気分，感情，意志などの要素も結合している（$\alpha\beta\gamma$……と略記される）。さらに普通，身体と呼ばれる要素も存在する（KLM……と略記）（『感覚』9ページ）。

　マッハの例示によると，これら ABC……は，KLM……の身体複合体によっても規定される。たとえば，サイコロを近くで見るのと遠くで見るのとでは大きさが違ってみえるし，左右の目でそれぞれを見たときも形が異なる。そして目

17）前掲拙著の第11章「レーニン哲学の再検討・序説」に詳しい。とくにマルクスが存在と意識の関係を現実の社会関係，イデオロギー関係とみなすことにたいして，レーニンが誤読し，この関係を科学的・認識論的な関係と読み替えている点に注意されたい（同上，399ページ以下）。さらにまた，その偉大なるレーニンが日本に輸入されたとき，当時の代表的マルクス主義者がその影響を受けて，やはりマルクス主義を認識論的に解釈してしまった点も興味深い（同上，110ページ以下）。

をつぶればサイコロは見えなくなる（『感覚』10ページ）。こうして現象する要素は，身体的要素の影響を受けて，多様に変化する。さらにまた，白い玉に鐘が当たると，音が出る。この玉はナトリウムランプの前では黄色く，リチウムランプの前では赤く見える。ここでは，さきのABC……の内部での変化が現れる。そして，私がサントニンを服用すると，この玉は黄色くなる。聴神経を切断すると，音は聞こえなくなる。ここにKLM……の身体複合が関連する（『感覚』10ページ）。

　以上の意味で，マッハは「私たちを取りまいている物体は，一見してそう見えるほど，直接には信頼できない」（『感覚』14ページ）と結論する。いままでにもある程度明らかなように，ものを知覚し判断することは，そこに心理学的，生理学的，物理学的などのきわめて微妙な現象が重なり合って，ようやく成立するものである。

　こうして，マッハのいう感覚ないし要素とは，論理実証主義でいえば，認識の基礎となるセンスデータ（感覚与件）のようなものと見られる。したがってマッハのいうこともあながち奇妙なことではなく，人間の感覚・知覚や体験の事実を厳密にミクロ的に観察すると，原初的な状況として妥当するのではないだろうか。実際，生まれて間もない赤ん坊は，まだ距離感覚もなく，時間感覚もなく，徐々にそうした観念を形成していく。他方また，そこには，自分の自我というようなものもまとまってあるわけではなく，たしかに何らかの感情や意識の流れがそこに存在するだけであろう。また周囲の世界も，自分の未熟な感官によっては，ごく単純なものを除いては，色，輝き，形，匂い，音などを周囲に発散する，輪郭もはっきりしていないものとしてしか現象しない。そこにテレビという一個の機械としてまとまったものとして表象し認知するのは，かなりあとになってからである。赤ん坊にとっては，家のなかの家具・道具や内装，仕切られた空間などは混じり合った，散乱した状況として現象することだろう。そのなかから，赤ん坊は身近な事柄を中心に，段々と世界を構築していくのである。以上の認識論は，たしかに《オーストリア哲学》的であるといえるだろう。

　マッハによると，以上の事実を厳密に承認するのが唯一科学的な態度とされ，そこから逸脱するところに非科学的・超経験的な「形而上学」が発生する。ABC……が比較的恒常的に結合していると，そこに物質ないし「物体 Körper」という複合体が現象として生ずる。同様に，$\alpha\beta\gamma$……が恒常的に存在すると，

それが「自我」として意識に自覚される。「身体」も同様な形で実体化されるといえるだろう。ここに一方で「物体」という実体が指定されて，他方で「自我」という実体が措定され，その両者の間には「溝 Kluft」（『感覚』253 ページ）が構築される。そしてここで，哲学史的にいって，はたして自我が物質を認識できるか否か，などという形而上学的な問題が生ずる。だがもともと，自我と物質は発生源をひとつにしているのだ。

　たしかにデカルトのいう「延長実体」と「思考実体」（コギト）は，まさにこうして発生した形而上学的捏造物であろう。そこからさらに極端化されて，一方からは「物質」「物自体」などの哲学的概念が，他方からは「霊魂」「超越論的統覚」などの哲学的概念が発生するという。まさにマッハは，こうしていかにして非科学的・独断的な形而上学が発生してくるのかを解明している。まさに《オーストリア哲学》の真骨頂である。この精神と物質の両項からの形而上学の発生は，たしかに同時的・相互前提的である。この点の妥当性については，のちほど論じたい。とはいえマッハは，興味深いことに，以上の科学的認識がきちんと踏まえられれば，物質や意識が存在するという普通の「素朴実在論」のほうを，独我論などよりも高く評価する（『感覚』28 ページ）。またマッハは，興味深いことに，「理論的 theoretisch」には自分の説が踏まえられるべきであるが，「実用的 praktisch」には，私たちは自我や物質を承認する「自我論者」「唯物論者」であってさしつかえないという。

第 8 節　マッハ哲学の妥当性①
——物体は感覚複合体か——

　以上でマッハ認識論の簡単な描写を終わる。私はここで，レーニンのマッハ批判との関連で，以下の 4 つの問題を取り上げたい。
　（1）物体が感覚複合体であるという主張はどれほど正しいのか。
　（2）マッハはバークリと同一の認識論をもつというレーニンのいうような見　　解はどれほど正しいのか。
　（3）マッハの形而上学批判はどれほど正しいのか。
　（4）ロシアの社会民主党のなかで，なぜマッハらが注目されたのか。
　まず上記の第 1 点について。
　マッハによれば，「物体が感覚を産出するのではなくて，要素複合体（Ele-

menten-komplexe），感覚複合体（Empfindungskomplexe）が物体を形づくる。……『物体』はすべて，要素複合体（感覚複合体）にたいする思想上の記号（Gedankensymbole）にすぎない」（『感覚』23 ページ）。実際，一個の「物体」もまた，見えるもの，聞こえるもの，触れるものなどという感覚複合体から，さまざまに構築された何らかの複合体であろう。「自我」もまた，相対的に恒常的である一種の複合体といえる。この内容を，以下のように定式化しよう。

　　「世界は要素ないし感覚の複合体である」——①

　以上のテーゼ ① がレーニンの批判にさらされ，バークリと同様の主観的観念論，独我論であると断定されたのである。「もしも物体がマッハのいうように，『感覚複合体』であるか，またはバークリのいうように『感覚の組み合わせ』であるならば，どうしても，全世界は私の表象にほかならない，ということにならざるをえない。このような前提から出発すれば，私以外の他の人びとの存在に到達することは不可能である。すなわちこれは，正真正銘の独我論である」（『唯経』（１）39 ページ）。たしかにバークリは，「存在することは知覚されることである」という命題のもと，世界は知覚の束であると，主観的観念論ないし独我論を主張した [18]。はたしてマッハがバークリと同じかどうかという問題は，下記の ② について議論するとして，レーニンの唯物論的命題を以下のように立てよう。いままでのレーニンの議論から，これは異論がないだろう。

　　「世界（物質世界）がまず意識の外部に存在し，それを感覚，思考などによって反映する」——②

　第 1 に，マッハに種々の問題点があるとしても，明らかにレーニンは誤解していることを指摘しよう。マッハの中立的要素論によれば，それらの要素は，自我の側とともに外界が存在しないと発生しない。だから中立的なのである。バークリのようには，すべてが自我の産物であると，マッハはけっして主張してはいない。彼は「要素」を「世界要素」（『感覚』24 ページ）といいかえているように，それは単純で主観的なものではなく，主観と客観の融合物である。そもそも感覚は，外界からの物理的側面がないと存在しえない。結論的にいえば，

　18）たとえば，大槻春彦訳『人知原理論』岩波文庫，45 ページ参照。なお，詳細に展開できないが，唯物論的認識論を踏まえて，バークリ的な《存在即知覚》の命題の重要性を強調する以下の論考は，本章のテーマと関わって興味深い。瀬戸明『存在と知覚』法政大学出版局，2006 年。同上『物心一元論とはなにか』桐書房，2012 年。

マッハは，現象として眼前に現れているものは「要素複合体」だといっているのであり，これはいわばトートロジーでもある。それにたいして，上記②によって，眼前にあるものが感覚・意識からまったく独立した物質だというならば，レーニンは，人間の感覚に与えられている以前の，色も匂いも（ある意味での一定の形すらも）ない奇妙な物質（カント的な物自体に酷似）を，自分自身が想定していると承知しているのだろうか……。

　第2に，いままでマッハの問題意識を見てきてある程度明らかになったわけだが，レーニンはあまりにもみずからの唯物論を振り回しすぎて，かえってマッハが追究した興味深い問題を見逃してはいないだろうか。マッハによれば，世界の見え方は，つねに私たちの感官，身体の状況に媒介されており，そうした意識側のありようの考察なしには，不可能である。そもそも，世界の認識は，感覚・知覚などによる世界の像の形成を除いては不可能であろう。だからあえていえば，マッハは，感覚や思考が世界を反映するとしても，その点における心理的・生理的・物理的などのメカニズムはどうなっているのかを，厳密に科学的にとらえようとしたのである。私なりにいえば，マッハは，感覚レベルから始めて，認識活動における主観と客観の微妙かつダイナミックな弁証法的相互作用，相互浸透的関係を問題にしたといえよう。

　それではマッハが，意識の外側の世界を何らかの意味で認めたのだろうか，という問題がさらに生ずるだろう。この点では，マッハには，要素の一方が知覚可能な依属関係の鎖の終端につながり，他方が感覚器官の外部につながっている，と説明する箇所がある（『認識』9ページ以下）。ここで感官は物質的なものにも連続する。彼によれば，「熱い」という感覚も，実は単に主観的なものではなく，当の熱せられた物体から始まり，身体の複雑な連鎖を経て，また心理的・神経的な媒介を経て，その熱さが初めて意識に知覚されるのだという。たしかに「熱い」という単純で直接に見える感覚も，ある意味で一連の長い媒介の過程によって生起し，そのどこかの一部が欠落すると，「熱さ」は結果的に感じられずに終わるだろう。

　以上の問題は，ただちに，上記の，マッハが独我論者であるのか，バークリと同じ思想をもつのかという，第2の問題につながる。

　だがこの点では，マッハ自身が明快に，バークリと自分の思想との違いを断言し，「私の見解とバークリのそれとを同一視する人びとは，紛れもなく，私の見解の正当な評価からはほど遠い」（『感覚』295ページ）と述べる。さきの「熱

い」という感覚の発生に関しても，「それにもかかわらず，もっぱら〔感覚や認識の〕終端の結果（Enderesultat）だけに基づいて，もっとも途方もない体系が，つまり観念論や独我論の体系が構築されたのである。このような体系は，私たちの認識を自分の意識に限ってしまう」（『認識』10ページ）と批判する。いまや，マッハ自身がバークリ的立場を「観念論」「独我論」としてはっきり批判していることが明らかである[19]。こうしてレーニンが，当時のイデオロギー論争のただなかで，厳密な学問論争がおこなえなかったことは明らかであろう。上記の①のマッハ的命題と②のレーニン的命題は一見，非妥協的に衝突するかに見えるが，より広い，科学的な認識論を視野に入れた場合，統一されることも可能ではないかと思われる。というのも，上記①のマッハのいう「世界」とは，すでにつねに自我によってとらえられた，それと一体になった世界を意味するのにたいして，②のレーニンのいう「世界」とは，自我や意識から完全に独立した世界を意味するから，その内容がすでに異なっているからである。

第9節　マッハ哲学の妥当性②
——形而上学批判とボグダーノフ——

　さらに，マッハによる上記第3点の形而上学批判の妥当性が問われるだろう。
　第6節で述べられたように，哲学者たちが意識と物質がはじめから二分されているとみなすからこそ，カントでいうと，「物自体」と「超越論的統覚」の存在をともに主張する形而上学が，および両者の分断（「溝」）が現れると，マッハは批判する。それ以前のデカルトにしてもしかりである。ある意味で，このマッハの批判はすぐれた形而上学批判だと考えることもできる。ところで問題であるのは，マッハのこうした批判が単に観念論を批判するのみならず，独立の物質界を実体として立てる唯物論までも批判することである。たしかにマッハは，こうして世界を原子の集合と見る原子論的唯物論を批判して，物理学者のボルツマンと争ったのだった。これはたしかにマッハの誤りであることは，科学的知見としていまや明らかだ。だがそれでも，唯物論を独断的に肯定する

19）この点で，望月博子「マッハの認識論と方法論としての『要素一元論』」（東京唯物論研究会編『唯物論』第72号，1998年）は，マッハにたいするレーニンの誤解を指摘しており，正当である。

第3章　エルンスト・マッハの哲学とレーニンの批判　　**89**

ことはありうることであり，いかにして外界が措定されて現れるのかをさらに心理学的・認識論的に，かつ実践的に吟味すべきであろう。その点で，レーニンが依拠したはずのマルクスが従来の唯物論と観念論を同時批判することによって，みずからの《実践的唯物論》を形成したという事実を想起することは，有益であろう（マルクス「フォイエルバッハ・テーゼ」の第1を参照）。

だがそれでも，さきほどマッハが外界を承認するということを指摘したが，この承認はマッハでは曖昧に終わっている。この点で，レーニン批判は，ある意味で妥当するだろう。実はマッハは，意識なしの外界はそもそもどういうものなのかを明言していない。マッハの要素論では，最初からそれに応える余地がないように見える。この点では，彼はやはり，外界を承認するとしても，意識なしの外界とはどういうものであるのかを問う段になると，不可知論的になるといっていいだろう。

最後に，上記の第4点についてである。

この点では，なぜ共産主義者であるボグダーノフがマッハ主義者にもなったのかを探ることが有益であると思われる。実は彼は，マッハ『感覚の分析』にロシア語訳に序文を付けているほどであるが，そのなかに興味深いことがらがある。

ボグダーノフは，マッハを何と「現代の世界最大の哲学者」[20] であると評価する。当時のマッハへの高い評価がうかがえる。彼はさらに，「マッハの哲学は現代自然科学の哲学である」（179ページ）と特徴づける。この自然科学重視がまさにポイントである。ボグダーノフによれば，現代の統一的世界観としての哲学は，自然科学的なものでなくてはならず，それこそが社会の生産力を成長させ，自然にたいする支配の増大，労働技術の発展をもたらすという。ここではまさに，マルクス主義が近代化の理念を担っている。さらに奇妙なことに，「史的唯物論」の本質は，自然科学の方法を社会生活の経験に適用することにあるとされる（181ページ）。とにかく客観的法則を厳密にとらえるためにも，自然科学はおおいに役立つともいわれるのである。すでにこうした考えは，マルクス的な《実践的唯物論》の考えとはおおいに異なる。

野蛮なツァーリの後進国ロシアから出発したソ連社会主義形成時を支配した

20）アレクサンドル・ボグダーノフ『信仰と科学』（佐藤正則訳）未来社，2003年，184ページ以下。以下，同書のページ数を本文中に記す。

近代主義，生産力主義，科学・技術主義などの発想は，ある意味レーニンらも共有していただろう。以上のボグダーノフの考えは，唯物論を社会の領域へ「拡張」ないし「適用」するというレーニン的構想とも，またエンゲルスの科学的な弁証法とも重なる面があると思われる。いずれにせよ，上記の発想は，やはり全体として「マルクス・レーニン主義」に近いものであり，真の《実践的唯物論》からはほど遠いといえよう。というのも，《実践的唯物論》ならば，第3節の規定の④にあるように，資本主義批判を中心に社会認識がポイントであり，自然科学も技術もその点から批判的に再把握しようとするからである。

　こうしてレーニンは，マッハの哲学を徹底して非合理的なものとして批判した。たしかに，マッハにはレーニンに批判されるような哲学的弱点があった。マッハはその問題を解決していない。だがそれにしても，『哲学ノート』によってヘーゲル弁証法を批判的に摂取したときのレーニンならば，こうしたマッハ批判はしなかったかもしれない。少なくとも，その可能性はある。というのも，レーニンは，『哲学ノート』の「弁証法の問題によせて」で，哲学的観念論は，粗野な唯物論からするとまったく無意味にすぎないが，弁証法的唯物論からすると，認識の特徴，側面，分野を一面的に，誇大にふくれあがらせて，絶対的なものへと祭り上げたものだ，と述べているからである（『哲学』(2)，201ページ）。とすれば，以上に説明したように，マッハ哲学もある意味で，認識のある特徴（主観と客観の密接な連関のことである）を誇大にふくれあがらせたものだといえるはずだ。それは単なる無意味，非合理ではない。

　マッハ自身は自分の哲学的主張をソ連の革命家レーニンたちが批判したことには，あまり関心をもたなかったとされる。そしてまたマッハは，社会主義な

---

21) こう断言すると，不正確かもしれない。現代で詳細にマッハを研究してきたフリードリッヒ・シュタドラーは，マッハが社会改革，学校改革，成人教育，婦人運動，平和運動などにたいして，いかに考えていたのかは未来の課題であり，それに関する未公刊の書簡が多く残っていると指摘しているからである。Friedrich Stadler, Ernst Mach—Zu Leben, Werk und Wirkung, in: F. Stadler / R. Haller, *Ernst Mach—Werk und Wirkung*, Wien 1988. を参照。

22) なおフリードリッヒ・アドラーは，オーストリア社会主義運動の父と称せられるヴィクトル・アドラーの息子であり，熱烈なマッハ信者であった。1916年，当時の首相カール・シュテュルクを暗殺したことで知られる。

ど社会変革の問題にたいする関心は強くもたなかったようである [21]。ともかく，マッハはこれ以後，ソ連で無視され，その関連で，マッハの影響を受けたとされるアインシュタインも，ブルジョア科学として批判をこうむる。さらにまた，オーストリアのマルクス主義者・社会主義者のマックス・アドラー，フリードリッヒ・アドラー [22] らがマッハの影響を受けたことも，マイナスに作用していると思われる。というのも，このオーストリア社会主義の運動がソ連型の社会主義・マルクス主義に明確に対立していたからである。いずれにせよ，豊かで爛熟した文化遺産を背景に，近代以後のポストモダン的世紀末に定位すると評価されるマッハの思想が，ようやく近代化を目ざすソ連社会主義のなかで，肯定されるにせよ否定されるにせよ，誤解されるなかで受容されたことは，ある種時代的制約のなせるわざだったと考えられる。

第4章　フェルディナント・エーブナーにおける信仰の
ことばと形而上学批判
──時代の病理に抗して──

第1節　ウィーン世紀末の時代状況のなかで

　フェルディナント・エーブナー（1882～1931年）は日本では無名であるが，
《オーストリア哲学》なるものがドイツ哲学との対比において存在しうるとす
れば，そしてその特徴として，言語への強い関心がまず挙げられるとすれば，
エーブナーこそ，オーストリアの言語哲学の代表者のひとりであることに疑い
はない[1]。エーブナー自身，1918年に『ことばは道（日記)』のなかで，おずお
ずとであるが，自分の思想が「現代の全ヨーロッパの精神的生の変革の萌芽」
に寄与するかもしれないと示唆し[2]，さらに彼は，みずからの思想を形成した
あとの1920年の時点では，『日記』で次のように断言する。

　　「以下のことは明らかだ。……現代の革命思想の不十分性が（だからまた
　その根拠の無さが）言語の問題においてもっとも明瞭に示されるということ
　は明らかである（ことばの問題において，だからまた人間の問題においても
　それは示される。もっとも両者〔ことばと人間〕は同一のことであるけれど

1）もうひとりの偉大な代表者ウィトゲンシュタインとの比較については，Peter Kampits,
　　Sprachspiel und Dialog, in: R. Haller（Hg.）, *Sprache und Erkenntnis als soziale Tatsache*,
　　Wien 1981. が詳細に展開する。

2）Ferdinand Ebner, *Das Wort ist der Weg*. Aus den Tagebüchern, Ausgewält und eingeleitet
　　von Hildegart Jone, Wien 1949, S. 138. 以下，同書を『日記』と呼び，本文中に日付と
　　ページ数を記す。同書は1903年から1931年の死に至るまで書きつがれた日記の内容
　　を抜粋したものである。なお別の日記が近年出版されている。Ebner, *Mühlauer
　　Tagebuch. 23. 7-28 .8. 1920*, Wien/Köln/Weimar 2001. なお同書では，1920年8月18日
　　に彼がウィトゲンシュタインと話をしたと書いてある。その内容については，ウィト
　　ゲンシュタインがノルウェーに滞在したという事実以外に，とくに哲学的なことは書
　　かれてはいない。Vgl. *Ibid.*, S. 44.

も。もし私が功績をもつとするならば，それは私が以上のことを明確に洞察したという点にある）」(1920. 8. 7. S.187.)。

こうした自負が示すように，対話のことばこそエーブナーの中心問題であった。まず本節では，エーブナーの思想形成に密接に関わるかぎりで，彼の人生と時代状況を簡単に紹介したい。第2節以下では，その主著といわれる『ことばと精神的実在』[3] を中心として，彼の基本となる宗教論を論じ，第2節から第4節では《われ－なんじ》関係とそこに生ずることばと愛の問題について考察する。さらに第5節以下では，順に，当時流布していた諸思想（形而上学的観念論，自然科学，心理学，耽美主義や芸術至上主義）にたいする彼の強烈な批判を紹介・検討したい。

さて，ウィーン南部のヴィーナー・ノイシュタット市に生まれ，ほとんど一生，低オーストリア州から出なかったというエーブナーは，典型的な「片隅に生きるひと」[4] であった。彼の思想は，同じ宗教家でもあり，かつ同様に「対話の思想家」といわれるマルチン・ブーバーと類似するが（第4節で後述する），どこか偏狭なところがある。それは身心の病弱とともに，熱烈な信仰心にも由来するだろう。だが私は，社会的には，ウィーン世紀末の文化状況へのエーブナーの危機意識を，そしてそれに侵されながらの彼の抵抗の意識を，より本質的なものと見たい。

ちなみに彼は，「死は生の『問題』を解決するのか，否」(1918. 5. 18. S.148.) などと『日記』で述べつつ，彼は人生に行きづまり2度自殺を試みている[5]。というのも，ウィーン世紀末は，近代化を目指す「オーストリア自由主義」[6] の弱さのために発生したという特殊事情を抱えるが，より一般化すると，そう

---

3) Ebner, *Das Wort und die geistigen Realitäten*. Pneumatologische Fragmente, Frankfurt a/
  M 1980. エーブナーの著述は基本的に，Ebner, Schriften in drei Bänden, München
  1963-65. に収録されている。同書はその第3巻に収録されている。18 の非体系的断
  片からなる同書は，1918, 19 年の病気休暇のときに書かれた。第1次世界大戦後の
  ことである。以下，本文中にページ数を記す。表題の「精神的実在」とは，われ (Ich)
  となんじ (Du) のことである。

4)「片隅に生きるひと der kleine Mann」とは，当時のオーストリアに典型的とみなさ
  れる人間像である。ウィリアム・ジョンストン『ウィーン精神』（井上修一・他訳）上，
  みすず書房，1986 年，30 ページ参照。

した世紀末状況は，ヨーロッパにおける近代的な啓蒙的合理主義の行きづまりのすえに必然的に出現せざるをえなかったものと解釈できるからである。つまりウィーン世紀末は，私たちにとって，近代の挫折以後に出現した現代的問題として普遍的性格をもつ。そして，エーブナーがいかに深刻に世紀末的文化状況と思想的に闘ったかは，以下に明示されるとおりである。さらにまた，エーブナーの思想形成に関して，第1次世界大戦後のヨーロッパ精神の挫折状況が大きな時代的要因として挙げられるだろう。だが，1914年以後の『日記』において「戦争」という表現はいくつも見られるものの，それの詳しい分析はない。それでもミヒャエル・トイニッセンは，この大戦のなかにエーブナーが「文化的かつ政治的なヨーロッパの破産」を見たと指摘する[7]。

ところで，ウィーン世紀末に関しては，ジョンストンはその文化的特質に関連して，耽美主義，治療ニヒリズム（治療は意味がない，役に立たない），印象主義，死への想念などを列挙する。これは正当な指摘であろう[8]。そしてまた，当時は文学，哲学，ジャーナリズムなどの領域を中心として，ことばとコミュニケーションの問題が重大視されていたことも周知の事実である。その点を踏まえて私は，本書第1章で展開したように，オーストリア哲学の5つの特質を列挙した。それは，①反形而上学的・反観念論的態度，②言語への大きな関心，③哲学構築のさいの自然科学の重視，④実証主義的・実在論的・現象主義的な態度，⑤世紀末状況の二重性，である。このなかでも，とくに①と②が重要であり，エーブナーもこの2点を明瞭に主張する。だが③，④は，彼に直接には妥当しない。⑤は，おおいに妥当する規定である。④にたいしては，その表現に私は苦しんだが，いまは「認識における直接的所与性の重視」というように

5）『日記』S.II. の述懐を参照。この点では，3人の兄がことごとく自殺をして果てたウィトゲンシュタインが，つねに自殺念慮を抱いていたことと類比的である。

6）オーストリアにおける「自由主義体制の危機」については，カール・ショースキ『世紀末ウィーン』（安井琢磨訳）岩波書店，1983年，11ページ以下に詳しい。

7）Michael Theunissen, Über Ferdinand Ebner, in: Ebner, *Das Wort und die geistige Realitäten*, S.271.

8）ジョンストン，前掲訳，251ページ以下。当時の文化状況とエーブナーとの関連では，さらに，Hans G. Hödl, Ferdinand Ebners Kulturkritik im Kontext zeitgenössischer Kulturtheorien, in: *Mesotes*, Heft3/1992. を参照。

も，いえると思う。ところでエーブナーは，けっして実証主義的ではないが，信仰の自明性，絶対性から出発するかぎり，④が妥当すると解釈できないこともない。

　さて，病弱なエーブナーは小学校の教師を一生の職業とした。だが，もともと詩人になることを考えていた彼のことばは，たしかに『日記』に示されるように，詩的な，また音楽的なみずみずしい感受性に隘れている。彼は周囲の自然の変化を敏感に感じ取り，その美しさを『日記』に書きつづる。そしてまた，ピアノを弾くことを好んだ彼は，ベートーベンのソナタ「月光」に思いを寄せる。

　　「それ〔「月光」〕は，芸術家のけっして満たされない憧憬の静かな，深い，
　　名づけようのない苦痛である……」（1903. 8. 19. S.19f.）。

　だが，まことに興味深いのは，こうした芸術家肌のエーブナーが，のちに徹底した芸術批判をおこなうことである。一体何が彼の考えを逆転させたのかについては，第6節で扱う[9]。

第2節　エーブナーの宗教・神・精霊についての見解

　信仰心の厚いエーブナーは，それでも他方で，徹底した教会批判をおこなう。国家と教会の結託を嫌い，教会が軍隊を十字架で祝福することを欺瞞として非難した。カトリックのキルケゴールといわれるゆえんである。彼はいかにキリスト教を理解したのか。

　まず確認すべきは，彼はキリスト教を，唯一絶対の宗教とすることだ（S.31）。そのうえで，私たちの真の対象は神であり，なかんずく《肉と化した》ロゴスであるという（S.164）。「神の人間化，《肉と化した》ロゴス」といえば，いうまでもなく，それはキリストのことであるが，同時にそれは，エーブナーでは，彼がしばしば依拠するヨハネ福音書に従って，ロゴスとしての神が，人間へことばとして送り届けられることを意味するといっていい。「ヨハネ福音書」冒頭

9）また，エーブナーの思想形成については，フランツ・シャルルが詳細に分析して4
　つの時期（詩作期，移行期，哲学期，精霊論の時期）に区分するので，参照されたい。
　Franz Scharl, *Weg（-ung）im Denken Ferdinand Ebners*, Frankfurt a/M 1997, S.57ff. シャ
　ルルはエーブナーが従来，「対話の哲学者」「言語思想家」「人格的実存主義者」など

第4章　フェルディナント・エーブナーにおける信仰のことばと形而上学批判　　**97**

には，次のような有名なことばがある。

　「初めに，ことばがあった。ことばは神とともにあった。ことばは神であった／すべてのものは，この方によって創られた／ことばはひととなって，私たちのあいだに住まわれた。……この方は恵みとまことに満ちておられた」[10]。

ここではまさに，神と信仰の問題がストレートに「ことば」の問題とされる。エーブナーによれば，「神は人間に語りかけることによって，人間を創造した。たしかに神は，人間をことばによって創造した。神は人間を創造しつつ，人間に語りかけた」(S.26)。たしかに，神はことばだけをもって，全世界を，そしてアダムとイヴを創造した。だから逆にいえば，人間が神にことばで「なんじ(Du)」と呼びかけるとき，それで神の全存在が語られることとなる。ことばで神に語ることとは，すなわち神を信じているということ，《信仰》ということを意味する。抜き差しならぬその語りかけの行為を除いて，神の存在証明など，神について客観的に云々することは邪道なのである（第5節で述べるように，ここにドイツ観念論などの形而上学の誤りがあるという）。だからまた，人間と神の関係は何か客観的な関係ではなく，ことばを媒介とする人格的関係にほかならない　そしてこのなかで，神が「第1の人格」であり，人間は「第2の人格」である。このさいエーブナーは，2つの命題を提出する(S.38)。

（1）Ich bin und durch mich bist du.（われが存在し，そしてわれによってなんじは存在す）

（2）Du bist und durch Dich bin ich.（なんじが存在し，そしてなんじによってわれは存在す）

　第1点は神が発する命題である。神は恩寵と愛をもってこう語りかけつつ，人間を創造した。第2点は人間が祈りのなかで発する命題である。このなかで，「われ(Ich)」と「なんじ(Du)」という人称代名詞がいかに重要であるか，そしてその両者を結ぶものとして「ことば」がいかに決定的であるかは明らかで

───────────

　とみなされてきたことを表層的と批判し，エーブナーの宗教的契機と精霊論(Pneumatologie) を強調して，みずからは表題にあるように，「Weg (-ung)（道（道行き））」の思想家とみなす。Vgl. *Ibid*., S. 447ff.

10)『聖書』日本聖書刊行会，1991 年，157 ページ。

ある。そして，祈りとは《神との対話》にほかならない（S.39）……。率直にいって，エーブナーの熱烈な信仰心は，キリストに帰依していない者には辟易するものであろう。彼の文章は，ときおり神への信仰告白に近くなる。だが，キリスト者ならぬ私は，一方で彼と対話をまともに試みたいし，他方では，たとえば Du を人間一般とみなしたり，宗教の脈絡から脱構築したりして，彼の狭隘さを押し広げる作業をおこなわざるをえない。そのとき以下のような文章は，あらたな解釈を許すだろう。「というのも，ことばは，その根源の精神性の点で全真理と全存在の源泉である。ことばなしには，何ものも生成しなかった。ことばのなかで生が存在したし，生は人間の光である」（S.249）。

これはまさにヨハネ福音書そのものであるが，ことばによって命名するものが人間であると考えれば，これは重要かつ普遍的な真理を述べることとなるだろう。というのも，命名し，それを精神化することで人間は実際，その対象をわがものとしてきたのであり，名前のないものは，何ともいいようのないもの，人間にとってあたかも無であるからだ。ここで興味深いのは，ことばを重視するエーブナーが，だからまた，ことばなして神をとらえようとする神秘主義を徹底して排斥することである。ことばを超えて神と霊的に一体化しようとする志向は，エーブナーにとり邪道なのである。

さて，エーブナーの基礎にある宗教論において最後に述べるべきは，その精霊論（Pneumatologie）であろう。「精霊（Pneuma）」に該当する古代ギリシャ語の Pneûma では，それは息や風であり，また人間に生命を与える原理である。それはまた，たしかに精神ないし霊であり，heiliger Geist といえば，三位一体のなかの「聖霊」のことである。そしてエーブナーによれば，精霊こそことばの根本であり，精霊が分節化すると，通例のことばとなるのだろう。精霊とはたえず，心理学的に解釈された「心ないし精神」と比較される。この点で，上述の「われないし自我 Ich」は二様に解釈される。それは psyché としての自我か，pneûma としての自我かであり，前者は心理学的に解釈されたものとして，なんじから閉鎖されており，自己関係のなかに閉じこもっている病的な自我である（ここには世紀末的状況における精神分析への批判がある）。それにたいし後者は，正常になんじとの関係のなかに自分を見いだそうとする自我であるという（S.44）。こうした「コミュニケーション不全症候群」[11] ともいわれる状況は，

---

11) 中島梓『コミュニケーション不全症候群』筑摩文庫，1995 年を参照。

また現代でも蔓延している。さらに，この批判はデカルトの「われ思う」の自我にも妥当するので，第5節で述べたい。

　以上の意味で，「言語の問題は，何ら哲学的，心理学的でもなく，また科学的な問題でもなく，精霊論的な（pneumatologisch）問題であり，この意味でとらえないかぎり，ことばの本質はけっして確立されない」（S.55）ともいわれる。エーブナーは浅薄な言語観や心理学と一線を画す意味で「精霊論」を強調したのであるが，その意味にはとらえがたいものがあるといえよう。

第3節　われとなんじの対話
──ブーバーとも比較して──

　「ことばの問題は，それが〔人間の〕自己意識と同一であるので，まことに哲学のアルキメデスの点である。だがこれまで，哲学者たちが言語問題にときおりしか触れなかったこと，その問題がけっして哲学の中心点にならなかったこと──このことは哲学者たちが，自分たちの哲学的自己保存の本能をそのように遂行したことを意味する」（S.121）。

　こうしたエーブナーの確信のなかで，われ（Ich）は一人称のそれとして，つまりそうした自己意識そのものとして，語りかける具体的な人格であり，語りかけられる二人称のなんじ（Du）を必然的にもつ。われとなんじのコミュニケーション的な弁証法的相互作用のなかのことばこそが重要なのだといえよう。こうして根源的なことばは，書きことば以前の話しことばと見られる。のちに示すように観念論哲学は，この事実を歪曲するところから出発するとされる。

　さてエーブナーは，われ─なんじ関係の基底にまず《根源のことば Urwort》を立て，そこからただちに《根源命題 Ursatz》へと展開する。《根源のことば》とは，赤子の誕生時の産声を意味する。「《根源のことば》は〔誕生した赤子の〕苦痛の放散から生ずる」（S.172）。彼によれば，《根源のことば》の含む《bin 存在する》もまた，言語とことばへと生じた，この精霊的な運動の表現である。ある意味でたしかにそうであり，一方では，それは，赤子の泣き声から飛び出し，苦悩（Leiden）を表現し，根源的で最初の《受動態》となる。実際，赤子は受動的に生み落とされたのだ。だが，それは他方では，人間における精神的生の最初の《能動 Akt》として存在する。少なくとも産声は，赤子が能動的に発したものであることには間違いない。さらにその泣き声は，だれかに向けられて

おり，目標〔目的語〕のない自動詞的なものではなく，まさに何らかの目的語をとる，相手に向けられた他動詞的なものとしてある。エーブナーはそう考える。他動詞は自我の内的運動を，自己の目標へと導く。それはまた，何ら再帰動詞的なものではない。つまり自分だけを相手にしていることばではない（S.173）。

のっけから，エーブナーの鋭い言語感覚には驚かされる。誕生した赤子の「オギャー」という泣声がそれ以後の無数のことばの根源にある。それは「私がここにいる Ich bin.」という叫びであり，表明である。それはまず，受動としての Leiden（受苦）でしかありえないが，同時に人間の能動的行為の始まりでもある。フロイト風にいえば，赤子は生まれることによって，子宮内パラダイスから寒い外界へと押し出される。だがその泣き声は，まったくそれを受け取る者なきことば（自動詞的）ではなくて，他動詞的なものとして，まずは母親（究極的には神）によって聞き届けられる。したがって《根源のことば》を考慮するかぎり，それは「われはわれなり」（われはわれのみを対象とする）という自閉的な再帰動詞ではありえない。そして《根源のことば》は，ここで Ich bin. という《根源命題》（主語—動詞）へと分節化される。ここに改めて主格であり第 1 人称である Ich が発生し，同時に bin という動詞も必然的に生成する。それは話す人間の存在主張である。エーブナーはここで，言語学者グリムに依拠し，こうして動詞は，いわば命題の《魂》であるという。さらに「定動詞」は，命題に生気と《魂》を与える本来的力をもつ（S.172）。

以上である程度示されたように，われとなんじは密接不可分の関係にあるが，入れ替え可能な均等な関係ではけっしてない。だからこれは，いわゆる相互平等の承認関係ではない。

「われは《生成するもの》である。われはなんじとの関係で生成し，また消滅するものである。なんじは〔永遠に〕《存在するもの》であり，われとの関係のなかで初めて発生するものではない」（S.197）。

こうして，「われ」は有限な人間であり，「なんじ」は永遠の神である。だが，それだけならば，これは孤立した信仰者の告白にすぎないだろう。だが，エーブナーにとって，神としてのなんじは身体的・物理的（physisch）には，あらゆる人間のなかにいる。それは隣人のなかにおり，苦しみを負わざるをえないすべての人間のなかに，つまり病人のなかにも飢えた人のなかにもおり，愛とことばを必要とするすべての人びとのなかに神は存在するとされる（S.198）。こうして，「なんじとの関係のなかで，われはそうあるべきものになる。なんじの

第4章　フェルディナント・エーブナーにおける信仰のことばと形而上学批判　**101**

なかに存在することで，われは自己の生成の完了を見いだす」（S.195）。

　さて，以上の「われ―なんじ」関係が，同時代のマルチン・ブーバーのそれと酷似していることに疑いはない。次にその比較を簡単に試みよう。周知のように，ブーバーは「われ―なんじ」，「われ―それ」の２つを「根源語」として示す[12]。第１に，前者の「われ―なんじ」関係は，対話のあるべき姿として，われはなんじとの対話的交渉のなかで真の自己を見いだすという点で，エーブナーとほぼ同じである。また第２に，神を「永遠のなんじ」[13]として想定する宗教的対話であるという点でも，同じである。第３に，ブーバーが真のコミュニケーションを「霊の交わり（Kommunion）」[14]と呼ぶのは，エーブナーでいえば，「精霊」がそこに満ちていると見られることと酷似する。

　第４に，エーブナーは「われ―それ」関係に言及はしないが，彼が「自我の孤立」「なんじからの隔離」を現代人の病理としてしきりに強調する点で，実質的に，根源的な「われ―なんじ」関係が，いまやブーバーのいう「われ―それ」関係へと転倒していることを進んで承認するだろう。ブーバーはその疎外状態を「神の蝕」と呼んだ[15]。さらに第５に，エーブナーもブーバーも，第１次大戦後のヨーロッパをめぐる危機的状況を共有していることに疑いはない。以上のように，多くの共通点が見いだせるだろう。

　だが，相違点もある。その第１は，「なんじ」の対象範囲がブーバーのほうが広いという点である。彼は人間のみならず，動物や樹木にたいしても，さらに芸術作品にたいしても対話をしようとする。あらゆる「世界現象との対話」[16]という構想は，到底エーブナーには受容できないだろう。第２に，ブーバーのこの広がりには，彼がもともとハシディズムなどの神秘主義的宗教運動の影響を受けたこともあり，神秘主義一般への寛容さが――それは汎神論的にもなるが――根底にあるだろう。だが神秘主義には，それがことば抜きの忘我恍惚の状態を理想とするという意味で，エーブナーはきわめて厳しい批判的態度をとる。

　12）Vgl. M. Buber, Ich und Du, in: *Das dialogische Prinzip*, Heidelberg 1984, S.7f. 植田重雄訳『我と汝』岩波文庫，1979 年，7 ページ以下参照。

　13）*Ibid*., S.76, 113. 前掲訳，93，141 ページ。

　14）Buber, Zwiesprache, in: *Op cit*., S.144f. 前掲訳，178 ページ。

　15）ブーバー『かくれた神』（三好・山本訳）みすず書房，1968 年，32 ページ参照。

　16）Buber, Ich und Du, in: *Op. cit*., S.194. 前掲訳，237 ページ。

もっともブーバーも，安易な神秘主義の「大我没入」の陶酔には批判的なのであるけれども。第3にブーバーの視野の広さは，われ―なんじ関係から，さらに「真の共同体」を形成しようとする点に現れる。こうして彼は，私見では，《対話の社会主義》とでも名づけることのできる構想をもっていた。

　ところで，エーブナーには，人間関係を社会的なものとして具体的に描くという点がきわめて弱いと思われる。だがそれにもかかわらず，第4に，エーブナーの言語的感覚は，ブーバーのそれよりはるかに鋭敏で，詳細に展開されている。ブーバーについては，さらに本書の第5章を参照されたい。

第4節　ことばと愛

　神との対話のなかで，「ことば」と「愛」が特別な意味をもつことは明らかである。次にこのことを検討する。

　エーブナーによれば，われとなんじという精神的両実在は，ことばのなかに自己の《客観的》実在をもち，愛のなかに自己の《主観的》実在をもつという（S.172）。そして両者とも，われとなんじのあいだの「乗物（Vehikel）」である（S.173）。だからことばは「それによって人間のなかのわれがなんじへと動いていくための運動手段である」（S.173）。愛に関しては，世紀末の特異な思想家オットー・ワイニンガーが理解したように，それを何かエロス的なものへと矮小化することもできないし（S.164），彼はまた，自己愛に還元してもいけないという（S.131, 199）。エーブナーが愛を神とのあいだで考えがちであるとしても，この批判は正当であろう。「人間の真の共同体を創造するのは，愛であり，〔科学の重視する〕法則ではない。」人間は神の前に「個別者」として立つとしても，「すべての人間との共同体のなかで祈ることなしに，〔本当に〕祈ることはできない」（S.202f.）

　エーブナーがことばと愛にこだわるのは，世紀末状況において，私たちが「自我の孤立という牢獄」および「なんじからの閉鎖」に悩み，自分の周囲にいわば「万里の長城」を築き上げているという状況があるからである（S.167）。ところで，世紀末最大のテーゼは，「生まれてこなかったことが最良だ」（S.219）というものであろう。こうした表明は『ことばと精神的実在』に横溢しており，精神病理的な視点からのエーブナーの人間批判・文化批判は実に鋭利である。この点では，エーブナーによれば，人間の「狂気 Wahnsinn」は，われとなんじ

のあいだの人間関係の形成に失敗して，《自我の深淵》に沈み込んでしまい，孤立した状態に陥ったことで生ずるという（S.113）。狂気の状態では，ひとは自分を自己のうえにのみ基礎づけようとする。狂人は一見理性的に見えても，Duをもたないがゆえに，その精神は病んでいるといえよう（S.50）。たとえば現代でも，統合失調症（精神分裂病）は自我の病といわれ，その病因にはとらえがたいところがあるが，そこに対人関係の問題が潜んでいることは事実のようだ[17]。エーブナーのいう「狂気」とは，実際の狂気から，比喩として，時代の病としての狂気にまで広がり，そこにきわめて鋭い洞察がある。さらにまた思いがけず，エーブナーの言語論は，ジョン・オースティンらによる，現代の日常言語学派の言語行為論にも接近する。というのも，彼がつねに言語を，他者を前提した活動と徹底してみなし，人間関係から離れた，何か抽象的なことばは欺瞞だとすら述べるからである。後述のように，ここに客観主義的な科学と形而上学を批判する根拠がある。

　そしてまた，エーブナーの言語哲学は，ことばへの文法論的・音韻論的かつ語源学的考察の点でも，さらに詳細に展開されている。そしてこの三者は切り離されえないものであるが，いくつかの例を挙げよう。

　すでに言語活動を人称などの文法的視点から分析することは，本論である程度言及されてきた。さらにたとえば，文法論的にいって人称代名詞の議論，とくに Ich の主格と斜格（casus obliquus）の指摘はさらに興味深い。「なんじから自己を閉ざすวれは本来的かつ真なる自我はなく，文法的にいえば自我の斜格であり，Mein - Mir - Mich（私の―私に―私を）である。」（S172）。なぜこうしたことがいえるのか。エーブナーによれば，なんじとつながる根源的な自我が対象となり，客観化されると，精霊論的には孤立したわれとなる。ギリシャ語などに見られた呼格（Vokativ）および主格を除いて，まず所有格は文字通り人間の所有欲を示し，与格（Dativ）もまた欲求，所有，受容などを，そして対格（Akkusativ）も対象化したものへの運動を意味する（S.128）。私見では，とくにドイツ語の与格は，文法的にいって，「利害関係」「所属」「所有」「関心」などを表すと指摘される。そしてまた，われも客観化され，そこに自己愛のみが生ずると，なんじを喪失することとなる（S.131）。後述のように，デカルトの孤立した「われ考える Ich denke.」は，同様に，対象への所有欲を実は内包すると

17）飯田・風祭編『精神分裂病』有斐閣，1987 年，105，126 ページなど参照。

いう（S.139）。

　さらには，Ich（われ），du（なんじ）に付随する定動詞 bin, bist は，人格的関係を前提にし，精神的実在にたいする根源動詞であるが，それにたいして，sein（ist）は，感性的・物質的実在にたいする動詞で（三人称の主語に付く），人格的関係を欠いた空虚なことばであるという（S.189）。だから，人格にたいして，Das Ich ist, Das Du ist. ということは，そもそもありえない（S.184）。それにもかかわらず，「われ」を客観的に考察する観念論は，Ich bin ではなくて，Ich ist（自我が存在する）と誤用するのである。以上の言語論的考察には，ある意味鋭いものがある [18]。

　人称問題と関連させて，音韻論的かつ語源論的考察も頻出する。たとえば，上述の斜格の語根は me であり，ここから所有格以下が生ずる。これはラテン語の me, mihi，ギリシャ語の me，さらにサンスクリット語の makîna（私の）に対応するという。こうした音韻論では，一般に m- 音が重視される。Mutter（ラテン語の mamma）は，子どもの欲求の最初の対象である母の胸，乳房を意味する。「ママ」とは，赤子が生理的に自然に出す音でもあり，ダッタンのことばでは「大地」を意味する……。総じて m- 音は，「音声上の欲求のふるまい」（S.132）であるという。同様に，t- 音にも言及される（S.177ff.）。du に見られるように，t- 音は，話しかける相手の人格を特徴づける。ラテン語では deus，ギリシャ語では theos，古ゲルマン語では Tiwaz（天の神），サンスクリットでは div（天）に対応するという。それはまた天からの光を意味し，ラテン語の dies（日），ドイツ語の dämmern（開け始める），中低地ドイツ語の deemster（暗黒）などに現れる。宗教的語源学とでもいうべきこうした考察は，日本語でも展開されることがあるが，私にはいまその正否を評価する能力はないので，以上，紹介にとどめる。

　なぜこのように，エーブナーがことばとその詳細な構造にこだわるかといえば，それは明らかである。まさにことばこそ神から与えられたもの，いや神そのものであり，われとなんじのあいだで行き交うものであり，ことばの構造は深い意味合いを内包しているからである。私はそれをかならずしも神を前提しなくても，人間の文化と歴史の産物として見て，深い意味をもつと考える。こ

18）これ以上紹介できないが，sein と wesen（gewesen）の比較（S.190f.），接続法とsein 幹（S.191）などの指摘も興味深い。

うしてエーブナーは，言語哲学の対話的・キリスト教的基礎づけをおこなったと見られるだろう。そして彼は「政治と経済はいつもただできごとの表層に存在し，結局，精神におけるその深みから規定される」（S.270）と述べ，かえってみずからの精神問題に自閉する感がある。だが，彼の鋭い言語感覚は，当時の時代の閉塞状況にみずから巻き込まれつつも，多方面に渡り，実に深い批判を敢行している。そのことをさらに以下で見よう。

第5節　形而上学的観念論への批判

（1）デカルト的自我への批判

　プラトン，デカルトに始まり，カント哲学，フィヒテ，ヘーゲルらのドイツ観念論にたいするエーブナーの批判は激烈をきわめる。それと対応して，彼が高く評価するのは，ことばを重視したヨハン・ゲオルク・ハーマン，ヨハン・ゴットフリート・ヘルダー，さらにパスカル，キルケゴール，ドストエフスキーらである。ショーペンハウアー，ニーチェも好意的に扱われているといっていい。以下，デカルト的自我，カントとドイツ観念論への根本的批判について紹介・検討したい[19]。
エーブナーの観念論批判は，まずデカルトに集中する。すでに示唆しておいたように，エーブナーが「われ」を強調するかぎり，デカルト的自我との対決は大きな課題である。エーブナーは近代のデカルト的思考様式の暗部に潜む「病」を鋭く摘出しようとする。

　　「〔デカルト的な〕思考は一方では，所有（Haben）の表現であり，だが他方では存在欲求（Seinswollen）である。《われ考える Ich denke.》は以下のことを意味しうる。つまり，あれこれのものを自分に獲得する（mir aneignen）ように〔われ〕考えるのであるか，または，迫り来る危険から身体を守る場合に〔われ〕考えるのである。……cogito, ergo sum（われ考える，ゆえにわれ

---

19) 正確には，エーブナーが批判的に観念論（Idealismus）というとき，それは思弁的な客観的観念論を意味する。だが，観念論にはそのほか，バークリらの主観的観念論も存在する。エーブナーは神を外部に承認するかぎり，彼自身も客観的観念論者であろう。いずれにせよここに，観念論内部の争いがあるともいえる。

有り）ではなくて，私がまさに存在《していない》がために，つまり私が，なろうとしたいものに――またはなるべきものになっていないがために，われ考える，ということなのである」（S.139）。

この批判の後半はわかりづらく，複雑である。ともかく，ここで「所有欲」と「存在欲」の２つが批判される。前者は実用的な科学・技術的な欲望である。この点で，たしかに，デカルトはみずからの哲学によって自然の所有者，主人になろうと欲したのであり[20]，デカルトの近代科学への巨大な影響は疑いえない。後者はみずからの存在根拠を形而上学によって根拠づけようとする欲求を意味し，この意味で，「《存在欲求》のなかの理念（Idee）の構想」（S.139）が語られる。そもそも哲学上の「理念」とは，哲学者が自分の孤立した自我を救出するための道具立てのひとつであろう。ここでは欲望・科学・形而上学的思考の三者の共犯関係が指摘される。科学批判は後述するとして，形而上学的側面を論じよう。

プラトン以来，哲学が理念なるものを追求し，それを語るのは，エーブナーによれば，そこに自我（つまり自己認識）に関する誤った指向と，人生への挫折があるからだという。自我の歪曲の問題とは，まさにいままで述べられてきたものであり，これはプラトンのみならず，カントやヘーゲルとも共通する問題であろう。

「多分次のようにいっていいだろう。〔デカルトで〕自我（das Ich）が存在するのは，それが自己を思考することによってである。だから，cogito, ergo sum なのだ。こうしてそれは，思考と存在の同一性へ行く。……それは主観と客観の同一性にも達するのだ」（S.125）。

だがそれは，自我が自分のみを相手にするという意味で，「自我の孤立の絶対化であり，自我の死，人間の精神的死以外の何ものをも意味しない」（S.123）。いままでに明らかなように，われはなんじとのことばによる人格的交流のなかでのみ自己を獲得するのに，デカルト的自我は自分で自分を措定し，そこからすべてを客観化し分析し，利用対象とする[21]。

20）デカルト『方法序説』（小場瀬卓三訳）角川文庫，78 ページに明示される。

21）デカルトは現代からは悪者と扱われがちであるが，その積極性と限界についてともに十分に考察される必要がある。この点では，デカルト研究者の河野勝彦の「〈私〉の意識は，歴史のどこにいるのか」，石井・島崎編『意識と世界のフィロソフィー』

第4章　フェルディナント・エーブナーにおける信仰のことばと形而上学批判　　107

　この自我認識はまさに現代でも古びてはいず，欲望重視の物質主義の時代にあって，むしろ射程の長い根源的批判を私たちにつきつけているだろう。エーブナーによれば，Ich は正当には bin するのであり，けっして ist するのではない（S.117）。だからデカルト的自我は，さきの引用の後半にあったように，まだ実在していず，あるべきものになっていない。デカルト的な Das Ich ist. における ist は抽象的なことば以上のものではない。それはまだ客観的な三人称のそれであり，現実に存在し 他者（Du）の前に立ち，他者に向かってことばを放つ存在とはなっていない。さらにまた「人間はひとつの Ich である」「人間はひとつの Ich をもつ」などということも不適切である。なぜなら Ich は，徹底して具体的であるが，とはいえ，感性的に具体的ではなくて，精神的に深い意味で具体的なのだから。「哲学の自我は〔実は〕現実には存在しない」「現実的な人間，それはなんじであり，われである。すべての真理のなかでのもっとも単純な真理を観念論は理解しない」（S.119）。つまり観念論の自我（＝人間）とは，現実の生きた，他者との応答関係にある存在ではなくて，いまだ抽象的な，虚構の存在である。こうした自我批判，人間批判は，ヘーゲルを批判したフォイエルバッハのそれに似ているともいえよう[22]。エーブナーのそれは唯物論からのものではないが，そこには一定の鋭いリアリズムがある。

（2）形而上学発生の根拠

　形而上学が人生の挫折の産物であるという指摘は，まさにカントやドイツ観念論にも広く妥当するので，次にこちらの問題へと移りたい。エーブナーは形而上学の発生根拠に関連して，おおむね以下のことを指摘する（S. 84ff.）

　ハーマンが指摘したように，理性（Vernunft）は本来的に言語，ロゴスであり，それは他者から聴き取（vernehmen）られるものである。だからそれは，ことばの意味によってしか語られえない。そののちにはじめて概念形成や理念の問題となる。だが観念論は，その事実を見ず，言語を無視する。ここで思考は《実体化傾向 Substantialisierungstendenz》に陥り，概念形成をもっぱらとする。《実体化傾向》とは，すべてを思考の客観的対象として分離し，もっぱらそれに，

　　青木書店，1994 年所収，が意識的にそうした正当な扱いをしている
22）フォイエルバッハ「ヘーゲル哲学の批判」，松村・和田訳『将来の哲学の根本命題・他2編』岩波文庫を参照。

真の言語を喪失した概念操作，数学的公式などの記号操作をほどこす思考方式のことである（S.193）。これは理性による《夢想的な》放縦であり，あくまで自我の孤立に固執する。カントの実践理性による神の要請も，神を対話のための人格的存在と見るものではなく，神は《理念》以外のものとは考えられていない……。

さて自我の孤立的措定は，デカルト同様，フィヒテにおいて明確に現れる。そのさいエーブナーは，フィヒテを形式論理学の思考の原理のひとつである同一律とともに批判する。「フィヒテはいまや，同一律の背後には自己主張以外の何もないという重要な発見をした。」（S.161）それこそ自我の《自己措定》，A＝Aであり，それは「われはわれなり」を意味する。ここには，「客観化され，抽象化された自我の孤立（Icheinsamkeit）がある」。

だが，「いかなる人間も〔直接に〕自分自身を信ずることはできない」。もしあえてそうすれば，それは「精神的生の倒錯となり」（S.164），狂気となるだろう（S.35 も参照）。カントやフイヒテのみならず，エーブナーは，何とドイツ観念論の全体を「狂気」の試みとみなす。「観念論は本当に，人間の精神的生のなかでまさに病気の役割を演ずる」（S.62）。こうしてエーブナーは，形而上学的観念論の異常事態を「狂気」とみなす。そして，それが何か暗いもの，人生の挫折に由来することが暗示される。そこで哲学者は「なぜという問いをともなった認識への意志」（S.86）によって，自己の周囲に「万里の長城」を築きつつ，孤独な自我によって体系構築に邁進する。そこで神が登場するとしても，それは決して対話の相手ではなく，思弁的認識の対象である。だが，エーブナーによれば，神を客観的に，たとえば理性によって証明することはできない。むしろ哲学は，宗教に取って代わろうとし，哲学者は自分自身を神にしようとするのだ。だが，「神においては，〔本来的に〕人間のなぜ（Warum）は沈黙する」。「神が人間に語りかけるとき，なぜ〔の問い〕は沈黙する」（S.86）。すなわち，思弁的に人生の意味を問うことをやめ，真のなんじである神と対話するなかで形而上学者の精神は正常にもどるのである。

エーブナーは形而上学ないし哲学発生の社会的根拠を述べていないものの，それが人生の挫折体験に由来するという意味で，哲学発生の精神病理的な解剖をおこなったと解することができるのではないか。形而上学は一種の代償行為であり，神を利用しつつ，孤立した自分に「なぜ」の答えを体系的に与えようとする。興味深いことに，トイニッセンはエーブナーのこの立場を，マルクス

第4章　フェルディナント・エーブナーにおける信仰のことばと形而上学批判　**109**

に直結はしないが，マルクスのいう「哲学の止揚 Aufhebung der Philosophie」に
関係づけ，彼とともに哲学批判を追究したのだという[23]。まことにうがった見
方ではある。またここに，世紀末における代償行為としての哲学の位置づけの
問題が発生するが，これは私が，ウィーン学団においてすら，科学的・合理的
な言語批判の裏に潜む形而上的欲求として，カルナップ，シュリックらに即し
て言及したものであった（第1章参照）[24]。

第6節　科学と耽美主義への批判

　エーブナーは以上の形而上学批判と密接に関連して，とくに数学や心理学，
精神分析を含め（自然）科学にたいして，さらに耽美主義ないし芸術至上主義
へも多彩で鋭い批判を展開する。というのも，形而上学の場合と同様，この分
野でも，病的な自我による自己救出の転倒の問題が潜むからである。デカルト
とも関わって，形而上学同様，（技術への応用を含め）科学はすべてを分析の対
象として客観化し，支配する。「神の人間化」（キリスト）を踏まえ，人間が「神
に近いものになること」を目指すのは正しいが，科学の欲求は「人間の神化」
そのものを目指す（S.256）。ところで私見では，人間がそれ自身，神にまで高
まろうとするのは，現代では遺伝子操作などの現象に典型的に現れるが，それ
は形而上学と科学に根本的に属している傾向である。そして「科学は……（現
代ではもっとも根本的に）精神を消滅させるまで《無味乾燥さ Entseelung》に
配慮する。というのも，科学は《死んだもの》だけをみずからの目的のために
使うからである」。科学的人間とは，単に比較，計測，計算，論争をする即物的
存在である。ここで「自我はパスカルの moi〔私〕になった」（S.176）。エーブ
ナーはしばしばパスカルの批判を引用する。デカルトとパスカルはまさに対照
的であるという（S.151）。パスカルが問題とするのは，権力欲，生の奢りなど
とともに働く「知のリビドー libido sciendi」，つまり科学による，自然と人間へ

---

23) Theunissen, Über Ferdinand Ebner, in: *Op. cit*., S.278.

24) ヘーゲルの弁証法哲学が挫折の産物として生成したという指摘は，H. Kimmerle,
　　*Das Problem der Abgeschlossenheit des Denken*s, in: *Hegel-Studien*/Beiheft 8, Bonn 1982.
　　というヘーゲル研究の専門的著作によって詳細になされているので，あながちとっぴ
　　な発想ではなく，私見では，むしろ説得的な見解であると思われる。

の支配欲である。ここに働く自我のあり方こそが問題だとされる[25]。現代的観点から見ても，実に鋭く深い批判といえるだろう。

　総じてエーブナーの科学批判は，簡単に以下の3点にまとめられるだろう。第1に，数学的定式化に見られるように，科学は語りかけることばと愛を消失し，対象をひたすら分析し，操作するだけである。第2に，そこに働く思考主体は孤立化した自我であり，汝からの閉鎖性をもつ。第3に，科学はいまや神にとって代わり，全世界を支配するという傲慢を犯す。こうした総括も，まさに古びていず，現代が直面する問題ではないだろうか。

　ところでエーブナーは，同様に，多様で興味深い批判を耽美的・芸術的精神にたいしておこなうが，それもやはりことばの問題に深く関連する。まずエーブナーは感覚的な音響一般を問題とする。それを脱物質化して精神化したものが音楽であり，彼は音楽を筆頭とする芸術的陶酔を鋭く批判する。たしかに，「光と音響の体験の領域は……また芸術的創造の国である。そのなかに感性の《芸術化》が生じた」（S.70）。芸術的天才の創造はすばらしいが，美的契機と宗教的契機は混同されてはならない。人間の声は，単に楽器のようなものではない。ここでは耽美主義または感性至上主義の救済が，実は忘我の陶酔にすぎないことが暴露される。

　　「この〔音楽の〕直接性は，具体的ななんじに向けられたことばによる，人間のなかの精神的なものに語りかけるさいの直接性とはまったく異なる。音楽的なものの内面性は忘我（ichlos）である。ちょうど神秘的な《神体験》の内面がそうであるように」（S.74）。

---

25) パスカル『パンセ（世界の大思想八）』（松波信三郎訳）河出書房，1956年，第458節。なお，パスカルの主張を現代の科学・技術批判と関連させて強調するのは，中村雄二郎「総論 なぜいま科学／技術なのか」，岡田節人・他編集『問われる科学／技術』岩波書店，1999年所収である。そこで彼は，「これはキリスト教信仰の観点からであるが」と断りつつ，以下のように指摘する。「この断章〔第458節〕において言われていることで注目されるのは，単に〈肉の欲〉つまり感覚のリビドーだけでなく，〈生の奢り〉（権力欲）である支配のリビドーも，さらには〈眼の欲〉（探求心）である知のリビドーまでもが，人間に深く根差す〈邪欲〉としてとらえられていることである。」（同上，11ページ）パスカルの批判が現代的だとすれば，エーブナーのそれも劣らず現代的であろう。

第 4 章　フェルディナント・エーブナーにおける信仰のことばと形而上学批判　**111**

　実際，音楽的な陶酔では，自我はひたすら感性的な自己の世界に閉じこもるだけであろう。しばしば美的なものと宗教的なものがともに絶対者への希求として，一体化されて考えられることがある。ギリシャ的な「芸術宗教」ということばがそれを示す。だが，エーブナーでは，形而上学の場合と同様，芸術への陶酔も人生からの逃避でありうる。ここでの問題は第1に，芸術への没頭では自我もなんじも消失することであり，第2に，感性的なもののなかにあるはずの「意味」——Sinn には「感覚」のほかに「意味」という意味もある——が消失することであろう。そして「意味」は，まさにことばから由来する。耳からはいるべきものは，《純粋な感性 reine　Sinnlichkeit》（S.74）による音響と音色というものではなく，精神によって聴き取られる「ことば」であるべきであり，そこで重要なのは，ことばの《意味 Sinn》（S.78）である。これほどまでに芸術と美への志向を批判する根拠としては，拙著『ウィーン発の哲学』第1部で詳細に示したように，やはりウィーン世紀末の極端な耽美主義と現実逃避の現象があるとしか考えられない。

　さて以上のようにして，エーブナーは，当時の文化現象の総批判を完遂したといえるだろう。その内容も，けっして表層的ではなく，実に深く鋭いものだと実感した。この章の冒頭の彼の自負も，無理からぬものと思われる。エーブナーの批判の大きな特徴は，それがどこまで成功しているかは別として，哲学・形而上学も，精神分析や数学をふくむ科学も，神秘主義も耽美主義も，ことばを発するわれの問題という同一の発生源から，総合的に分析し，批判していることではないだろうか。

　カムピッツは，孤独な思索家エーブナーが，ごくたまにしかおのれの周囲の防壁を取り除くことはなかったと指摘する[26]。たしかに彼の対話は，神と自分とのあいだの閉じられた対話になりがちであったが，それでも世紀末状況に侵されつつも，それと闘った彼の言語哲学は興味深いものをもつと思われる。エーブナーは現代人にとって永遠とは何かと問いかけつつ，「ヨーロッパの文化的・精神的破産は，社会問題を，そして人間の身体性に忍びよる病を緊急のものとした」（S.271）と指摘する。宗教的言及を除いても，エーブナーの鋭い問題

───────────────

26）ペーター・カムピッツ『仮象と現実のはざまで』（針生清人監訳）富士書店，1988年，199 ページ参照。

意識は，私たち現代人にとって，依然として大きな説得性をもっているのではないだろうか。

　＊エーブナー研究にさいしては，資料提供など，エーブナー研究者のフランツ・シャルル博士にとくにお世話になった。ここに記して感謝したい。なおオーストリアの新聞に，エーブナーについての特集記事が掲載された。G. Nenning, Wider die Verhunzung des Wortes, in: *Kronen Zeitung*, 30. Dezember, 2001, S. 26f. 執筆者のネンニングはジャーナリストであるが，彼はその観点から，エーブナーが，ウィトゲンシュタインの言語批判の先駆者ともいわれる，当時の著述家カール・クラウスの言語批判に与して，ジャーナリズムの使用することばの乱用，汚染を批判した，と述べる。

第5章 マルチン・ブーバーの《対話の社会主義》

第1節 ブーバーを見る視角

マルチン・ブーバー（1878 ～ 1965 年）は私に，人間が向かいあってする対話の真摯さを教えてくれた。そしてその対話は，彼にあっては，ことばにたいする鋭敏な感覚をともなっていた。

もちろんそこにある一種の厳しさは，相手に容赦なく批判をしかけ，自分の弱点を最大限防御するようなディベートのものとはまったく異なる。ブーバー的な対話の峻厳さは，そうしたことばのボクシングの外面的な激しさとはほど遠いものである。ブーバーの対話の厳しさは，自分にも向けられており，相手と対話したあとも「自分はこれでいいのか」としばしば自問自答している。ディベートとはもちろん，攻撃・防御の外面的テクニックと戦略であり，そこでは，ことばを発する主体としての自分にたいする深い自覚は皆無である。さらにまた，彼の対話は，巧みに聴衆をひきこむ心理的・政治的なレトリックとも異なる。そこでもまた，自己への厳しい問いは存在しない。

彼はあくまで人間相互の責任ある主体性を要求し，そこに甘っちょろい共生や共感ないし妥協がはいるのを許さない。だから，それはけっして日本的なもたれあいの，ツーカーの対話などでもない。さらに，彼の対話のイメージは，無条件に自分を包み込んでくれる，慈愛に満ちた母性的なものではない。だがそれでも，ブーバーの対話とは，孤立せる実存者相互の傷つけ合いながらの永遠の葛藤とも異質である。そしてまた2人だけの，自己満足的な閉じた対話でもない。宗教家ブーバーの対話は相手にたいする愛と信頼から生まれ出るものである。むしろ彼はさらに，われとなんじの対話的共同体を求め，そのためにある種の社会主義すら模索する。

私は以前，ブーバー的対話を，合理主義的議論法や表層的なレトリックと対比して，禅問答などとともに，「超対話」のなかに分類した[1]。それは一種，神秘的な性格をもっており，ことばによる合理的なコミュニケーションとしての

1）拙著『対話の哲学』こうち書房，1993 年，274 ページ以下。

通常的な対話を超えるものである。そしてまた，かつて私は，対話を低次から高次へと7つに分類したことがあったが，ブーバーの対話法はその最高の形態である「全人格的対話」に属するだろう[2]。いまでもそうしたとらえ方は誤りではないと思うけれども，しかし，東洋的な禅問答との大きな相違は，禅が市民的日常生活にたいして超絶的な態度をとるのにたいして，ブーバーはあくまでに日常の現実生活に踏みとどまり，人びととの対話を続けることであり，そこから彼の社会主義の発想も出てくるのである。対話と社会主義とのつながり，そのことを当時の私は理解していなかった。

ブーバーは，ウィーン生まれのユダヤ系の思想家であり，その深い対話の思想でもって，日本でも一定の注目を浴びてきた。ウィーンないしオーストリアを代表する哲学者・思想家といえば，まずウィトゲンシュタインとフロイトが挙げられるだろうが，ブーバーはカール・ポッパーらとともに，それに次ぐ著名度を日本ではもっていることだろう。もっとも最近の日本では，心理学者アドラーの知名度が急上昇してきたようである。

従来ブーバーは，実存主義の思想家に数え上げられることもあった。だが彼が，宗教者であるとともに，ある種の社会主義者として現実の問題に深い関心をもっていたことは強調されていいことだと思われる。私はかつてのウィーン滞在中，宗教，とくにカトリックが単に宗教的ドグマを市民に押し付けようとしているのではなく，一定のリアルな現実認識によって果敢に人間疎外の問題に取り組んでいるのを見て，彼我の差にたびたび驚いたことがある。その点からも宗教者ブーバーの思想には，興味深いものがある。

ところで1990年前後のソ連・東欧の「社会主義」崩壊に目を向けると，そのころ人びとが市場経済の導入や民主主義的変革と並んで，「支配から自由な対話」やコミュニケーション的合意を強調していたことが思い出される。つまり既存の社会主義では，そうした本当の対話や議論が存在しなかった，いや禁止されていた。そして《対話の社会主義》の思想家ブーバーが執拗に批判するのは，そのほかならぬマルクス・レーニン主義の社会主義像である。ソ連・東欧の既存社会主義が崩壊した段階で，彼の批判がいかに的確であったかがよくわかる。

2）拙著『思想のシビルミニマム』大月書店，1991年，80ページ。

第5章　マルチン・ブーバーの《対話の社会主義》　**115**

第2節　ブーバーとオーストリア

　そのブーバーを，何かウィーンないしオーストリア独自の思想家とみなすことができるのだろうか。たしかに彼は，当時のオーストリア・ハンガリー二重帝国の首都ウィーンで生まれているし，ウィーン大学で学んでいる。そうした事実だけからも，彼は十分にオーストリアの思想家であるといえないこともない。しかし彼はその後，ドイツのライプチッヒ大学，ベルリン大学に学び，その教養形成はオーストリア的というよりもおもにドイツ的である。

　ブーバーを何かウィーン的とかオーストリア的と積極的にみなすのはむずかしいのだろうか。ジョンストンは彼の浩瀚な著作『ウィーン精神』で，もちろん彼を「対話の哲学者」として，フェルディナント・エーブナーと並んでそれなりの位置を与え，紹介している。だが彼はまた，ブーバーにたいし，フッサールの場合と同様，とくに彼の後期の思想にオーストリアがどのような影響を与えたかを具体的に指摘することはむずかしいといっている[3]。さらにまた，カムピッツはオーストリアの思想家を列伝的に扱っており，この「オーストリア哲学小史」では総勢18人が登場する。そのなかではもちろん，ライプニッツ，ブレンターノ，マウトナー，ウィトゲンシュタイン，ウィーン学団などの正真正銘の哲学者たちが取り扱われるが，小説家ヘルマン・ブロッホもまた取り上げられる。だが，ブーバーはそこにはいっていない。彼はこの選択は「恣意的」だとは断っているが[4]，それでも，扱われなかったという事実は残る。

　しかしブーバーが「行動するユートピアン」として活動し，その点でオットー・ワイニンガーやカール・クラウスのように「治療ニヒリズム」を信奉し，いかにもウィーン的である人びとと異なるといっても，それだけで反（非）オーストリア的だと断定できるだろうか。「ウィーン世紀末」という表現とイメージで，

　3）ウィリアム・ジョンストン『ウィーン精神』（井上修一・他訳）上，みすず書房，1986年，327ページ。なお，この著作の原題は『オーストリア精神 The Austrian Mind』であって，テーマはウィーンにかぎらず，旧ハプスブルク帝国の領土で生じたことがらを広く扱っている。

　4）ペーター・カムピッツ『仮象と現実のはざまで』（針生清人監訳）富士書店，1988年，7ページ。

あの当時を一色に塗りつぶすことはできないだろう。ワイニンガーのように，女性蔑視とユダヤ人としての自分への自己憎悪のはてに自殺を企てた者がいかにもウィーン的だとすれば，オーストリア社会主義者たち，さらにローザ・マイレーダーのように，ニヒリズムと断固闘い，女性への偏見を批判し，女性の権利を獲得する解放運動を貫いた者も存在する（ちなみに彼女は，オーストリアの当時の新しい500シリング紙幣に描かれていた）。だから，そうした耽美的・現実遊離の傾向にあえて反対する大きな傾向も存在したのが当時のオーストリアであり，そうした異質で多様な傾向を内包していたのが，当時の「世紀末」「世紀転換期」だったといえる。

　もちろん思想はつねに普遍的な傾向をはらむ。だがあえて，ブーバーをウィーンないしオーストリアとの関連で描いてみよう。

　第1に，彼は裕福なユダヤ人の家庭で生まれた。彼を育てた祖父は実業家であり，大地主であった。この点で，彼の出自は，同じユダヤ人であり，裕福な家庭で生まれ育ったウィトゲンシュタインと似ているかもしれない。もちろんブーバーは，シオニズム運動など，それ以後ユダヤの宗教に関わっていくけれども。ともかく，ユダヤの出自であるという点だけでも，彼はウィーン的であるといえないこともない。「ウィーン世紀末」の思想的・文化的世界のかなりの部分をユダヤ人が支えており，彼らを除くと，この時代の文化は成り立たなかったというのが事実である。

　第2に，ブーバーが対話のなかで真のことばを求めているということが挙げられよう。ウィトゲンシュタインやウィーン学団，さらにマウトナー，エーブナーらに現れているように，ことばへの関心，この言語批判，言語的コミュニケーションへの関心が，広くオーストリア的であるといえよう。ことばと対話の思想家エーブナーが文句なしにオーストリア的だとすれば（本書第4章で扱われた），ブーバーもそれに数えることは不当ではないだろう（エーブナーの主著『ことばと精神的実在』を読んだのが，ブーバーがようやく44歳のときだったというのは，不思議な気がするけれども）。本書第1章で展開したように，言語分析，言語批判，言語的コミュニケーションが《オーストリア哲学》の大きな特徴だとすれば，ブーバーもそのなかに帰属するといえるだろう。

第5章　マルチン・ブーバーの《対話の社会主義》　　**117**

第3節　ブーバーの思想遍歴

　私はここで，ウィーンないしオーストリアとの関連を中心に，ブーバーの思想遍歴を部分的にたどってみたい。そのなかで，彼の思想の特質が如実に現れるだろう。それには，彼の自伝である『出会い』[5]が役に立つ。

　彼は2歳のとき両親が離婚したので，それ以後12年間レンベルク（皇帝直轄領，ポーランド南部）で祖父のもとで暮らした。少年時代ここで触れたハシディズムという神秘主義的な信仰改革運動は，彼の思想的源泉となった。のちほど彼はシオニズム運動にも加わりながらも，第1次大戦中，キリスト教へと移行する。『われとなんじ』（1923年）などが書かれるのはこの時期である。この転換は「耽美的神秘主義よりわれ—なんじ関係へ」と指摘されることもあるが[6]，私が注目するのもこの後期の思想である。

　ブーバー哲学のひとつのキーワードは《出会い Begegnung》である。このことばの重要さは，他者との出会いが失敗したことを示す《ゆきちがい Vergegnung》という逆のことばによって，よく表現されるようだ。これは，人間相互の本当の出会いの欠如を示している。だから《出会い》とは，ことばのあるなしに関わらずに，人間相互の本当の交流を意味するだろう。

　彼はこの《ゆきちがい》ということばを，幼児のときの経験から着想した。両親が離婚した当時，何もわからない自分に向かって，年上の女の子が「いいえ，あなたのお母さんはもう2度とは帰ってきません」といったことだけが，耳に残っていた。それから20年後，母親と再会したとき，それは結局《ゆきちがい》という経験にしかならなかった。ブーバー自身は，このときの経験が自分の思想的出発点だったと語っている（S.10ff. 6ページ）。

　祖母アデーレは，ブーバーへの愛とともに，彼にたいする熱心な読書指導のなかで，ことばの大切さを教えてくれた。すでに少年時代から，彼はことばを

5）Martin Buber, *Begegnung*: Autobibliogaphische Fragmente,Heidelberg 1986. 児島洋訳『出会い』理想社，1974年。以下，本文中に本書のページ数を記す。なお，ブーバーとハシディズム，神秘主義などとの関わりについては，斎藤啓一『ブーバーに学ぶ』日本教文社，2003年が生き生きと伝える。

6）ジョンストン，前掲書，323ページ。

別の国のことばへと翻訳することの不思議さも体験していた（S.15f.12 ページ以下）。彼にとっては，父の仕事ぶりも一定の影響をもっていたようである。父は馬を飼うなかで，その群れのまんなかに立って，一頭一頭にたいして，単に親しげに接触したというだけでなく，一人の個人として馬に挨拶したという。また，父がユダヤ教会の慈善委員会の委員に選ばれたときに，つねに一人ひとりと本当の接触をしながら任務を遂行した。

　ブーバーはのちほど，ウィーンのその名もフランツ・ヨーゼフ・ギムナジウムに通うこととなるが，その場を支配する雰囲気は，あのオーストリア・ハンガリー帝国の諸民族を包み込む「相互理解なき，相互協調の精神」であったと感じた。そこではユダヤ人への憎悪は感じなかったものの，彼は毎回，授業でカトリックの礼拝につきあわされるという苦い経験を味わった。

　ブーバーが若いころ，カント『プロレゴーメナ』の時間概念，ニーチェ『ツァラトゥストゥラ』の永劫回帰の思想に刺激を受けたことについては省こう。ところで彼が，ウィーン大学のゼミナールの経験を思い出深いものとして語っている点は面白い。彼はそこでの自由な共同討議や「間 Zwischen」としての人間関係に，貴重なものとして触れている。とくにまた，しばしば通ったブルク劇場での経験を鮮烈なものとして語っている。彼はその舞台で，正しく語られる人間のことばを体験したという。彼はそこで同時に，対話のさいの，人びとの《対向関係 Gegenüber》にも言及している（32ff. 34 ページ以下）。これは《出会い》の概念とともに重要であるので，のちほど触れよう。

　いずれにせよ，ここまででの展開から，ブーバーのウィーンでの生活のなかで，彼自身の対話的姿勢が，ことばへの明敏な感覚と一体化して形成されてきたことが看取できるだろう。彼の場合，ことばは対象の客観的で知的な理解のための道具というよりは，むしろ自分の魂の振動の現れとして，しばしば内省的なつぶやきとなる。

第4節　「他者」との対話

　ブーバーの場合，対話は自己と他者の意識的な区別と自立性を前提しており，だからこそ《出会い》が重要となる。《出会い》は，異なった価値観と考えをもった者同士の出会いなのである。出会ったのち，ただちに対話者相互が溶け合い，美しく融和するということを彼は望んでいるわけではない。自他の区別は厳然

として残るのであり，両者とも相互に向き合ったままである。そこでは，両者の「間 Zwischen」が重要となる。ブーバーは，自分の経験と観察がもたらした最大の結論は何かと自問して，「人間であるということが，たがいに向かいあって（gegenüber）存在するものだということを意味する」（S.83. 92 ページ）という思想がそれだという。彼の文章を引いてみよう。

　「……そこでは，ある者は自分の他者としての他者に向かいあって（gegenüber）存在し，共同的な現在のなかで同時にその他者に耐えつつ，自分を確証することができる。他者に向けられた自己存在が生きられていない場合は，領域としての人間はまだ実現されていない。人間なるものは，世界のなかで課されているこの出会いを，そのつど遂行することである」（S.84.93 ページ以下）。

　だから人間は，単に調和的な共存在ではない。対話は「向かいあう者との自己をかけた接触」（85. 九四ページ）という厳しいものとされる。だから，出会いはつねに《ゆきちがい》という不幸をはらんでいる。こうして，われとなんじの関係は，固有の隔たり（Distanz）なしにはおこなわれない。隔たりから関わりに向かうところから「言語」もまた生じてきた[7]。

　話が抽象的になってきた。ここで 2 つの例をあげよう。

　1 つは，祖父母の農場で飼われていた馬との対話である。ブーバーは子どものころ，彼のお気に入りの巨大な連銭葦毛の馬の首をなでるのが楽しみであった。これは単に楽しみというよりは，むしろ深く感動的で大きなできごとだった。彼がこの動物によって経験したのは，「他者のもつ巨大な他者性」（25. 25 ページ）とでもいうべきものだった。そのたてがみに触れると，その手の下で躍動する生命の本体自身を，つまりまったく自分ではない或るもの，自分がまったく精通していない或るもの，まさに具体的な他者，「本当に他者それ自身」に接するのだった。その巨大な動物は私を信頼し，私とわれ — なんじ関係をつくっている。

　ところで，ここにある「他者（性）」の取り扱いは，たとえば，ドイツ観念論

7）以上で述べられた「間」ないし隔たりについては，「他者を『対象』として外側から評価するときは，他者を他の人と比較し，利用し所有するものとなっている。他者において拓かれてくる『間』はこのような他者を利用する欲求主体から構成されているのではなく，他者となんじ関係を結ぶ人格から構成されている」という指摘が参考となった。金子晴勇『対話的思考』創文社，1976 年，77 ページ。

の体系化をおこなったヘーゲルのそれとは大きく異なる。ヘーゲルの他者論は，その『大論理学』有論における「或るもの Etwas」と「他のもの・他者 Anderes」の関係のなかで示される[8]。この「或るもの」と「他のもの」を人間相互の関係と解釈することもできるだろう。彼の場合，この両者は最初まったく別ものであるが，徐々に「他のもの」は「或るもの」の切り離せない他者と解釈され，そこに密接不可分な関係が生まれ，最後にこの両者を包括する「無限なもの」が登場する。ヘーゲル論理学の目的は，すべてを包括する神的理念（絶対者）を描くことである。それは複雑な思弁的体系となる。

　もちろん，ブーバーの他者は対話者として，自分にも，神的絶対者にも包括されない。そこではあくまで他者性は残るのである。ここにオーストリア哲学の特質が現れているといえるのではないか。というのも，いわゆるヘーゲル的なドイツ観念論がその形而上学的・思弁的な論理によってすべてを包括し，産出する神的絶対者を叙述すると考えたのにたいし，オーストリア哲学においてはこうした傾向は，断固拒否されたからである。そこでの傾向は，どちらかというと，経験的であり，形而上的なものを論ずるとしても，それは学によって体系的に把握されるようなものとはされない。

　さて，もうひとつはある高貴な老思想家との対話（S.66f. 74 ページ以下）。これは相互の信仰が問題となっているので，ややわかりづらい。ブーバーが自分の文章を朗読したとき，彼はそれを聞いていて，「あなたはどうして，そんなにたびたび『神』と書いてしまわれたのですか」と非難する。「私は，最高の存在が『神』と呼ばれるのを聞くと，ときにはそれが冒涜のようにすら感じられます。」それに答えてブーバーはいう，「たしかにこれまで『神』の名のもとに，殺戮やさまざまな冒涜がなされました。しかしそれでも，このことばを捨ててはなりません。それを汚されたままに地上から起こし，おおいなる悩みの時代のうえに直立させることができるのです」。

　ここには 2 人の信仰者の《対向関係》がある。ブーバーでは，神とは超越した存在であるのみならず，ひとびとが「なんじ」と呼びかけるものとみなされる。長い対話の末に，老人は彼の考えを了解し，「おたがいに『君（ドゥ）』と呼ぼうではな

　8）ヘーゲル『大論理学』中巻，武市健人訳，岩波書店，130 ページ以下を参照。

いか」と提案する。会話はすでに終了していた。しかしおそらく，この《出会い》と《対向関係》はこれからも続くのだろう。もちろんいまは，２人のあいだで対話的共同体が構築されてきてはいるのだろうけれども。

　対話の相手は，あくまでも自分からは一方的に汲みつくせない存在，自分と完全に同化できない存在という意味で他者なのだろう。そして，自分がその他者ときちんと向かいあい，その「隔たり」を自覚しつつ他者へ向かってことばを発するとき，本当の対話の可能性が開かれる[9]。こうした妥協なき対話は，けっして日本的ではないだろう。対話のなかの沈黙などを意味する日本風の「間」もまた，けっしてブーバー的な「間」と似ているとは思われない。それはいわば，緊張を持続させるような対話だ。両者が主体性をしっかりと維持しつつ，他者へ自分を開いていく。これこそ誠実で良心的な対話であって，人はたしかにこうした対話を必要とするだろう。だが，これが唯一の理想的対話だとすれば，それはあまりにも西洋中心的ではないだろうか。それはあまりにも厳しい主体性を個人に求めすぎるように見える。それでも，こうした性質の対話の欠如が日本では蔓延し，政治の答弁にも悪用され，緊張感の欠けた，不誠実な対話ともなるのだろう。そこでは，ブーバー的な本当の他者が想定されていない。

　ところで，以上のブーバーの対話観の成立には一種の宗教上の回心（Bekehrung）が，また神についての考え方の変化があったという（S.58. 65 ページ以下を参照）。ブーバーは神を三人称で「彼」と語るのでなく，神に向かって「なんじ」と呼びかけるのだ。

　「それ以来，私はかの『宗教的なもの』を，つまり例外，離脱，脱出，恍惚にほかならない『宗教的なもの』を放棄した。またはそれが私を見捨てたのだ。私はいまや日常性以外には何にも所有しないのであり，そこから私はけっして離れることはなかった」（S.60. 67 ページ）。

---

9 ）この点に関してゲーデルトは教育的な観点から，ブーバーの「対話的自我 dialogisches Cogito」を評価する。そのさい，やはり対話における他者性に注目し，「対話的な関係は他者の獲得でもなく，他者を借りての自己との出会いであってもならず，この他者としての他者へ向かうことである。読者はこのことを理解すべきである」という。この指摘は以上の私の展開と合致するだろう。Georges Goedert, Marin Buber— das erzieherische Verhältnis als ein dialogisches,in: *Mesotes*, Heft 3 / 1992, S.273.

ここで「例外，離脱，脱出，恍惚」などといわれる状態は，秘教的・非日常的な神的経験を意味する。そこでは，人間的なものが捨てられている。

そしてブーバーでは，神すらもが《出会い》の対象であり，人は神にたいし一個の主体として屹立しなければならない。また通常の宗教が大いなる神や自然への没入を目ざし，没我のエクスタシーを究極目標とするならば，ブーバーはそうした宗教を放棄し，つねに「日常性」にとどまろうとする。それは《出会い》の相手としての庶民と，《出会い》の場としての世間の重視につながる。そのときまた，彼は容易に人間としての主体性を放棄しょうともしない。だから，ブーバーが続けて次のようにいうとき，それは断固とした宣言として響く。「それ以上のことを私は知らない。それが宗教であるならば，その宗教は端的にすべてであり，つねに対話（Zwiesprache）の可能性のなかにある単純素朴に生きられたすべてである。」（S.60.68ページ）いってみれば，神も人間的な対話の相手である。これはある意味，西洋のヒューマニズムの伝統であって，日本などの国に欠けている要素ではないだろうか。この思想がまた，のちほど述べるように，社会主義を指向させる宗教観にもなっている。

第5節　われとなんじの対話

日本でも有名なこの考えを，私がここで詳細に説明する必要はないだろう。ブーバーの対話観については，以上ですでにその核心は十分に説明できたと思う。彼はまた，《われ―なんじ》《われ―それ》の2つの根源語をもちいて自分の思想を説明した。《われ―なんじ》のあいだにおける対話こそあるべきものである。そのときわれもなんじも自己目的の人格的存在となる。両者のあいだには，いわば弁証法的相互作用，相互浸透があり，われが相手をはじめてなんじとするのであり，なんじからの応答のなかで私はわれとなる。そこには本当の関係が，両者の真の平等の交流がある。それにたいして《われ―それ》の関係は，いわば疎外された人間関係のことであって，そこではわれは相手を単なる利用対象として，非人格的なものとして扱う。そこに生ずる対話はいつわりのものでしかない。相手をモノ扱いするわれは，同時に自分もまたモノ扱いしている。人間は関係的存在だから，われは相手からおのずと規定される。「そして真理のもつすべての厳粛さをこめてあなたにいおう。人間はそれ（Es）なくして生きることはできない。しかしそれだけで生きるものは，真の人間ではない」[10]。

《われ—なんじ》関係は，大きくいって《出会い》がうまくいったときに成立する。他方，《われ—それ》関係は，出会いの失敗，または出会いがそこではじめから意図されていない場合を意味するだろう。したがってそこでは，《われ—それ》関係は，《ゆきちがい》の関係ともなるだろう。

　ところで，ブーバーにおいては，なんじになるのは，もちろん人間だけではない。いままで述べたように，神もまた「なんじ」と呼びかけられる。神は永遠のなんじであり，「絶対的な人格」[11]である。そのほかに動物や自然物も「なんじ」へと変貌する可能性をもつ。われは呼びかけによって，万物を「なんじ」にすることができる。単に高等動物だけではなく，月も樹木も「なんじ」となりうる。つまりコミュニケーションの対象となることができる。だからブーバーが意図するのは，ありとあらゆる「世界現象との対話」[12]である。そしてそのうえ，全世界を対話共同体に変貌させることだろう。これは宗教的には汎神論的といっていいかもしれないが，興味深いことに，そこでは人間の主体性は失われてはいない。

第6節　社会主義観

（1）ブーバー社会主義の方向性

　通例ブーバーは，実存主義的な脈絡で語られる。あるいはせいぜいハシディズムやシオニズムの宗教運動に関わった人物として描かれる。そしてまた，彼がいかなる社会観をもち，社会運動にいかに関係したかについては，それほど重要でないこととしてとり扱われることが多いようだ。それは日本だけの話ではないだろう。思想家を広範な社会的・文化的背景に置いて考察しようとする

10）Buber, Ich und Du, in: *Das dialogische Prinzip*, Heidelberg 1984, S.38. 植田重雄訳『我と汝・対話』岩波文庫，47ページ。ちなみに彼は，同書でソクラテス，プラトン，フォイエルバッハの対話観に触れている。

11）Buber, *Op. cit.*, S.135. 前掲訳，166ページ。

12）Buber, *Op. cit.*, S.194. 前掲訳，237ページ。ブーバーはこの著作においても，抽象的ではあるが，マルクス主義的社会主義への批判を語っている。もちろんそこでは，現実社会の疎外状況への厳しい批判もまた前提となっている。

ジョンストン『ウィーン精神』においてすら,「行動するユートピアン」とされるブーバーの扱いは抽象的である。だが実は,ブーバーは一種の社会主義者であり,彼の対話の思想もこうした脈絡のなかでより現実的で意義深いものとなると思われる。ジョンストンは,彼の社会主義思想に言及してはいない。

ブーバーはすでに学生時代から社会主義運動に関心をもっていた。シオニズム運動への参加もその傾向から発しているし(その運動の指導者テオドア・ヘルツルとものちほど対立したりする),とくに彼が1900年,22歳のときベルリンでアナーキストのグスタフ・ランダウアーと知り合ったことが大きな契機となっているようだ。ランダウアーもまたユダヤ人であるが,興味深いことに,彼は同じくユダヤ人でオーストリア出身のフリッツ・マウトナーの影響を受けている(本書第2章を参照)。だからここで,ユダヤ人であるという太い共通性のもとに,「マウトナー → ランダウアー → ブーバー」というかたちで,オーストリアの精神が貫いているといえなくもない。ウィトゲンシュタインにも影響を与えたと思われるマウトナーは,厳密な言語批判をへて形而上学を否定した最初のオーストリア人,いや世界最初の哲学者といわれる。言語の限界の認識から神秘主義的沈黙に至ったマウトナーの思想を,ランダウアーは行動する倫理へと転換した[13]。

さて,ブーバーがわれとなんじの対話を構想するとき,そこで両者を包み込む,真の共同体もまた想定されている。一体それはどういうものなのだろうか。この点では,ランダウアーは,クロポトキン,プルードンらの影響を受け,諸個人の自由な連合体によって既存の資本主義経済を脱却しようとした。ブーバーはこの方向を採用する。この連合体が,実は彼の言語的共同体の土台である。彼の社会主義は時間の面からは救世主的終末論となり,空間的には正しきものへの渇望を実現しようとするユートピア(ウ・トポス=どこにもない場所)の思想となる。とくにユートピアは,ひとびとの共同生活のうちに宿る「正しい」秩序を追求する,自覚せる人間意志に支えられる[14]。ブーバーは政治的革命を最高目的として,それを達成すればあとは自動的にうまくいくと考えるマルクス・レーニン主義的な社会主義とは逆に,社会をこの資本主義の場で徐々に変

---

13) ジョンストン,前掲書,298ページを参照。

14) Buber, *Pfade in Utopie*, Heidelberg 1950, S.20f. ブーバー『ユートピアの途』(長谷川進訳)理想社,1988年,16ページ。以下では,本文中に同書の引用ページを示す。

革する道を選ぶ。のちほどさらに紹介・検討するつもりだが，ブーバーのこの批判は痛烈である。しかし，ソ連・東欧の社会主義崩壊後の現在にあって，その批判がいかに適切かが実感できる。彼の社会主義を考えるさい，どうしても社会主義運動の主流を形成する，このマルクス・レーニン主義的共産主義と対比せざるをえない。ブーバーはまず次のように批判する。

（2）ユートピア的社会主義の構想

「ユートピア的」という名称は，エンゲルス『空想から科学への社会主義の発展』に明示されたように，とくにマルクス主義によって貶められた。だが，マルクス主義に顕著に見られるように，すべてが歴史的必然によって運ばれるとみなす社会主義がけっしてウートピアにとらわれていないとはいえない。経済学などの科学を信奉し，現実主義的たろうとするマルクス主義がユートピアに変貌するのは，政治革命後にあらゆるものごとが一変するときである。「国家の死滅」とか「必然の国から自由の国への人類の飛躍」とかは，弁証法的には正当化できるかもしれないが，科学的に断言できはしない。マルクス主義は，ユートピア的社会主義を徹底して批判してきたが，実は自分のなかに隠されたユートピアをもっている（S.23ff. 19 ページ以下）。

実に的確な批判ではある。マルクス主義への深刻な批判についてはあとでまた取り上げるとして，いまはブーバーの社会主義観をさらに見よう。

彼の「ユートピア的社会主義」は「完全協同組合」を基盤とした社会主義である。組合には 3 種のものが区別される。消費協同組合，生産協同組合，さらに生産と消費の結合にもとづく完全協同組合（Vollgenossenschaft）がそれであって，前二者はいずれ完全協同組合に発展しなければならない（S.102. 98 ページ）。彼は協同組合思想に関連しロバート・オーウエン，ルイ・ブラン，エティエンヌ・カベーらに言及するが，とくに注目されるのは，イギリスの消費協同組合の創立者ウィリアム・キング，フランスの生産協同組合の創立者フィリップ・ビューシェである。というのも，両者とも敬虔なキリスト教徒であり（前者はプロテスタント，後者はカトリック），キリスト教の教えを社会制度に転化しようとしたからだ。こうして宗教は，彼らにあっては，単なる説教や道徳的心構えの問題ではなく，地上における神の国の建設として，現実社会の問題と矛盾を実践的に解決するリアリティをもつ。

もちろんこうした構想の背景には，現存資本主義が人びとに過酷な集団的競

争を強制し，人間疎外を日々生み出しているという認識がある。そして協同組合といえども，いつ資本主義的に堕落してしまうかわからない。ユートピア社会主義においては，種々の共同組合は社会の構造的革新のための重要な細胞とみなされる。しかしそこでは，協同組合，とくに完全協同組合すらもが自己目的ではない。問題はそこで，人びとが新しい秩序によって解放され，その権利が確立されることである。そしてこのユートピア的社会主義は，むしろ「局地的 topisch」な社会主義であって，「ここでいま」ただちに部分的に開始されるべきものとされる（S.139. 133 ページ）。つまり遠い将来において理想の共同社会が築かれるだろうというのではなく，資本主義のただなかでその実践を開始せよというのである。ランダウアーまたはブーバーのイメージする社会主義は一種の村落共同体である。具体的にはイスラエルのキブツのようなものだ。仕事場および農村工場，草地，耕地，庭園，家畜，家禽をもつ社会主義的村落がそれであって，無定形化した都市はこの線にそって革新される必要がある（S.96. 92 ページ）。この意味では，ブーバーの思想はエコロジー的といっていいかもしれない。ブーバーのユートピア社会主義の特徴をいまや３つにまとめることができるだろう。

（１）それは組織的には，消費組合，生産組合などを多様に含みながらも，消費と生産を結合した完全協同組合を目指していく。

（２）それは政治革命や組織的達成それ自身を目標とするのではなく，「ここでいま」開始する，ひとびとの意志を尊重する。それは手段と目標の乖離を禁ずる。

（３）それは，とくに人びとの精神的な共同生活を最終目標とする。その意味で，このユートピア的社会主義は，ブーバー的対話の実現の場，われとなんじの共同体そのものである。

　もし以上のようにブーバーの全体像を描けるとするならば，結局ブーバーも（社会主義的）共同体を前提とする以上，さきほどのヘーゲルとの対比ももっと深い次元で一変するだろう。そこではあらためて，人間個人・対話・共同体の三者の関係が問われなければならないだろう。他方ヘーゲルも，安易に個人を（民族的・国家的）共同体に包摂すればそれでよいと考えているわけではない。『大論理学』ではかならずしも明示されないが，『精神現象学』などについての最近の研究が示すところによると，闘争をはらんだ彼の相互承認論が注目されてい

る[15]。とすれば，ヘーゲルにおいても，人間個人・（対話を含む）承認の関係・共同体という三者関係があらたに問われることとなる。したがって，ブーバーもヘーゲルもある意味で，ほぼ同じ問題の前に立たされている。対立的と考えられるオーストリア哲学と思弁的なドイツ哲学は，こうして新しい局面を迎えているといえるのではないか。

第7節　マルクス・レーニン主義的社会主義への厳しい批判
——連合主義・ユートピア・社会的原理——

　いままで述べたように，ブーバーは社会主義運動の主流をしめるマルクス・レーニン主義へは実に厳しい批判を放っている。いま検討している『ユートピアの途』の第8章ではマルクスについて，第9章ではレーニンについて詳細に批判している（レーニン批判については，本書第3章もまた参照）。もちろんブーバーの考えには，経済などの体系的な現実認識という点で甘いものがあるだろう。彼の社会主義は，マルクス・エンゲルスいうところの復古的な「封建的社会主義」に属するのかもしれない[16]。『資本論』『帝国主義論』などに見られる経済学的・社会科学的な分析はブーバーにはほとんど欠けている。また彼には，いわゆるマルクス・レーニン主義とマルクス独自の思想の区別が明確についているとはいいがたい。

　だがそれでも，彼の批判は傾聴に値する。ここではいま，彼の連合主義（Föderalismus）の構想，ユートピアの再評価，政治とはそもそも何か，という3点にしぼって述べよう。そしてこのなかで，ブーバーによる社会主義の理念がどういうものかが，さらに明らかとなるだろう。だがその前に，ブーバーが「原則」的問題として語っているところを引用しておきたい。彼は次のようにいう。

　ここで問題なのは，諸同盟の同盟（Bund der Bünde）としての社会の構造的更新と国家機能の減少を選ぶか，それとも全能国家による無定形社会への吸収を選ぶか，さらにまた，社会主義的多元論かそれとも共産主義的中央集権主義か

15）ヘーゲル相互承認論に関する研究の紹介として，森川孝吉「『承認』概念の歴史」，『現代思想』臨時増刊号（「ヘーゲルの思想」），1993年7月，244ページ以下を参照。

16）マルクス・エンゲルス『共産党宣言・共産主義の原理』国民文庫・大月書店，57ページ以下。

ということであり，さらにまた，変化する条件のもとでの自由と秩序の正しい釣合いの探求か，それとも将来に想定される自由の領域のためにいつまでも強いられる絶対的秩序か，という二者択一である（S.233. 134 ページ）。

いうまでもなく，前者のグループはブーバーのユートピア的社会主義の選択であり，後者のグループこそ，「モスクワ」と名ざされるソ連社会主義である。

さて，さきに述べた第 1 の連合主義についていえば，それはプルードン，ランダウアーらから由来している。そこには友愛の精神でつながる民衆の，協同組合などに見られる活動が前提されている。《われ―なんじ》の人間関係は，この連合主義によって具体化される。ところでブーバーは，この構想にたいしてマルクスが矛盾した態度をとっているという。最初マルクスは『共産党宣言』などで諸連合体の連合を提唱するプルードンを批判していたが，『フランスの内乱』などでは，「コンミューンと協同組合の連合主義」（S.149. 143 ページ）を真の共産主義として認めている。晩年のマルクスはさらに，ヴェラ・ザスーリッチへの手紙のなかで，ロシアの古い村落共同体が社会主義の方向に発展することを承認したと付加される（S.153. 146 ページ以下）。

ブーバーは意外と詳細に，マルクス，レーニンらについて論ずる。彼によれば，マルクスはいわゆる連合主義の構想をすでに『ドイツ・イデオロギー』の段階から構想し，『共産党宣言』でも，共産主義が「各人の自由な発展が万人の自由な発展の条件となるようなひとつの連合体（eine Assoziation）」[17] であるとされている。しかし，『共産党宣言』における共産主義的方策の項目のなかにも，エンゲルスによって書かれた「共産主義の原理」の方策のなかにも，まだ協同組合の積極的位置づけはなかったというのが事実である。なお今日では，マルクスをこのアソシエーションの面から再評価しようとする大きな潮流が存在する [18]。だがそれでも，ブーバーはマルクスがやはり中央集権主義者の面を残しているとも批判する [19]。そしてのちのレーニン主義は，マルクスの国家主義の

---

17) 同前，56 ページ。

18) 田畑稔『マルクスとアソシエーション』（新泉社，1994 年）が代表作である。なお，田畑氏も同書，107 ページ以下において，マルクス『共産党宣言』の問題点として，個人と国家の中間組織としての産業組織的なアソシエーションの観点がまだないことを指摘する。マルクスにとってこのアソシエーションの構想はとくに 1860 年代から積極的に重視される。

面を継承したのだという。

第2に，ユートピア的構想について。ブーバーがすでに批判したように，マルクス的な共産主義はそれが「科学的」と自称しようとしても，現実にはユートピア的要素を残している。共産主義へ確実に至る道を，科学的・合理的にはだれも示せないことがいまや明らかになっている。共産主義を力説するひとは，それを自分の理想として，信念として語っているにすぎないだろう。共産主義を捨て去った仲間にたいして，彼らは「裏切り者」だといっているにすぎない。ソ連・東欧の社会主義崩壊後にあって，いまやむしろ，共産主義がひとつのユートピアであることをマルクス主義側も承認したほうがいいのではないか。人類の理想として崇高なユートピアを掲げ，それに実践的に接近しようとすることのどこが悪いのだろうか。夢も理想ももてず，資本の論理にしたがってますます競争を続け，人間と自然の疎外の道をたどらざるをえない現実よりも，高い理想をもって生きるほうがましではないだろうか。

すでにカール・マンハイムは有名な著作『イデオロギーとユートピア』のなかで，ユートピアないし理想をもたない人間は，世界を即物的に眺め，近視眼的に行動し，人間の高次の主体性を失ってしまうという[20]。ここで詳しく述べられないけれど，問題であるのは，ユートピアを科学的な結果として正当化する独断論であり，そこからさまざまな害悪が生じてきた。ところで私は，共産主義的ユートピアがこれからの人類史のなかでまったく実現不可能とも断定しない。ただ現時点では，共産主義を実証できないだろうと思うし，とても共産主義をリアルにするまで人類が全体として成熟していないと考える。そしてまた，ユートピアへ至る道は，もちろんできるかぎり現状に即して，合理的・批判的に遂行される必要があるだろう[21]。

第3の，そもそも「政治」とは何かという問題は，以上の2点と密接に絡ま

---

19) マルクスの構想にはらまれる対立・矛盾については，次の論文に詳細な分析があり，参考になる。田島慶吾「マルクスと市場の経済学」，岩淵慶一他『社会主義　市場　疎外』時潮社，1996年所収。

20) マンハイム『イデオロギーとユートピア』(鈴木二郎訳) 未来社，1968年，281ページ以下を参照。

21) この点では，拙著『ポスト・マルクス主義の思想と方法』(こうち書房，1997年)の序章「『社会主義崩壊後』に何を考えたらよいのか?」で詳しく議論したことがある。

っている。ブーバーはとくにマルクスの3つの思考様式を挙げて分析する。すなわちマルクスは「経済学的」には方法論的熟達をもって展開し、「政治的」には熱情をもって没頭したが、「社会的」にはまれにしか親しまなかった（S.163.156ページ以下）。最後の第3の要素については、マルクス主義者からは馬鹿げて見える主張だろうと、彼は正当にも付加する。

　ブーバーはここではっきりと「政治的」と「社会的」を区別している。あるいは別の箇所でいえば、「政治的原理」と「社会的原理」を峻別している（S.141.135ページ以下）。前者は国家の中央集権的な活動に関係しており、そこでは闘争と組織化が自己目的となる。「政治」では、ヘゲモニーの集団的掌握、権力の獲得が最高の目標である。そこでは友愛さえもが手段化される。それは、現存した社会主義そのものの原理であったといっていいだろう。さて明らかなように、「社会的原理」は連合主義でもある協同組合的組織を表現し、さらに抽象的レベルでは、《われ―なんじ》関係に依拠している。それはひとびとの精神的な共同の関係にほかならない。たしかに唯物論者マルクスは、このブーバー的な意味での「社会」を詳細に考察はしなかった。そして政治活動を手段とする考えは、いつのまにかそれを自己目的化してしまう。マルクス主義者にとって、「政治」は身に染みついたものとなり、たとえそれ以後共産主義を捨てたり、社会民主主義へと転身したりしても、この政治的原理だけは容易に振り払うことができない……。

　私はこうしたブーバーにおける《対話の社会主義》の思想にたいし、誠実に対話したいと思う。

第6章　ウィトゲンシュタインはヘーゲル，マルクス，禅と融合可能か

第1節　ウィトゲンシュタインの言語哲学

　本書は，《オーストリア哲学》の独自性という問題を中心に追究してきた。だが他方，哲学は，世界のあり方，人間の生き方に関して，人類的普遍性もまた内包することは疑いえない。哲学の歴史性，地域性の問題を捨象して，もっぱら哲学の普遍妥当性に注目して，そこでいきなり地域や文化の異なる哲学者同士を融合させると，どうなるだろうか。その意義と限界を探究したい。本章では，ウィトゲンシュタイン哲学を概観したのちに（第1節），《オーストリア哲学》の中心人物であるウィトゲンシュタイン（1889 ～ 1951年）をドイツ哲学に属するヘーゲル，マルクスと融合する試みや（第2節），さらにウィトゲンシュタインを遠く東洋の禅の思想と比較・融合しようとする試み（第3節）を紹介・検討する。

　すでに第3章で，《実践的唯物論》について指摘されたが，この思想はまさにマルクスのものといえる。マルクスの思想全体についてはあらためてこれ以上言及しない。

　さて，《オーストリア哲学》の代表人物であるウィトゲンシュタインについては，本書でしばしば言及されてきた。彼の哲学の一生は普通，前期から後期への転換として語られるので，まずこの両時期の特質について列挙したい。

　前期の代表作は『論理哲学論考』（1921年出版，以下『論考』と略記する）であり，第1次大戦中，ウィトゲンシュタインはこの原稿を背嚢に秘めて従軍したという。この著作の特徴を簡潔に列挙する。

（1）数学的論理学における命題関数やトートロジーの理論。「要素命題を私は名称の関数として，fx, ϕ (x,y) などの形で書く。／またはそれを文字 p, q, r で示す」[1] といわれるように，論理学の命題は一種の関数（Funktion）と解釈され，記号化される。周知のように，fx, ϕ (x, y) は述語論理学において，p, q, r は命題論理学においてそれぞれ扱われる。「トートロジー」とは恒真命題のことであり，数学的論理学はトートロジーの体系となる。ウ

ィトゲンシュタインはゴットロープ・フレーゲやラッセル／ホワイトヘッド『プリンキピア・マテマティカ』の影響を強く受け，こうしてさらに数学的論理学を基礎づけようとした。

（２）「写像」（Bild, picture）」の理論。「模写（Abbildung）の形式が論理的形式であるとき，その写像は論理的写像と呼ばれる」。（2.181）「論理的写像は世界を模写することができる。」（2.19）こうして，数学的論理学という記号表現は現実的世界を写すための装置なのである。総じて言語は模写的機能をもち，そのなかで正しい模写は真であり，誤った模写は偽である。こうして，世界は要素命題の一複合体として完全に記述される（「論理的原子論」の立場）。ここでウィトゲンシュタインは，ある意味，真理対応説ないし真理反映説の立場をとる。

（３）哲学とは言語批判であり，そうした意味の活動以外のものではない。「あらゆる哲学は『言語批判』である」（4.0031）。「哲学の目的は思想の論理的解明（die logische Klärung）である。／哲学は教説ではなく，ひとつの活動である。（中略）哲学はそのままではいわば濁っていて，輪郭のはっきりしない諸思想を清澄にし（klarmachen），はっきりと限界づけるべきである。」（4.112）従来の哲学上の難問は，実は言語の使用法が誤っていたために生じたものであり，言語批判による「解明」をとおして自然解消する。

（４）語りうるもののみを語り，そのほかのことについては沈黙すべきであるが，語りえないものはおのずから示されるという一種の形而上学。この同語反復的とも見える主張は上記第３項への追加の面をもつ。従来の哲学はこの指令を守らなかったために混乱したのである。だが，「表現できないものはたしかに存在する。それはみずからを示す（zeigen），それは神秘的なものである」（6.522）などといわれるように，単なる合理主義的な言語批判に終わらない要素がここに現われる。また，「私の言語の限界は私の世界

１）Ludwig Wittgenstein, *Tractatus Logico-philosophicus*, 4. 24. 奥雅博訳「論理哲学論考」，『ウィトゲンシュタイン全集』第１巻，大修館書店，1976年所収。以下，本文中に節番号を記す。

２）『論考』の解釈については，倫理との関係も含めて，拙著『ウィーン発の哲学』221ページ以下もさらに参照のこと。

３）Wittgenstein, *Philosophische Untersuchungen*, Suhrkamp, I, § 292. 藤本隆志訳『哲学

第6章　ウィトゲンシュタインはヘーゲル，マルクス，禅と融合可能か　**133**

の限界を意味する」（5.6）という奇妙な表現もあるが，これはカントを模倣して，「超越論的言語主義」（E. ステニウス）と説明されたりする。『論考』の途中から神秘的とも思える命題が混入するが，その最終命題は「語りえないものについては，人は沈黙しなければならない」（7）というものである[2]。

　さて，『論考』刊行後，10 年ほどしてウィトゲンシュタインは「写像理論」を重大な誤りとして破棄する。後期の代表著作『哲学探究』（1945 〜 46 年年第 1部執筆，1946 〜 49 年第 2 部を執筆，以下『探究』と略記する）では，『論考』への自己批判がくり広げられる。「自分の言葉は事実から読みとるものだ，事実を規則に従って言葉へ模写するものだ，などと必ずしも考えるな！」[3]この激烈な表現はまさに『論考』へ向けられていると見られる[4]。以下，『探究』の特徴を列挙しよう。

（1）言語は本質的に公共的で，間主体的なものである。それは「意志疎通のシステム」（I, § 3）である。「われわれはこれらのことば〔知識，存在，対象，自我，命題，名〕を，その形而上学的用法から，再びその日常的な用法へと連れもどす」（I, § 116）。数学的論理学の人工言語ではなく，日常生活のなかでコミュニケーションのために使われる自然言語が真の言語である。さらに純粋に私的な言語などは存在しない。「ザラザラした大地へもどれ！」（I, § 107）が後期のスローガンとなる。

（2）さらに，日常生活における言語活動は，人間の現実の行動およびその「生活形式 Lebensform」（I, § 19, 23, 241 など）と一体化している。言語のうえで人間が相互に一致するのは，究極的には「生活形式」が一致するからである（I. § 341）。こうして，言語の機能もまた『論考』よりもはるかに

探究』，『全集』第 8 巻，1979 年。以下，本文中に節番号を記す。

4）鬼界は，ウィトゲンシュタインがプラトニズムに依拠する『論考』を自己批判した事情が，イルゼ・ゾマヴィラ編『ウィトゲンシュタイン——哲学宗教日記』（鬼界彰夫訳）講談社，2005 年所収の前半（1930 〜 32 年執筆）に明快に読み取れるという。鬼界彰夫・他『ウィトゲンシュタイン』河出書房新社，2011 年，3 ページ以下参照。

5）ノーマン・マルコム『ヴィトゲンシュタイン』（板坂元訳）講談社，1974 年，76 ページ参照。

拡大し，単に名指したり，記述するという抽象的機能のほかに，命令した
り（命令文），驚いたり（感嘆文），劇を演じたり，冗談をいったり，感謝
したり，祈ったり，などの実に多種多様の使われ方をする（I, § 23）。

（3）言語は人間の行動とコミュニケーションに即した道具であり，《言語ゲ
ーム Sprachspiel》のなかで多様に使われる。ウィトゲンシュタインはフッ
トボールの試合を見ていて，「言語生活のなかで，われわれは言語を使って
ゲームをする」というアイデアを得たといわれる[5]。子どもが母国語を習
得するプロセスも《言語ゲーム》であり，労働過程で「石板！」という叫
びに応じて石板を渡す行動もゲームとみなせる（I, § 56）。結局，「私は
……言語および言語の織り込まれた活動の全体を《言語ゲーム》と呼ぶ」
（I, § 7）。大切なことは，生活そのものとしてのこの《言語ゲーム》を始源
的事実として受容することである（I, § 654）。

（4）「家族的類似 Familienähnlichkeiten」の主張。家族の構成員は「体つき，
顔の特徴，眼の色，歩き方，気質」（I, § 67）などの点でよく似ている。だが，
まったく互いに同一ということはない。そこには部分的な類似のみがある。
多くの《言語ゲーム》もまったく同様で，そこに普遍的に存在する特徴や
本質を見つけることはできない。ここでウィトゲンシュタインは意図的に，
本質的普遍性やそれにもとづく体系構築を目指す思想を拒否する[6]。また，
「ことば（Wort）の意味とは言語内における慣用（Gebrauch）である」（I,
§ 43）といわれるように，彼の立場は操作主義やプラグティズムへの傾き
をもつ。

6）興味深いことに，ウィトゲンシュタインは自分とヘーゲルの方法論の違いに言及す
　る。つまりヘーゲルが，異なっているもの同士が実は同じものであるといおうとする
　のにたいして，自分の関心は，同じに見えるもの同士が実は異なっていると示す点に
　あるという。ヘーゲルが同一性の思想家であるとすれば，自分は差異の思想家である
　ということであろうか。レイ・モンク『ウィトゲンシュタイン』2，みすず書房，
　592 ページ参照。

7）大森／黒田／坂井／廣松「徹底討議・ヴィトゲンシュタインの核心」，『現代思想』
　青土社，1980 年 5 月号，82 ～ 3 ページ。

8）たとえば，藤本隆志『ヴィトゲンシュタイン（人類の知的遺産）』講談社，1981 年，
　137 ～ 40 ページ。

第6章　ウィトゲンシュタインはヘーゲル，マルクス，禅と融合可能か　**135**

　さて，ウィトゲンシタインのユニークさのひとつは前期から後期への劇的な転換にある。坂井秀壽はこの両時期は2つの異なった立場であり，そこには動揺のみがあると指摘する[7]。だが一般に，前期と後期を貫く特徴があるといわれる[8]。つまり哲学とは，せいぜい言語の批判，言語の治療になるだけであり，何か壮大な形而上学を体系化するものではない，ということである。哲学とは何か固定化された学説ではなく，言語批判という活動それ自身である。こうして，哲学的難問と見えたものは言語の治療によって自然解消する（I, § 133 を参照）。以上の点に，《オーストリア哲学》の特徴が如実に現れているといえよう。こうして，ウィトゲンシュタインのやり方は，フロイトの精神分析的治療法にも類似する（もっとも，彼はフロイトをしばしばはっきりと批判するけれども）。

　さらに，ウィトゲンシュタインのユニークさがある。彼は『論考』で論理実証主義の基礎づけをおこなったが（実際，その側面は否定できない），しかし実は，彼の思想の総体はそうした枠から超え出ていると見られる。さらにまた，『探究』などによってイギリスの日常言語学派にインパクトを与えたが，彼自身はその立場になかった。彼は論理実証主義の浅薄さにいらだち，他方，「ここ〔オックスフォード〕は哲学の砂漠だ」[9]と嘆く。マルコムによると，ウィトゲンシュタイン自身が，自分の考えが弟子たちによって大体において誤解されていると考えていたという[10]。このように単純にわり切れないところに彼の魅力があり，理論的な生産性ないし余剰があるといえよう。だがもちろん，ウィトゲンシュタインは称賛に値する面だけをもつわけではない。とくに，前期から後期への転換についていえば，これは対立物への転化という弁証法の自然発生的な現われとみなせる。というのも，そもそも言語に，①対象反映機能，指示的機能と②コミュニケーション的機能の2つがあり，実際のコミュニケーションでは，両者は同時並行的に働くはずのものなのに，彼は前期で①のみに注目したために，その反動として，後期で②へと逆転したからである。そしてたしかに，①と②は言語の本質にある対立的両側面を表現している。ウィトゲンシュタイン自身がここで言語の本質を見誤ったし，多くのウィトゲンシュタイン研究者もまたこのことを看過していると思われる。ウィトゲンシュタインと哲学の一般的理解という点では，以上で十分であろう。

9）マルコム，前掲書，130ページ。

10）同上，136～137ページ。

第2節　ウィトゲンシュタインとヘーゲル，マルクスの共通性とは

（1）『確実性について』の「世界像」

　近年，とくに後期のウィトゲンシュタインをヘーゲルやマルクスと比較し，その類似点を探るという研究がいくつも現われている。それは哲学のもつ普遍性，共通性に依拠しているといえよう。本節では，こうした研究方向の紹介・検討をおこなう。まずその前に，マルクスが言語について言及した箇所をとり上げたい。そしてウィトゲンシュタインについては，『探究』について前節で考察されたので，同じく後期の重要著作とされる『確実性について』（1949 ～ 51年執筆，以下『確実性』と略記）を必要な限りで考察したい。

　さて，マルクスは唯物史観の雄大な構想を描いた『ドイツ・イデオロギー』で，言語と意識が社会的労働過程（協働）から発生したことを示唆した。

　　「言語は意識と同じだけ古い。――言語とは，実践的な意識であり，他の人間たちにたいしても現存するところの，したがってまた私自身にとってそれでこそ初めて現存するところの，現実的な意識であり，そして言語は意識と同じく，他の人間たちとの交通の必要，切望から初めて成立する」[11]。

　言語は実践的な社会生活のなかで，他人とのコミュニケーションの道具として形成されたというのである。さらにマルクスは，資本制生産以前の共同体の考察と関連させて，そもそも一個人の所産としての言語などありえず，個人が共同体の自然成員である限りで言語をもつと述べる[12]。以上の点で，マルクスの言語観が，とくに私的言語を否定する後期ヴィトゲンシュタインのそれと似ていることは明らかであろう。

　ところで，ヴィトゲンシュタインの絶筆として知られる『確実性』は，《言語ゲーム》の強調など，『探究』と重なる論点が多い。ここでもまた，人間の日常生活における言語的コミュニケーションおよび行為・実践の重要性が主張される。《言語ゲーム》とは，まさに人間相互の活動的なやりとりそのものである。

---

11) Inge Taubert, Hans Pelger（Hg.）, *Die deutsche Ideologie*, Akademie Verlag, Berlin 2004, S.16. マルクス／エンゲルス『ドイツ・イデオロギー』（渋谷正編・訳）新日本出版社，1998 年，58 ページ。

12) 大谷禎之介監訳『資本論草稿集』②，大月書店，1993 年，142 ページ。

第6章　ウィトゲンシュタインはヘーゲル，マルクス，禅と融合可能か　**137**

ウィトゲンシュタインはここで，日常生活における知（知ること）・信（信ずること）・行動の三者の根源的な一体性を追求したように思われる。興味深いのは，「世界像 Weltbild, world-picture」の構想である。

　「しかし，私の世界像は私がその正しさを納得したから私のものになったわけではない。私が現にその正しさを確信しているという理由で，それが私の世界像であるわけでもない。これは〔伝統的に〕継承されてきた背景であり，この背景によって私は真，偽を区別する」[13]。

さらに，「私の世界像にはその反対を信じさせるものは何も含まれていない」（§ 93）とも語られる。この「世界像」は明瞭に概念規定されているわけではない。これは何か理論的なものというよりも，個人の生活における実践的な準拠枠なのである。したがってこれは，「信念の体係」（§ 144）でもあり，子どもは学習によってこの信念の体系を徐々に形成してきたといえる。この意味での世界像は行動のあり方そのものと一体化しており，『探究』の「生活形式」とほぼ同義の用語であろう。ウィトゲンシュタインが「私はなぜ，椅子から立ち上がろうとするとき，まだ自分に両足があるかどうかを確かめないのか。理由はない。ただそうしないだけのことだ。それが行動というものだ」（§ 148）というとき，ここに「世界像」が実践的に存在しているといっていい。いかなる懐疑論者も一生活主体として，実は何らかの「世界像」を前提せざるをえないだろう。

　「人間は大昔から動物を殺し，毛皮，骨などをある目的のために使用してきた。彼らは，似た動物の体にはすべて似た部分を見出せると確信してきた。彼らはたえず経験から学んだ。彼らがあることを確信していることは，それを表現すると否とにかかわらず，彼らの行動から読みとれる。私はもちろん，人はそのように行動すべきだとはいわないが，彼はただそう行動するのである」（§ 284）。

「初めに行為ありき」（『ファウスト』），そう，まさにウィトゲンシュタインはそのように書く（§ 402）。知・信・行動の一体化としての生括の場こそが，人間にとっての絶対所与的な事実なのである。

　「……言語ゲームの根底にあるのは……われわれの行動（Handeln）である」

13）Wittgenstein, *On Certainty*, New York/Evanston, 1969, § 94. 黒田亘訳「確実性の問題」，『全集』第9巻。以下，本文中に節番号を記す。

138

（§ 204）。

根底としての行動という思想がある意味，唯物論的であることは疑いない。それどころか彼のやり方は，懐疑論ないし観念論を批判する唯物論にとっても重要な論点を付加するように思われる。だが私は，これ以上深入りはしない。ともあれ，『確実性』がいかなる著作であるかの一端は，これで明らかになったと考える。

（2）ダニエル・クックの総括

さて，ダニエル・クックは論文「ヘーゲル，マルクス，ヴィトゲンシュタイン」[14] で，ウィトゲンシュタインとヘーゲルやマルクスとの類似性，同一性を見出だそうとする研究者の所説を検討する。彼がとり扱ったのは，D. ルビンシュテイン，S. M. イーストン，D. ラム，H. ピトキンらの多くの著作である。いずれの論者も，またクック自身も，《オーストリア哲学》の独自性などという問題意識はもたないようであり，いきなり直接にウィトゲンシュタインをほかの思想家と比較する。さてクックは以下，3点について考察する。

第1に，ウィトゲンシュタインの方法はヘーゲル・マルクス的な弁証法と同一か否かという問題。たしかに彼の方法は《言語ゲーム》に見られるように，事物の共存，相互作用，相互連関を重んじ，そこに一種の全体論的視角が認められる（とくにルビンシュテインの見解）。だが，クックの批判によれば，弁証法とはそんなに単純なものではない。「ヘーゲルとマルクスにとって，弁証法は彼らの哲学的アプローチの全体について決定的であるが，他方，ウィトゲンシュタインにとって明確な方法はないし，ありえない」（53 ページ）。ウィトゲンシュタインにそって確認すると，彼自身が『探究』で，「哲学の単一の方法はない。だがなるほど，諸々の方法が，いわばさまざまの治療法はある」（I，§ 133）と述べる。彼の方法はコンテクストのなかでものを考えるという意味での《コ

---

14) Daniel Cook, "Hegel, Marx and Wittgenstein", *Philosophy & Social Criticism*, Vol. 10, No .2, 1984. 以下，引用ページを本文中に記す。なおクックは別の論文で，ウィトゲンシュタインが『資本論』第 1 巻の一部や，1930 年代のマルクス主義の弁証法的唯物論の著作を読んだと推定している。とはいえ，ウィトゲンシュタインの個人的倫理は，マルクス主義の組織的活動とは異なると指摘する。Cf.Cook, "Marx, Marxism and Wittgenstein", Leinfellner/Wuketits（Hg.），*Die Aufgabe der Philosophie der Gegenwart*, Wien 1986.

ンテクスチュアリズム》だとはいえるが，たしかに一定の方法に従って体系を構築するものではない[15]。この点で，クックは正当である。

第2に，ウィトゲンシュタインの言語観はマルクス（さらにヘーゲル）のそれと同一か否かという問題。まず，後期ウィトゲンシュタインに限れば，三者ともに日常言語を重視した点で同一といえる（54ページ）。そして，「人間の自然的および社会的環境を理解し，それと折り合い，それを究極的にコントロールするための手段として，これら3人の哲学者〔ヘーゲル，マルクス，ウィトゲンシュタイン〕は，人間の言語使用における能動的で道具的または実践的な次元を強調する」（55ページ）。クックはまた，ウィトゲンシュタインとヘーゲルの差異も主張するが，前項で見たとおり，私見では，少なくとも，マルクスとウィトゲンシュタインの言語観に限れば，そこに強い親近性があるといえるのではないか。

第3に，ウィトゲンシュタインの実践論はマルクス（さらにヘーゲル）のそれと同じか否かという問題。人間の基底的事実としての行為・実践を強調し，そのなかで知識や信念の形成，さらにコミュニケーションの問題を考えたことは，ウィトゲンシュタインのある意味，卓見であろう。だが，クックによれば，彼の実践の中味はごく日常の卑近な事実にとどまっており，そして「彼の調子の全体は行動主義的であり，そして功利主義的である」（64ページ）。ウィトゲンシュタインは実践をあくまでも個人レベルで考えており，社会全体の変革などには消極的である。とはいえ私見では，ウィトゲンシュタイン自身の小学校教師の経験からすれば，彼は教育を通じて人間を変えようとしていたという事実はあるとは思われる。「ウィトゲンシュタインの方法は多分，マルクスよりもフロイトに近い」（66ページ）ともいわれる。たしかに，ウィトゲンシュタインも言語による治療を目指していたのであり，私見によれば，ウィトゲンシュタインの実践概念は，マルクス的なプラクシスではなくて，日常的行動を意味するプラチック（pratique）の方に属するであろう。

こうして，ウィトゲンシュタインとマルクス（およびヘーゲル）は表面的ないし部分的には似ているが，深く見ると対立点が際出ってくる。両者の共通性は過大評価されるべきではない。これが両者を接近させようとする立場へのク

15）ウィトゲンシュタイン自身は，留保をつけながらも，ヘーゲルの弁証法は非常に健全であり，私たちが実行可能な方法である，と評価する。レイ・モンク『ウィトゲンシュタイン』1，341ページ参照。

ックの結論である。たしかに，ウィトゲンシュタインには，要約すると，理論的体系構築，歴史と社会の全体的考察，実践的社会変革などの契機が欠如しているといえよう。これもある意味，オーストリアの世紀末的状況からの反映であろう。これらの契機を度外視して両者を同一視する見方には，どうしても無理があるといえる。ところで，ラムは別の著作で，ウィトゲンシュタインとヘーゲルを大きな視点から比較する[16]。これは興味深いので，紹介したい。ラムによれば，ヘーゲルはカントの「基礎づけ主義」を批判して，概念の自己展開による全体的な体系構想へ至ったわけである。ラムは，前期のウィトゲンシュタインを一種の「基礎づけ主義」と理解したうえで，後期の『探究』や『確実性』の立場が体系重視の立場に至ったとみなす。つまりこうして，後期ウィトゲンシュタインはヘーゲルの全体論や体系重視の立場に接近したというわけである。実はこの主張は，第八章で，後期ウィトゲンシュタインがヘーゲル的全体論に接近したと指摘されることと重なっており，彼の哲学は，分析哲学が「ポスト分析哲学」に変容しつつある状況の一要因となっている[17]。

　ともあれ，マルクス（さらにヘーゲル）にたいするウィトゲンシュタイン的アプローチというものは，現在，発展中の研究方向であり，予断を許さない[18]。さて，クックはスーザン・イーストンの著作にも言及したが，必ずしも十分に検討しているわけではない。そして彼女はさきに述べた『確実性』を重視する。この意味で，イーストンの見解をより具体的に検討したい。

（3）スーザン・イーストンのウィトゲンシュタイン的アプローチ

　イーストンはマルクス主義者のルカーチおよびゴルトマンの「人間主義的マルクス主義」とウィトゲンシュタインの「社会哲学」を比較するが，ここで彼

---

16) David Lamb, *Hegel-From Foundation to System*, Nijhoff, 1980, pp. 29ff.

17) ヘーゲル―ウィトゲンシュタイン関係に関しては，さらに川崎は，ウィトゲンシュタインの「論理に関するノート」（『全集』第1巻所収）が，ヘーゲルの思弁的論理と密接な対応関係をもって展開されていると主張する。もちろんウィトゲンシュタインはヘーゲルを知ってはいるが，ヘーゲル論理学を綿密に読んだという証拠はここで挙げられてはいない。ただもちろん，ウィトゲンシュタインの展開する命題などの言語現象に，普遍妥当性をもつヘーゲル弁証法が適応できるという可能性は当然存在する。だがそのことは，ウィトゲンシュタインがヘーゲル論理学を前提にして，自分の論理思想を形成したということの証拠にはならないだろう。川崎誠「ヘーゲルとウィトゲ

第6章 ウィトゲンシュタインはヘーゲル，マルクス，禅と融合可能か　**141**

女の見解の全体を描くわけにはいかないので，『確実性』を中心としたさきの議論の続きを述べつつ，紹介・検討したい。

　『確実性』執筆の動機のひとつは，ジョージ・ムーアの懐疑論批判への検討にある。ムーアは外界の実在性を疑う人びとにたいし，片手を端的に示すことによって（経験的明証性によって）反駁した。「ウィトゲンシュタインの独創性」[19] は，ムーアが強調した自明の理が実は "Vorwissen"（知識以前）の領域にあるということを明らかにした点にあるという。懐疑論の提起する問題は，センスデータを経験的に示したり，数学的論理学の確実性に訴えて解かれたりするのではなく，日常実践（pratique）への訴えによって初めて反駁されるというわけである。ムーアにとって，「外界は実在するか」という問いは正当で有意味なものだが，ウィトゲンシュタインにとって，この問いは実は無意味なのである（p.70）。というのも懐疑論者は，そのなかで初めて有意味な問いが立てられる全体的フレームワークそのものを疑ったからである。外界の実在一般を前提にして，たとえば，一角獣が実在するか否かを問うことは有意味といえる。だが，外界そのものは疑いえない。このフレームワークこそ，さきに述べた「世界像」なのである。とはいえ，ウィトゲンシュタインによると，「世界像」は変転するものであり，ケースバイケースでそれと規定される面をもつ。たとえば，「地球が丸い」という確信は現代人のフレームワークにすぎない。

　興味深いことに，イーストンは以上の「世界像」のフレームワークとマルクス「フォイエルバッハテーゼ・第2」との類似性を主張する（p.70f.）。「第2テーゼ」によると，真理の認識は単に理論上の問題ではなく，実践的問題であり，

　ンシュタイン」，滝口・合澤編『ヘーゲル　現代思想の起点』社会評論社，2008年所収，参照。

18）この点からすれば，ピーター・ウィンチ『社会科学の理念——ウィトゲンシュタイン哲学と社会研究』（森川真規雄訳）新曜社，1980年。デヴィッド・ブルア『ヴィトゲンシュタイン——知識の社会理論』（戸田山和久訳）勁草書房，1988年，G.Kitching, *Karl Marx and the Philosophy of Praxis*, London／New York, 1988. などをさらに考察すべきである。ウィンチの著作によれば，自然科学的な方法である統計的説明や因果的一般化とは異なり，社会科学や哲学では，社会内での概念と言語の分析，意味づけの問題などがとくに扱われるという。

19）S. M.Easton, *Humanist Marxism and Wittgensteinian Social Philosophy*, Manchester, 1983, p. 79, Note 37. 以下，本書の引用文のページ数を本文中に記す。

実践のなかでこそ対象の真理性がわれわれの意識に到達するとされる[20]。まずこのマルクスの主張を，日常生活のレベルで考えよう。そうすると，これは不可知論，懐疑論などの観念論へのウィトゲンシュタイン的反駁と同じになる。強固な懐疑論者といえども，実はそのつど実践的に自明のフレームワークを設定している。彼が生活主体として世界に埋めこまれている以上，そうあらざるをえない。「ウィトゲンシュタインにとって，世界像はコミュニケーションが可能となるための，他人と共有される必要のある共通の根拠である。この意味でそれは，世界像を共有するグループにとって，世界の限界を構成する」（p.73）。イーストンのこの主張は妥当と思われる。ウィトゲンシュタインは，絶対根拠としての「世界像」が行為と密着したものだということをはっきり指摘する。

「しかし，証拠の根拠づけ，正当化はどこかで終わる。——だが，ある諸命題が直接に真と直観されることがその終わりではない。だから，言語ゲームの根底にあるのは何らかの種類の見ることではなく，われわれの行動なのである」（§204）。ウィトゲンシュタインのこの主張は，マルクス主義的に表現すると，真理認識の基準と原動力がわれわれの「実践」にあるというように解せる。そして，この日常的生活こそ知・信・行動の三者一体化の場であり，「世界像」はこの場でこそ現実に存在している。まさにこのなかで，外界の実在性は実践的に日々確証されている。ウィトゲンシュタインの議論は，唯物論者が考えていて，しかもうまく表現できなかった点を巧みに説明しているのではないだろうか。

　イーストンによるウィトゲンシュタインの解釈は，ちょうど現象学者のフッサールやシュッツの生活世界論がマルクス主義的ないし唯物論的か否かという議論と同質のものと思われる。ウィトゲンシュタインは社会のトータルな分析も何らかの社会変革の展望も提出しないが，彼の理論は，言語批判を中心とした，日常生活の哲学であるといえるのではないか。この限りでは，彼の哲学は唯物論的であるといえよう。

第3節　ウィトゲンシュタインと禅

（1）非欧米的精神

　前節では，ウィトゲンシュタインをマルクスやヘーゲルへ接近させる試みを検討した。　この研究方向はいまだ流動的といえるが，それにしてもクックが指

摘したように，両者の根本的差異はおおい隠せないであろう。それはやはり，本書の第1章で説明した，《オーストリア哲学》とドイツ哲学の歴史的・文化的背景の相違に由来するといえるだろう。さらにここでは，ウィトゲンシュタインを禅的思想と比較する試みを扱う。ウィトゲンシュタインと禅というと，その距離はさらに遠くなる感じがするが，実は，この方向それ自体はそれほど奇異でもなかろう。すでにオズワルド・シュペングラーが示したような，没落しつつある西洋にとって，ひとつの脱出口は東洋的なものであって，この意味ですでに，ショーペンハウアーやハイデガーは仏教などの東洋思想に関心をもった。ウィトゲンシュタインの場合はただ，仏教や禅にたいして表面的な言及がほとんどないのに，その究極において禅的に解釈される余地があるといわれる。ところですでにウィトゲンシュタインは，『哲学的考察』（1929 〜 30 年執筆）の序文で，「本書は，その精神に友好的に立ち向かってくれる人びとのために書かれている。この精神はわれわれを取り巻いている欧米の文明の巨大な流れの精神とは別のものである」[21]と主張する。彼によると，欧米の精神はものの構造を大規模に捉え，世界を多様性においてつかむものであり，いわば階段を順次昇るような性質をもつ。これにたいし，非欧米的精神は構造を明確に洞察すること，世界を中心において見ること，つねに同じ場所においてとらえること，を主眼とする。西洋では体系化の精神が支配的であるのにたいして，非欧米には核心にたいする端的な洞察のみがある，といえようか。

　またマルコムは，ウィトゲンシュタインが，かつて自分が別の文化の人びとに向かって書いているようだと語ったことがあると述べ，マルコム自身，『探究』には哲学的にいっていかなる先行者もいないと指摘する[22]。たしかにウィトゲンシュタインは，オックスフォード大学で学生たちに教えていたとき，自分の主張がほとんど理解されずに難渋していた。こうした事実も，いま述べた問題に関わるかもしれない。ところが，ウィトゲンシュタイン研究者である，日本の黒崎宏は近年，ウィトゲンシュタインの全哲学が禅仏教に根本的に合致する

20）マルクス＝エンゲルス『フォイエルバッハ論』（渡辺憲正訳）大月書店，2010 年，35 ページ以下参照。

21）Wittgenstein, *Philosophische Bemerkungen*, Oxford, 1970. 奥雅博訳「哲学的考察」，『全集』第 2 巻の「序言」を参照。

22）マルコム，前掲書，137 ページ，156 ページ以下。

と主張した。果たしてその結論は正当化されるのだろうか。もしそうならば，それはいかにして可能で，どう評価すべきだろうか。

（2）黒崎宏の禅的アプローチ

　黒崎はウィトゲンシュタインの言葉と類似する禅の表現を次々と引用することによって，両者の親近性を説く。この方法には無理がない。たとえば一方で，ウィトゲンシュタインはマルコムの思い出によれば，次のようにいったとされる。「哲学上の疑いにとらわれている人は，部屋のなかに閉じ込められて，どういう風にして抜け出せばよいかわからない人に似ている。窓から抜け出そうとしても窓は高すぎる。煙突は狭すぎて出られない。そういうときに，もし180度うしろを向くと，ドアがはじめからずっと明きっぱなしだったことに気がつく！ 哲学もこれと同じだ」[23]。他方で黒崎は，これとほとんど同じ禅の話——この場合，主人公は飛んできたハチであるが——をひき合いに出す[24]。ハチははいってきた窓から素直に出て行けばいいのだが，出口がわからず，あちこちに体をぶつけてしまう。それを見た修行者の神讃は忽然と悟ったのだという。さらに『探究』では，はっきりと「哲学における君の目的は何か。——ハエにハエとり壺から脱出する道を示してやること」（I. § 309）と主張される。ここでは，ハエが主語となっている。以上のようにして，黒崎は，ウィトゲンシュタインの哲学的営為が仏教的な「解脱する道」の探究と同じだと結論する。

　続いて黒崎は，『論考』について指摘する。ウィトゲンシュタインは述べる。

　「私の〔これまで述べてきた〕諸命題は，私を理解してくれる読者がそれを通して——それらにもとづき——それらをのり越えたとき，ついにそれらを無意味（unsinnig）と認めることによって，解明の仕事を果たす（erläutern）。読者はいってみれば，梯子を登り切ったあとでそれを投げ捨てなければならない）／読者はこれらの命題をのり越えなくてはならない。そのとき彼は世界を正しく見ている」（6.54）。黒崎によれば，『論考』の哲学的諸命題は哲学的混乱に陥っている人びとに向けて書かれたものであり，本来の意味をもつ

23）同上，54ページ。

24）黒崎宏『ウィトゲンシュタインと禅』哲学書房，1987年，18ページ以下。以下，ページ数を本文中に記す。

ものではない。それらはいわば「擬似命題」であり，『論考』は結局，「無意味な問いに答えるべく編成された，無意味な命題の大集団である」（57ページ）という。

『論考』はものごとを初めから正しく見ている人には用のないもの，無意味なものといえる。『論考』を理解したとき，それは不用となる。こうして黒崎は，神秘的で理解しづらい『論考』の命題群を，ある意味でうまく解釈しているように思われる。彼はここで，ウィトゲンシュタインが究極的には「考えるな，見よ！」（I, § 66）といったのだと総括する。

「従って彼は，究極的には，『考えるな，見よ！』と言っている事になります。我々は，究極的には，形而上学も論理学も——そして如何なる知的営為も——投げ捨てねばならないのです」（60ページ）。ここで黒崎は「思考することをやめて見よ！」という禅の思想を出し，次のように指摘する。「ウィトゲンシュタインも禅も，考える事によって世界——禅の場合はむしろ『自己』と言うべきでしょうが——を正しく見る見地に至ることは出来ない，としているのです。否むしろ，考える事は世界——ないし自己——を正しく見る見地に至る妨げになる，としているのです」（61ページ）。

さらに黒崎は，『探究』の次のような表現に注目する。

「……われわれはいかなる種類の理論をも立ててはならない。われわれの考察においては，仮説的なものは何もあってはならない。あらゆる説明が取り除かれ，代りに，ただ記述（Beschreibung）のみが行われるのでなくてはならない」（I, § 109）。「それ〔哲学〕はすべてのものをそのあるがままにしておく」（I, § 124）。「哲学はすべてのものをまさにただ眼の前に置くのみ，である。そして哲学は何ものをも説明せず，何ものをも推論しない。なぜなら，すべてのものは隠れることなく存在し，そこには説明されるべき何ものもないからである」（I, § 126）。

黒崎は鈴木大拙を引用して，今度は禅について説明する。つまり禅は，あらゆる概念構築を排する。禅の瞑想は事物をあるがままに見ることを目的とする。「道はどこにあるのか」の問いに，禅は「只在目前」と答える。「従って我々は，何も理論を立てたり推論をしたりする必要は無いのです。唯眼を開けてそれを見さえすればよいのです。しかし，それが難しいのです」（74ページ）。では，迷妄を抱えて，明々白々たる「真如」が見えない人にはどうしたらよいのか。禅は概念的説明を嫌う。明るく輝く月を見させるには，その月を直接示す以外

にはない。こうしてウィトゲンシュタインもまた,『論考』の終わりで,語りえ
ぬことについては沈黙すべし,だが,それはおのずから示す,と結んだのであ
った。

こうして『探究』では,「哲学とは,言語によってわれわれの知性が呪縛されて
いることにたいする闘いである」(I, § 109),と指摘される。この意味で哲学は,
言語の使用法を批判することによって,人びとの知性を解放し,事物のありの
ままを見させるものである。こうして黒崎は,「このような哲学観——哲学は『理
論』ではなく,ハエにハエ取り壺から脱出する道,解脱する道,を示してやる『活
動』であり『戦い』であるという哲学観——においては,哲学というものは全
く禅的な営為である,と言えるのではないでしょうか」(41 ページ)と結論する。

(3) ウィトゲンシュタインと禅の共通性についての解釈

黒崎はウィトゲンシュタインと禅の共通性を説得的に示したと思われる[25]。
だが多分,禅はウィトゲンシュタインよりも非論理的・非合理的で,極端とい
えるだろう。だが,こうした細かいことはいまはどうでもよい。いずれにせよ,
このように解釈されるウィトゲンシュタイン像が,バートランド・ラッセルら
の西洋の哲学者にわかりづらかったことは否めないであろう。それにしても,
こうした解釈が前節でのイーストンらの分析と何とさま変わりしていること
か! だが,よくよく考えれば,黒崎の立場(ウィトゲンシュタインは言語批
判により世界のあるがままを感得させる)は,イーストンの強調する「世界像」
の把握(そこでは知・信・行動が一体化している)とそれほど違っているわけ
ではないであろう。

実は,とくに後期ウィトゲンシュタインを禅などと比較する試みは,ほかに
ないわけではない。春日祐芳もまた,道元との親近性を強調する。

「以来,私の研究の焦点は,道元の『正法眼蔵』と,ウィトゲンシュタイン

---

25) 黒崎はさらに,道元とウィトゲンシュタインの類似性を主張する。黒崎「言語をめ
　　ぐって」,季刊『仏教』第 7 号,1989 年参照。

26) 春日祐芳『ウィトゲンシュタイン　哲学から宗教へ』ぺりかん社,1985 年,211 ペ
　　ージ。

27) 同上,234 ページ。

28) 同上。

の『哲学的探究』を主とする後期の著作との比較におかれた。何年かこの研究を続けていくうちに，私は，両者の思想は同質のものではないか，という思いをいっそう強くした。もちろん，両者に違いがないわけではない。それは大きくみて，ウィトゲンシュタインは理論的な解明に力を注いでいるのに対し，道元はむしろ，実践的な結論をより明確に語っている，という違いである。」[26]

ウィトゲンシュタイン『確実性』を考察したイーストンによれば，確実性の根拠は単なる明証的な知的理解によるのではなくて，その根底にある「行動」であった。そこから発して，「考えるな，見よ！」ということが指摘された。同様にまた，春日の理解したウィトゲンシュタインによれば，「確実性の根拠は，確実なものを対象的に見ることにあるのではなく，或るものを確実だとするわれわれの行動にあるということであった」[27]。

他方，道元によれば，「人間の世界を生み出し（現成し），存在させるのは行であり，したがって，行ずるときの自己が，何が確実な世界かを決定する根拠だ，というのである」[28]。2 人の共通性は，日常生活を大前提として，そこでの確実性の根拠を行動に見て，そこに人生の真実を見るという点に存する，といえるだろう。

ところで，なぜこうした共通性が成立するのか。すでに示唆したように，第1 に，社会的にいうと，近代主義を超えた現代思想を要請したのがウィーン世紀末だったのであり，そこでは，マウトナー，マッハらに明示されるように，仏教，道教などの東洋思想にも注目がなされていた。市民社会，合理主義，科学・技術，人権，ヒューマニズム，民主主義，経済発展などの近代的発想は，もはや世紀末の人びとを納得させることはできず，そうした立場は，脱出口として，何か非西洋の思想をおのずと要請する。いわゆる 20 世紀の現代思想とは，全体的にそういう性質をもっていた。第 2 に，個人的にいうと，世紀末に生きて，「完全主義者」といわれたウィトゲンシュタインの真摯な人生探求は，人間個人の完全な生き方を追求して，それは宗教的模索ともなり，その内向的な実践倫理は，同様に厳しい修行を遂行する東洋的な禅にもおのずと近づいていったといえよう。そしてそこで，哲学的混乱から逃れるための，言語を媒介とした心の治癒が基本テーマとなった[29]。

東洋と西洋の異文化の壁を超えてというか，むしろ西洋文化の限界を超える

試みが東洋思想へと飛躍したというべきだろうか。そこで，ウィトゲンシュタイン哲学が結果的に禅などの思想に接近したのである。他方，ヘーゲル，マルクスとウィトゲンシュタインとの比較において，それほどの同一性が見られなかったのは，世紀末において，近代思想を前提にそれを内在的に克服しようとしたヘーゲル，マルクスの社会認識が，やはり何といっても，ドイツ哲学の延長であるという意味で，ウィトゲンシュタインがそこにリアリティをあまり感じなかったからであろう。ある意味，ウィトゲンシュタインは，社会変革よりも個人の内向的な人間変革を目指したのである。だが，そうした模索によって，きわめて多様な意味で，彼は現代哲学の代表者のひとりとみなされたのである。

29）周知のように，現代では，哲学や社会科学の領域で，人びと相互の差異と承認，アイデンティティの回復，共生，傷つきやすさ，名誉と尊厳，などに関する社会病理的な，時代診断的な問題が議論されている。こうした現代哲学のテーマにそって，ヘーゲルとともにウィトゲンシュタインが取り上げられ，両者が関係づけられる場合がある。たとえばホネットは，「ウィトゲンシュタイン以来，哲学においても『治療Therapie』という概念が定着することとなったのだが，ヘーゲルは『法哲学』のなかで，その手続きを近代的な自由理解との関連で展開するのである」と指摘する。アクセル・ホネット『自由であることの苦しみ』（島崎・他訳）未来社，2009年，80ページ。

149

第7章 新ヘーゲル主義の登場とポスト分析哲学
──対立から融合へ──

第1節 問題提起と論文の概略

　ヘーゲル哲学研究は，いまやアメリカを中心として新しい研究段階にはいっている。本章は，それに注目して詳細に展開したヴォルフガング・ヴェルシュの論文「ヘーゲルと分析哲学」を中心素材として，この新動向を紹介・検討したい。

　そのさい，あらかじめ断っておきたいことは，ヘーゲル自身のテキストにしっかりと内在し，文献学的研究などを踏まえてなされているから，この新動向が注目に値するということではない。あらかじめ断定してしまえば，むしろそうした正統派的なヘーゲル研究からすれば，この新動向は文献読解の点などで，かならずしも確固としているわけではないと見られるだろう。だがそれでも，こうしたヘーゲルにたいする新読解がほかならぬアメリカでなされているということは，著しく専門化したヘーゲル研究に，新しい血を流入させるという期待を高めてくれる。とくにここでヴェルシュという，ほかならぬドイツのヘーゲル研究者がこうした新傾向に注目したことにも，一定の意義が見られるだろう。そしてまた，私がとくにヴェルシュに注目する由縁も，またここにある[1]。

　以下では，まず，新傾向のヘーゲル研究を概観し，さらにそのなかでヴェルシュが注目する，ヘーゲル哲学における3つの要素を紹介・検討したい。彼は

1）近年のドイツでの注目は，下記の註13における論文集（*Das Interesse des Denkens*）や，Christoph Halbig / Michael Quante / Ludwig Siep（Hg.），*Hegels Erbe*, Frankfurt a / M 2004. の論文集における，多くのアメリカの新ヘーゲル主義者の登場に示される。日本でも，この新ヘーゲル主義についての紹介・検討は，ヘーゲル研究者の側からしばしばおこなわれてきた。徳増・渋谷・野尻「アメリカ合衆国におけるヘーゲル研究の動向」，『ヘーゲル哲学研究』第13号，2007年。久保陽一『生と認識』知泉書館，2010年所収の補説第2章「ヘーゲルにおける『全体論』と『プラグマティズム』」（ブランダムを詳細に扱う）。大河内泰樹「規範・欲望・承認──ピピン，マクダウェル，ブランダムによるヘーゲル『精神現象学』「自己意識章」の規範的解釈」，『唯物論研究年誌』第19号，2014年，参照。

150

おもに，ヘーゲル『精神現象学』にそって展開するが，そのなかで第1に，直接的・個別的な感覚や要素を認識の確実な第1前提と置く分析哲学への批判を紹介する（第2節）。第2に彼は，「分析」哲学がその当初の立場から反転して，「全体論 Holismus」に至ることを取り上げる（第3節）。第3に彼は，「意識と対象の一致」というヘーゲル『精神現象学』のテーマを取り上げ，分析哲学がおのずとこうした問題に接近してきたという（第4節）。ヴェルシュは実際，分析哲学の中心人物たちが，多少の差はあれ，次々といわばヘーゲル主義的になっていくさまを丁寧かつ詳細に展開する。こうした哲学的エピソードの数々は，長年ヘーゲルを研究してきた私にとっても，改めて総括されると驚くべき事実である。さて，ヴェルシュは第3の要素に関連して《言語論的転回》（本書第2章第1節を参照）への評価を述べるが，この問題への検討を，続いておこなう（第5節）。以上の展開のなかで，できるかぎりこの新傾向への私自身の評価を明らかにしたい。

第2節　従来の傾向から新傾向への転換

（1）分析哲学と大陸の哲学の対立から融合へ

　周知のように，いわゆる分析哲学と，カントの超越論哲学やヘーゲルを頂点とするドイツ観念論（およびその継承の立場）とは，いわば水と油のような対立関係として知られてきた。たとえば，ある論者は，「現代のアングロ・サクソンの世界の分析哲学」が今世紀の変り目に，ジョージ・ムーア，バートランド・ラッセルらによって観念論やヘーゲルに対抗して発生してきたと指摘しつつ，両者のあいだに，かつて深刻な対立があったと述べる。すなわち，前者は後者にたいして，彼らがだらしのないレトリックや無責任な，厳密性の欠如によって生き延びていると非難すれば，後者は前者にたいして無味乾燥，浅薄，瑣末主義だと応酬する[2]。

　さてここで，ウィーン学団が唱えた論理実証主義，さらに分析哲学といわれ

---

2) "Editor's Introduction", Charles Taylor, *Hegel and Modern Society*, CUP, Cambridge, 1979, p.vii, p.iv.「編集者の序文」，チャールズ・テイラー『ヘーゲルと近代社会』（渡辺義雄訳）岩波書店，vii, xi ページ参照。

第7章　新ヘーゲル主義の登場とポスト分析哲学　**151**

る分野の従来の特徴について，あらかじめ述べておきたい。

　「分析哲学」とは何かという問題に関しては，さしあたりその定義として，永井の広義のそれを掲げておきたい。「分析哲学とは，すべての哲学問題を解く通路が言語にあると考える哲学である」[3]。こうしてこの立場は，言語批判・言語分析が従来の哲学的問題を解く鍵となるという。ここでの言語分析は，まずは数学的論理学を道具として遂行される。ここに，哲学における《言語論的転回》が始まった。だが，永井の紹介は簡単すぎるので，その認識論的側面についてさらに確認したい。とくに論理実証主義についていわれているが，この立場は，2つの大前提をもつとされる。第1は「基礎定理 Basistheorem」といわれるもので，新しい認識は経験を通じてのみ獲得されるというものである。第2は「意味定理 Sinntheorem」といわれるもので，真か偽かの意味をもつ命題は，分析的命題か総合的命題にたいして適応されるというものである。したがって，「アプリオリな総合判断はいかにして可能か」などというカント的問題構成ははじめから成立しえない。さらにここから，形而上学の命題が何か深遠な意味をもつものではなく，実は構文論的にいって「見せかけの命題」，もともと無意味な命題であること，哲学という分野は，何か壮大な世界観を立てるのではなくて，思想の明晰化をするというつつましい役割を担うものであること，という主張が派生的に出てくる[4]。

　この哲学的立場もけっして統一が取れているわけではないが，以上の明快な説明は，おおむね是認できるであろう。ところで，ヴェルシュ自身もまた，分析哲学における「分析的」という名辞は，徹底的にヘーゲルの思弁的形而上学への反抗で貫かれており，「分析的 analytisch」は，そのまま「反ヘーゲル的 antihegelisch」を意味するとされる[5]。

　だが，英米系の分析哲学とヨーロッパ大陸の多様な哲学との対立という図式については，それへの見直しや解決への展望も語られてきた。サイモン・クリッチリーは，ややジャーナリスティックな感覚によってではあるが，この対立問題を詳細に分析した[6]。彼は，大陸哲学の特徴を「非明晰主義 obscurantism」と，分析哲学の特徴を「科学主義」（「科学への心酔」）とそれぞれ名づけ，両者

---

3 ）永井成男『分析哲学とは何か』紀伊國屋書店，1979 年，38 ページを参照。

4 ）Rainer Hegselmann, Logischer Empirismus und Ethik, in: Moritz Schlick, *Fragen der Ethik*, Frankfurt a / M 1930, S.14.

のあいだを調停しようとするが，結論はかならずしも明快ではない。だが，こ
こでは，ハイデガーらが議論の中心であり，ヘーゲルはほとんど登場しない。
さらに，ゴットロープ・フレーゲの研究者であるマイケル・ダメットは，分析
哲学を一般に「英米系」と呼ぶことは誤解を招き，むしろ「英墺系」と呼んだ
ほうがましだと述べ，分析哲学的伝統のルーツを反省すべきだと指摘した[7]。
この点で，彼によれば，オーストリア，ドイツなど，中央ヨーロッパの広大な
文化圏に注目がなされるべきなのである。たしかに，分析哲学に多大な影響を
与えたフレーゲはイェーナ大学所属であったし，ウィーン学団およびウィトゲ
ンシュタインは，オーストリアの出自である。この点でまた，リヒアルト・ハ
インリッヒは，歴史意識を希薄にさせてきた分析哲学にたいする研究方法の反
省を迫る。彼によれば，20世紀の分析哲学にたいして，科学理論の形成と生き
生きとした文化的解釈を期待する者は，「かの思想圏」に依拠すべきだという。
この「思想圏」には2つの要素があり，ひとつは「唯一の原理から導出された，
ドイツ観念論の世界解釈」であり，他のひとつは，論理実証主義を生んだ，オ
ーストリアにおける「19世紀の文化理論」である[8]。同書でまた，ルートヴィ
ッヒ・ナーグルは，1950年代における後期ウィトゲンシュタイン，クワイン，
オースチンらの活動に依拠して，いわゆる分析哲学が，いまや狭義のそれでは
なくて，「『ポスト分析的に』了解する言語哲学」へと変貌したと指摘する。リ
チャード・ローティらの活動を念頭に置き，彼は，「アングロ・アメリカ的な言
語哲学のなかから，ヘーゲル，シェリング，キルケゴール，マルクスらがます
ます排除されないことになった」[9]と述べる。

　明らかなように，言語分析的な哲学と大陸的哲学を分断することは，徐々に
不毛と確信されてきた[10]。以上のように描かれる変貌を背景にして，20世紀の

---

5) Wolfgang Welsch, Hegel und die analytische Philosophie. Über einige Kongruenzen in
Grundfragen der Philosophie, in: K. Vieweg / B. Bauman（Hg.）,*Wissen und Begründung*,
Würzburg 2003, S.12. 以下，引用のさいには，本書のページ数のみを本文中に記す。
なお，60ページ以上に及ぶこの論文は，1999年における，イェーナのフリードリッヒ・
シラー大学での著者の就任演説をまとめたものである。同名の論文 Welsch, Hegel und
die analytische Philosophie, in: *Information Philosophie*, März 2000. は，同編集部が，上
記就任演説を要約したものである。細かい文献の指示が欠けているが，それだけヴェ
ルシュの主張が簡潔に伝えられる。

第7章　新ヘーゲル主義の登場とポスト分析哲学　**153**

新ヘーゲル主義がアメリカで登場してきたのである[11]。

（2）新ヘーゲル主義の登場

　周知のように，イギリスでは，ジェームズ・スターリングによってヘーゲル主義が唱えられ，その後ケンブリッジのジョン・マクタガートもヘーゲル主義を標榜した。ムーアとラッセルは，彼の影響を強く受けたが，のちにヘーゲル哲学に反発したのである。ヴェルシュは，「ヘーゲルの解釈と分析的な明瞭性」を結び付けた第一人者は，ジョン・マクタガートであるように思われるという（S.21）[12]。ところで，アメリカのヘーゲル主義の導入にはその前史がある。リチャード・ローティによると，まずジョサイア・ロイスとプラグマティストの

---

6) サイモン・クリッチリー『ヨーロッパ大陸の哲学』（佐藤透訳）岩波書店，2004 年，9 ページ参照。

7) マイケル・ダメット『分析哲学の起源』（野本和幸訳）勁草書房，1998 年の「序」参照。なお私見では，この「思想圏」のひとつとして，レスニェウスキー，ルカシェヴィッチ，タルスキーら，ポーランド学派の存在も見逃せない。

8) Richard Heinrich, Zu Geschichte und Gegenwart des Analytischen in der Philosophie, in: L. Nagl / R. Heinrich（Hg.）, *Wo steht die analytische Philosophie heute?* Wien / München 1986, S.36.

9) Ludwig Nagl, Fragestellung in diesem Band, in: *Op. cit.*, S.17.

10) Vgl. *Ibid.*, S.21.

11) 2006 年 3 月に大阪大学でおこなわれた報告（Eckart Förster, Der deutsche Idealismus aus der Sicht der USA.）では，ヘーゲルのみならず，アメリカにおけるカント，フィヒテ，シェリングの研究も紹介される。ヘーゲルが注目される要因として，フェルスターは，①分析哲学に根本的な危機的状況が発生してきた，②分析哲学と大陸の哲学の親近性が研究されてきた，③分析哲学の矛盾や欠陥をつく著作が増えてきた，と列挙する。いずれも首肯できるものである。なお，本報告要旨を提供してくださった久保陽一氏に感謝したい。

12) 私見では，マクタガートのヘーゲル論理学読解などは，たしかに分析的でヘーゲルの曖昧さをときとして批判するものの，現代のレベルからすると，ヘーゲルの深い弁証法的意図をよく理解したとは思われない。たとえば彼は，ヘーゲル論理学の概念論の普遍・特殊・個別の弁証法的展開などを，完全に形式論理学的に誤読している。John McTaggart, *A Commentary on Hegel's Logic*, Cambridge, 1910, pp. 193ff.

ジョン・デューイのヘーゲル受容がある。そして，新ヘーゲル主義の第2のペアとして，ウィルフリッド・セラーズとロバート・ブランダムが挙げられる[13]。セラーズについては，後述するが，彼の影響力のある論文「経験論と心の哲学」の出版は1956年であり，彼はすでに1989年に亡くなっている。その彼と現在活躍中のブランダムと並べるのは，やや無理があるかもしれない。さらにローティは，セラーズとブランダムがヘーゲルに負うのは，「理性の社会性」，つまり人間相互を結合する社会的関係の問題であるという[14]。

　さて，ドイツのリュディガー・ブープナーは，ロバート・ブランダム，ジョン・マクダウェルらにたいして，その活動する大学を念頭に置いて，こうした新動向が「ピッツバーグ新ヘーゲル学派」と呼ばれることがあるという[15]。さらに，このアメリカの新ヘーゲル主義には，リチャード・ローティ，テリー・ピンカード，ロバート・ピピン，マイケル・フォルスター，さらにセラーズの研究者であるウィレム・ドゥフリースらが属するであろう。こうしてブープナーは，この新しい研究グループにたいして強い期待を表明し，彼らのおかげで，分析哲学と大陸哲学の分断という「収容所に閉じ込められるような知的な悲惨さ」が徐々に緩和しはじめているという[16]。またローティ自身は，ブランダムを念頭に置いて，「分析的新ヘーゲル主義 analytic neo-Hegelianism」が登場してきたとみなした[17]。ヘーゲルをきわめてオーソドックスに理解していると思われるロバート・ソロモンをこの傾向に入れていいかどうかわからないが，彼はこの新傾向をよく理解している[18]。こうして，2005年のヘーゲル学会（シュトゥットガルト）では，会長ブープナーの主導のもと，統一テーマ「論理からことばへ」

13）Richard Rorty, "Some American Uses of Hegel", W. Welsch / K. Vieweg（Hg.）, *Das Interesse des Denkens*. Hegel aus heutiger Sicht, München 2003, pp. 33-39. なおデューイがヘーゲルに共感した理由は，ローティによれば，①カルヴァン派から逃れるのに役立った，②ヘーゲルをバークリ的な主観的観念論から区別するため，③知識の社会的性格の強調のため，であるという。*Ibid.*, p.38.

14）*Ibid.*, p.40.

15）Rüdiger Bubner, Überlegungen zur Situation der Hegelforschung, in: *Hegel-Studien*, Bd.36, 2001, S. 52.

16）*Ibid.*, S.56.

17）Rorty, *Op. cit.*, p. 46.

によって《言語論的転回》についても言及された。第5コロキュウムのタイトルは「プラグマティズムにおけるヘーゲル主義の回帰」であった[19]。

ところで，アメリカには，1968年創立のアメリカ・ヘーゲル学会が存在する。そこで出版された共同論文集を見ると，興味深いことに，上記の新ヘーゲル主義の研究者は，ここに執筆者として参加していない。この両傾向は，相互に別系統のように見られる。なお，この論文集のアラン・パッテン「ヘーゲル政治哲学における社会契約論と承認の政治」，ジョセル・アンダーソン「貧困問題の解決策を示唆するヘーゲルの見解」などは，ヘーゲル『法哲学』の各種講義録（独文）を参照しており，こちらのヘーゲル研究のほうが正統派といえるかもしれない[20]。

ところで実は，この新ヘーゲル主義には2つの要素が存在する。

（1）分析哲学による《言語論的転回》からのヘーゲルの摂取。実は，ヴェルシュは，おもにこの観点からのヘーゲルの新解釈を幅広く紹介する。

（2）ローティ，ブランダムらによる《プラグマティズム的転回》からのヘーゲルの摂取。こうしてローティは，ヘーゲルが「原プラグマティズム」に立つと指摘する（S.16）。

この2つは一見，別の要素であるが，興味深いことに，ローティ自身によって

18）興味深いことに，彼は，ヘーゲルが大部分，純粋で論理的または形式的概念にページ数を費やしたとブランダムが述べるとき，社会哲学重視の立場から，彼に明確に反対する。ソロモンの主張のほうが妥当であろう。Robert Solomon, "Hegel's Arrival: Liberation and Spirituality in Philosophy", W. Welsch / K. Vieweg（Hg.）, *Op. cit*., p.154.

19）山口祐弘「国際ヘーゲル学会参加報告」，『ヘーゲル哲学研究』第12号，2006年を参照。なお日本でも，2009年に「ドイツ古典哲学と（ポスト）分析哲学——対立から融合へ」というタイトルで，シンポジウムがおこなわれた。そのさいの議論の総括として，『ヘーゲル哲学研究』第16号，2010年，93ページ以下（司会の島崎による）を参照。

20）ロバート・R・ウィリアムズ編『リベラリズムとコミュニタリアニズムを超えて——ヘーゲル法哲学の研究』（中村浩爾・牧野広義・他訳）文理閣，2006年所収。中村浩爾「アメリカにおける最近のヘーゲル研究」（『法の科学』第38号，2007年）は，同書の内容を書評したものである。アメリカのこちらのヘーゲル研究は，日本のヘーゲル研究者からは，なぜかほとんど注目されないようである。

《言語論的転回》から《プラグマティズム的転回》への移動がおこなわれたという。第1の《言語論的転回》は、「言語の世紀」といわれる20世紀哲学の大きな特徴として指摘されてきたが、この呼称は、オーストリア出身の論理実証主義者のグスタフ・ベルクマン、およびローティによって命名された。そのさい、言語への注目は、ことばの曖昧で大言壮語的な利用のゆえに、そこからヘーゲルらの思弁哲学や形而上学が批判されてきた根拠であった。だが、さらに事態が逆転し、この『言語論的転回』の理念からヘーゲルの再評価がいまや導かれてきた。

　すでにベルクマンは、1953年における論文「論理実証主義、言語、および形而上学の再構築」で、「論理実証主義者はすべて、ウィトゲンシュタインが『論理哲学論考』のなかで開始した言語論的転回（the linguistic turn）を受容する。もちろん彼らは、『論理哲学論考』を彼らなりのやり方で解釈し、発展させるけれども」[21]と述べた。

　以上のように概観を描いたのちに、ヴェルシュの展開を検討しよう。

第3節　直接的認識と要素主義の挫折

（1）感覚与件などへの懐疑

　ヘーゲルのなかで、何がアメリカの新ヘーゲル主義から高く評価されたのか、ヴェルシュ論文に即して紹介・検討しよう。

　第1に、何か直接的で確実な認識を見いだし、それを基礎に認識を積み上げていくという、ある種経験論的で実証主義的な態度が、論理実証主義や分析哲学の運動のなかで挫折するということを、ヴェルシュは指摘する。さきに述べた「基礎定理」の基礎が揺らいできたのである。

　彼も考察するラッセルを例示しよう。彼は『哲学の諸問題』で、感覚において直接に知られるもの、つまり色、音、匂い、固さ、粗さなどを「感覚与件

---

21) Gustav Bergmann, "Logical Positivism, Language, and the Reconstruction of Metaphysics", Richard Rorty（ed.）, *The Linguistic Turn*, Chicago / London, 1992, p. 63. 視野をさらに広げれば、自覚的な意味で真に《言語論的転回》を開始したのは、オーストリアのフリッツ・マウトナーであろう（本書第2章を参照）。

sense-data」と呼んだ。そしてこれらのものを直接知覚している経験は，「感覚 sensation」と名づけられた。いずれにせよ，この感覚与件が認識の確実な出発点であり，ここからたとえば，実在のテーブルという「物的対象 physical object」がつくられる。すなわち，褐色，長方形，滑らかなどの感覚与件が前提とされ，そこから「テーブル」の認識が成立する[22]。感覚与件と物的対象のあいだの認識論的距離を深刻に考えることは，ある種バークリー的な問題になろうが，感覚与件，プロトコル命題，原子論的命題など，何か経験論的に，さらに要素主義的にないしアトミズム的なかたちで，認識および思考の確実な基礎を考えるということは，論理実証主義ないし分析哲学の第1前提であった。

　だが，ラッセル，ムーア，ルドルフ・カルナップらのこの種の議論は，うまくいかず，修正され，挫折していく。実は，そうした絶対な所与は確実には見いだせない。ラッセルの感覚与件，論理的原子論などの構想は，直接に知られうる，確実な「このもの」の認識から出発するが，「このものは白い」というさいの「このもの」はそのさいの状況に依存して曖昧さをもつことばであるから，実は確定はできない(S.29f.)。ヘーゲル研究者であるならば，ただちにここに『精神現象学』の「感覚的確信 die sinnliche Gewissheit」の議論が絡んでくると予想するだろう。「だからラッセルは，『このもの Dieses』という表現を強調するが，ヘーゲルはまさに，『このもの』の素朴な理解を『精神現象学』で批判したのだった」(S.30)。この点にはのちほど立ち返ろう。

（2）ウィルフリッド・セラーズによる「所与の神話」批判

　この点における批判や懐疑は，オーストリアの論理実証主義者オットー・ノイラート，批判的合理主義者カール・ポッパーらによっても遂行されてきたが(S.33-36)，もっとも強烈な内部批判は，ヴェルシュによれば，セラーズによるものである。「感覚与件の理論と論理的原子論のもっとも鋭い批判は，分析哲学の内部では，1956年にセラーズの『経験論と心の哲学』によっておこなわれた。『所与の神話』にたいする彼の攻撃は，有名になった……」(S.31)。

　ヴェルシュはセラーズについては，それほど詳細には述べてはいない。重大な役割を果たしたセラーズについて補足しよう。

---

22) Cf. Bertrand Russell, *The Problems of Philosophy*, Oxford, 1912, p. 4. バートランド・ラッセル『哲学入門』（生松敬三訳）角川文庫，14ページ以下。

さてセラーズは，論文「経験論と心の哲学」で，合計4回，ヘーゲルの名前
を出しているが，ほとんど具体的には論じていず，このかぎりで彼へのヘーゲ
ルの影響は，背景的なものにとどまっている。また，彼の独自の煩瑣な議論を
私が的確につかめたか自信はないが，彼の批判の要点を自分なりにわかりやす
くまとめてみよう。彼は，ヘーゲルが「所与性 givenness」（よりヘーゲルに即
すと「直接性 immediacy」）を鋭く攻撃したと評価する[23]。「多くの事物が『所与』
であるといわれてきた。たとえば，感覚内容，物質的対象，普遍，命題，実在
的結合，第1原理，そして所与性さえも所与であるといわれてきた。」こうして，
セラーズは感覚与件のみではなく，あらゆるものの所与の性格を批判しようと
する。セラーズによれば，「『直接性』の大敵」であったヘーゲルすらも例外で
はないという[24]。たしかに，上記のもののなかで，「普遍」「第1原理」などの
形而上学的要素は，フォイエルバッハらが鋭く批判したように，実は徹底して
批判されていず，ヘーゲルでは抜きがたい前提，すなわち「所与」とされてい
るといえよう[25]。

　ここではとくに，感覚与件や論理的原子論にかぎって，セラーズがなぜそれを
直接的所与とみなすべきでないのかを探っていく。彼の議論を必要なかぎりで
わかりやすく整理すると，おおむね次のようなことが取り出せるだろう。「この
ネクタイは私にとって緑に見える」という感覚は，その色が太陽光のもとでか

---

23) Wilfrid Sellers, "Empiricism and the Philosophy of Mind," *Science, Perception and
Reality*, Atascadero / California, 1991, p. 127. ウィルフリッド・セラーズ『経験論と心
の哲学』（神野慧一郎・他訳）勁草書房所収の「経験論と心の哲学」（第3章），121
ページを参照。

24) *Ibid.* 前掲訳，122ページ。

25) たとえばこの点で，フォイエルバッハはヘーゲルの固執する所与性を批判している
とみなされよう。「ヘーゲル弁証法の秘密は，結局ただ，神学を哲学によって否定し，
それから再び哲学を神学によって否定することにある」（Ludwig Feuerbach, Grundsätze
der Philosophie der Zukunft, in: *Feuerbach Gesammlte Werke 9*, Akademie-Verlag, Berlin,
§21.）。ヘーゲルの体系において，神的な絶対者はいつも最後に登場するが，だか
らといって，それは体系のなかで本当に証明されているわけではなく，実は暗黙の前
提，すなわち所与である。「理念の断念は，いわば観念にすぎない。理念はまさにそ
うするのだが，しかしそれは真面目なものではない。理念は芝居をしているのだ。」
（Feuerbach, Zur Kritik der Hegelschen Philosophie, in: *Op. cit.*, S.40.）

電球のもとでかで微妙に異なる。とすれば，周囲の全体的状況への配慮がなければ色についての正確な吟味はできず，そこで発生する感覚与件などは確実ではない。さらにまた，「緑である」と表現できるならば，色の全概念装置をあらかじめ認識主体が保持していることが必要である。さらにいえば，「このネクタイは私にとって緑に見える」という発言の背景には，一定の時空内の物理的対象についての観察可能性の長い歴史も条件となる[26]。さらにまた，「このネクタイは私にとって緑に見える」と述べることは，一種の観察にたいする報告をなすこととなるが，そのさいに当然，そこで働く言語表現上の規則が前提となる。とすれば，直接的経験を支える何らかの「権威」（言語規則に従うこと）がそこで働いている……[27]。以上によって，直接的所与とみなされるものが実は真に所与ではなくて，多様に媒介されていることが明らかである。

　こうしてセラーズは，「所与の神話」を徹底批判するが，とはいえ，経験的知識に基礎が何もないというわけでもない。またヘーゲルのように，知識の円環構造（「ヘビがその尻尾を口にくわえているという壮大なヘーゲル的な描写像」[28] がそこで正当化されるわけでもないと，ヘーゲル的結論にも釘を刺す。彼にとっては，経験的知識は合理的なものであり，そこからひとは自己の認識を訂正するという可能性が発生する[29]。いずれにせよ，彼がヘーゲルを，限定付きであるにせよ，背景的知識として肯定的に利用していることが見て取れる[30]。

（3）ヘーゲルによる「感覚的確信」と「直接知」への批判

　さて，ヴェルシュは，とくに感覚与件が自明の直接的所与ではないことを，すでにヘーゲル『精神現象学』の A「意識」の第 1 節「感覚的確信」が体系的

26）Sellars, *Op. cit*., pp.147f. 前掲訳，163 ページ以下を参照。

27）*Ibid*., pp.166f. 前掲訳，203 ページ以下を参照。

28）*Ibid*., p.170. 前掲訳，210 ページを参照。

29）*Ibid*. 前掲訳，211 ページを参照。

30）マクダウェルはセラーズを再評価しつつ，カント的二元論のなかに「所与の神話」を克服する契機が芽生えていることを強調して，カントからヘーゲルへの発展を語る。この方向性の提起は妥当であろう。John McDowell, "Hegel and the Myth of the Given", Welsch / Vieweg（Hg.），*Op. cit*.

に批判していることを指摘する。この点をヘーゲルに即して検討したい[31]。

ヴェルシュは，この箇所のヘーゲルの分析を要約して，感覚的確信に見られる４つの次元を取り出し，それらがすべて他の規定と媒介されており，ある種普遍性をもつという（S.25）。

（１）「いま Jetzt」という時間的なもの。実はこの現在の規定は過去や未来と媒介されている。

（２）「ここ Hier」という空間的なもの。この空間的規定は，「そこ」というような他の規定なしには存在しない。

（３）事象ないし対象規定の内容的なもの（温かい，明るい，居間，公園など）。これらも他の規定と媒介されてこそ存在する。

（４）私（自我 Ich）という人称的なもの。これも単純ではなく，連続的かつ普遍的なものと見られる。

ところで，第３点については，まずヘーゲルは対象を「このもの Dieses」と規定していると思われるので，まずこのことを強調すべきと考えられるが，全体として，こうした４つの規定の取り出しは妥当であろう。たとえば，ヘーゲルは明快に次のように述べる。「このもの，ここ，いま，または個別的なものというとき，私はすべてのこのもの，すべてのここといま，個別的なものをいっている。同様に，私（自我 Ich），この個別の私というとき，私は一般にすべての私をいっている」[32]。ヘーゲルが一見，「感覚的確信はもっとも真なるものとして現れる」[33]というとき，上記の「このもの」に即せば，これを分析哲学の出発点とされる「感覚与件」と見ることも許されるであろう[34]。そして，「感覚的確信の弁証法 die Dialektik der sinnlichen Gewissheit」[35]によって，個別的なもの，直接的なものが実は普遍的なものに媒介されているということを，ヘーゲ

31）なおすでにソロモンは，Solomon, *In the Spirit of Hegel*, New Yor / Oxford, 1983, pp. 321ff. の「感覚的確信（ラッセルへの）ヘーゲルの復讐」という意味深長な項目において，ヘーゲルがムーア，ラッセルらの感覚与件などへの批判をすでにすませているとして，充実した議論を展開している。

32）Hegel, *Phänomenologie des Geistes*, Bd.3, Suhrkamp, S. 87. 樫山欽四郎訳『精神現象学』（世界の大思想）河出書房，71 ページ。

33）*Ibid*., S.67. 前掲訳，67 ページ。

ルは示した。そのさい，付加すれば，その普遍的媒介とは実は言語に他ならないといえよう。このことは，言語哲学でもある分析哲学にも興味深い事実であろう[36]。

そしてまた，ヴェルシュは指摘していないようだが，ヘーゲルは広く，すべて自明と思われる知識（信仰，道徳，教養，技術を含めた直接知）も，実は何らかのかたちで媒介されていると明快に指摘する。感覚与件も一種の直接知とみなせよう。「これらすべての場合において，知識の直接性はその媒介を排除しないばかりか，直接知は媒介知の所産であり結果であるという風に，両者は結

---

34) 厳密にいうと，ヘーゲルが感覚的確信の対象と規定する「このもの」と，さきほどのラッセルがいう感覚与件（色，音，匂い，固さ，粗さなど）とは，一致していない。ヘーゲルは感覚的確信の具体例としては，「家」「木」「夜」「昼」「この一枚の紙」などを挙げているからだ。ヘーゲルでは，とにかくそれが何であれ，「このもの」と名指せるものすべてが，感覚的確信の対象となりうる。むしろ感覚与件の対象は，ヘーゲルが「知覚」の対象である「物」のさまざまな「性質」の一つひとつに対応するように思われる。いずれにせよ，経験論的な意味での直接の所与性を絶対視することへの批判とみなされるかぎりで，新ヘーゲル主義者とヘーゲルとは意見を同じにするだろう。

35) *Ibid*., S.90. 前掲訳，73 ページ。

36) ヘーゲルのいうように，たしかに感覚的確信は言語によっては厳密には表現できない。というのも，言語はつねに一般的なものしか表示しないからだ。しかし，言語に置き換えられないからといって，それが何らかの認識であるということが失われ，無価値になるのだろうかという異論が，逆にヘーゲルにたいして提起されるだろう。さきほどのフォイエルバッハは，『精神現象学』の「感覚的確信」を引き合いに出して，一般的なことばによって表現されえない個別的実在は，厳然とそこに存在して，依然としてヘーゲルの身体を制約すると批判する。ヘーゲルが論破したのは，現実の「いま」や「ここ」ではなく，思想のなかの「いま」「ここ」にすぎない。Vgl. Ludwig Feuerbach, Zur Kritik der Hegelschen Philosophie, in: *Op. cit*., S.42ff. これはある意味で，唯物論からのヘーゲル批判といえるだろう。さらに，英米系哲学者のピーター・シンガーは感覚的確信へのヘーゲルの批判を承認しつつも，類似の反論を想定する。つまり，「神秘主義者」が想定するように，実は言語に表現できない神秘的な経験こそ，もっとも深い真理であるかもしれない……。Cf. Peter Singer, *Hegel*, OUP, Oxford, 1983, p. 55. ピーター・シンガー『ヘーゲル入門』（島崎隆訳）青木書店，1995 年，112 ページ参照。

合されている」「直接知、つまり他のものとも、自己自身のうちで自己とも媒介されていないような知があるということは、事実として誤っている。このことを私は以上の批判のなかで指摘した」[37]。いわずもがなのことであるが、ここでヘーゲルが指摘した直接知と媒介知の弁証法とは、単純にすべての知や現象が媒介されていることを示せばそれで十分というものではなかった。やはり直接性は、ヘーゲルにとって不可欠の契機である。

こうして、ヴェルシュは結論する。「原子論的な個体化の試み、および経験論的な要素化の試みは、それらの試みが直接的または要素的と思い込んでいるものの媒介的性格に遭遇して、いわば難破する」(S.37)。

第4節　「全体論」の提起

（1）ウィラード・クワインの批判

感覚与件や原子論的命題の分析から出発することが不十分とするならば、おのずと認識は全体論的になる。このさいもちろん、「全体論 Holismus」は、政治上の「全体主義 Totalitarismus」とは異なる。すでにヴェルシュは、ノイラートらの議論から、感覚与件などから検証される命題の吟味が絶対でないとすると、実証主義的な真理対応説は不十分となり、現実認識の真偽は認識と対象の一対一の対応関係からではなく、体系全体の比較に依存するという (S.35)[38]。この全体論の提起は、「最近の分析哲学の2つの大きなインスピレーションの源泉」(S.42) とみなされる、クワインと後期ウィトゲンシュタインからなされる。

---

37) Hegel, *Enzyklopädie der philosophischen Wissenschaften* Ⅰ, Bd. 8, Suhrkamp, § 66, 75. 松村一人訳『小論理学』上、岩波文庫、222 ページ、234 ページ。

38) ここで真理概念について一言したい。真理が全体的なものとしてしか明らかにならないとすると、その立場はおのずと「真理整合説」になるだろう。そしてローティの場合に後述するように、人々の言語行為のなかでしか真理が明らかにならないとすると、ここに「真理合意説」が発生するだろう。かつて私は、これら真理概念の両立可能性について詳論したことがある。拙著『対話の哲学』こうち書房、1993 年所収の、の第1節「競い合う真理観」を参照。なお、記号論的パースペクティヴからすると、構文論、意味論、語用論にそれぞれ、真理整合説、真理対応説、真理合意説がおおむね対応するといえよう。

第7章　新ヘーゲル主義の登場とポスト分析哲学　**163**

とくにクワインは，古い特色をもった分析哲学に「とどめの一撃」を与えたとまで，高く評価される（S.39）。周知のように，クワイン「経験論の2つのドグマ」（1951年出版）がその論文である。

「現代の経験論は2つのドグマによって大部分条件づけられている。その1つは，分析的真理（事実問題とは無関係に意味にもとづく真理）と総合的真理（事実にもとづく真理）とのあいだには，ある基本的分裂があるという信念である。もうひとつのドグマは，還元主義（reductionism）である。これは，それぞれの有意味な言明が，直接的経験を表示する名辞からなるある理論的構成物に等値である，という信念である。これから論じていくが，この2つのドグマは根拠の薄弱なものである。のちに見るように，これらのドグマを放棄すると，その結果のひとつは，思弁的形而上学と自然科学のあいだに想定される境界をぼかすこと（blurring）である。もう1つの結果は，プラグマティズムへの移行（shift toward pragmatism）である」[39]。

分析的真理と総合的真理の区別という第1の考えには，周知のように，カントの「分析判断」と「総合判断」の峻別という議論が大きく関わっている。カントは両判断の区分ののちに，数学，自然科学などの新しい認識の成立を考慮して，思弁的に「アプリオリな総合判断はいかにして可能か」と『純粋理性批判』で問うた。カルナップは，この両判断の区分を踏襲したが，しかし「アプリオリな総合判断はいかにして可能か」などという思弁的認識は成立しないと批判した。これは従来の分析哲学の立場そのものであったが，クワインという分析哲学の大御所が以上のように宣言したのであり，この論文は大きな影響力をもった。だが，反論もあらたに生じた[40]。

さて，クワインは論理的に真（分析的真理）であると思われる言明を2つに区分した。第1のそれは「すべての未婚の男性は結婚していない No unmarried man is married.」というタイプのものであり，「すべての独身男は結婚していない

39）Willard Van Orman Quine, "Two Dogmas of Empiricism", *From a Logical Standpoint of View*, Harper & Row, New York etc., 1963, p. 21. 中山浩二郎・持丸悦朗訳『論理学的観点から』岩波書店，1972年，35ページ。

40）たとえば，クワインの師であるカルナップ自身は，この論文にたいして「私はクワインの懐疑論を取らない」と批判した。ルドルフ・カルナップ『意味と必然性』（永井成男訳）紀伊國屋書店，1974年，273ページ。

No bachelor is married.」が第 2 のタイプである。第 1 の言明は,「すべての……でない No」「未 un-」などから成り立つ「論理詞 logical particles」が正確に規定されていれば,他のどの要素をいかに解釈しても,依然として真である[41]。だからこれは,分析的真理(分析的判断)といえよう。だがクワインによれば,後者の言明では,「独身男」が「未婚の男性」と定義されているということがどのようにしてわかるか,厳密に考えると不明であるという[42]。定義するということは,実は同義性を確定することになるが,同義語を確認するということは,一種の複雑な言語行動の問題となる。とすれば,少なくとも,このタイプの言明を分析的真理と呼ぶことは疑わしい……。

(2) クワインとヘーゲルの全体論的認識

以上のように,クワインの批判は,きわめて細かい言語の使用法にたいする批判にもとづくものであった。さて,ここでヘーゲル自身のとらえ方を紹介しよう。私見では,ヘーゲルならば,両方の判断ないし方法を概念的に区分しつつ,この両者の区分が相対的であり,前者から後者への弁証法的発展過程を語ることだろう。『小論理学』概念論の「認識」の理念によれば,人間の認識作用は,「分析的方法」から「総合的方法」へとダイナミックに発展する。分析的方法は,与えられた具体的なものを分解し,区分し,それらの要素に抽象的普遍性の形式を与える。この意味で,まず分析的方法が先行する。ある意味で,分析的方法は,概念の分析のみならず,経験論も所与の事物を要素に分析するという意味で,経験世界にも妥当する。総合的方法は逆に,分析的方法から獲得された定義を出発点として,多様な分類(特殊化)から,証明をへて多くの定理(個別)へと至る[43]。こうしてヘーゲルは,人間の知的認識の過程のなかで,流動的に分析と総合の方法を位置づけた。

私自身は,もしヘーゲルの認識が以上のようなものであるとすれば,クワイ

---

41) *Ibid.*, pp. 22f. 前掲訳,38 ページ参照。

42) *Ibid.*, pp. 24ff. 前掲訳,39 ページ以下参照。クワインは「独身男」と「未婚の男性」の同義性への懐疑そのものについてはこれ以上は述べていない。議論はさらに続くが,省略する。私自身はこうした議論を正確にとらえたかどうか自信がないので,専門家の方々にご教示をお願いしたい。さしあたり,以下の丁寧な解説を参照。丹治信春『クワイン』講談社,1987 年の第 2 章「ホーリズム」。

ンの緻密な言語分析による批判とヘーゲルの弁証法的批判との間には，同じ問題を扱っているとしても，かなり距離があるように思われる。だが，この問題は指摘にとどめたい。

さて第2の問題に移る。クワインによって「還元主義」のもとでいわれていることは，セラーズが痛烈に批判した，感覚与件などへの依拠の議論とほぼ同一であろう。クワインはカルナップを批判して，「外的世界についてのわれわれの言明は個別的にではなく，ひとつの集合体としてのみ，感覚‐経験の裁きに直面する」（デュエム・クワインテーゼ）[44] という。ここにクワインの全体論が見られる。そして，こうした還元主義によって有意味な言明を獲得するという態度への否定は，超経験的なものに関わるとされる「思弁的形而上学」と「自然科学」のあいだの区別も相対化させることだろう。クワインはこの区別の相対化をプラグマティックな「ぼかし blurring」によるものとみなしたが，ヘーゲルに即せば，さきに述べたように，むしろ弁証法的認識による両者の区別の相対化ということになるだろう。ヘーゲルによれば，いうまでもなく，「自然科学」も根本的には，「自然哲学」の問題として，形而上学の枠内で議論されるべきである。いずれにせよ，クワインによって，言語分析を方法として遂行しながらも，全体としては，リジッドな分析哲学のプラグマティズム化が示唆されていることに注意すべきである。

ところで，ヘーゲル自身が一種の全体論を説いているということは，ほとんどすべてのヘーゲル研究者が是認することで，改めて議論する必要もないことであろう。ヴェルシュもまた，「真なるものは全体である Das Wahre ist das Ganze.」[45] というヘーゲルの命題を引用する（S.45）。さらに，「そのなかで真理が実在するその真の姿は，もっぱら学的な体系でしかありえない」[46] というヘーゲルの表現を挙げておこう。いずれにせよ，ヘーゲルによれば，低次から

43）Hegel, *Enzyklopädie* Ⅰ, § 227ff. 前掲訳，下，岩波文庫，第227～第231節（「補遺」を含めて）の一連の叙述を参照。大河内は本章で考察されている新ヘーゲル主義の対象が『精神現象学』にとどまっているということを指摘しつつ，『大論理学』における「認識の理念」から「善の理念」に即して展開を深くとらえている。大河内泰樹「認識批判と経験科学」，『情況』第1号，2016年，245ページ以下参照。

44）Quine, *Op. cit.*, p. 41. 前掲訳，58ページ。

45）Hegel, *Phänomenologie des Geistes*, S.24. 前掲訳，24ページ。

高次への，（論理的にいって）抽象から具体への諸概念の構築による学問的体系の展開のなかで，真理の全体性がとらえられる。しかも，この概念の弁証法的展開は単なる経験を駆動力とするのではなくて，概念自身の思弁的な自己展開に由来するとされる点で，分析哲学などから多くの反発をかったのであった。ヘーゲルらの形而上学的命題は，真偽を論ずる資格のあるものではなくて，そもそも「見せかけの命題 Scheinsatz」「無意味な命題」にすぎないとされてきたが，クワインらの指摘によれば，こうしたヘーゲル批判が揺らいできたのである。

（3）後期ウィトゲンシュタインの批判

さて，分析哲学を自己崩壊させた別の大きな契機は，ヴェルシュによれば，後期ウィトゲンシュタインである。周知のように，論理実証主義は，そもそも前期ウィトゲンシュタインに大きく依拠していたはずである。ヴェルシュはとくに晩年の『確実性について』の表現，「われわれの知は，1つの大きな体系を形成する。そして個別的なものは，それらに付与される価値を，この体系のなかでのみもつ」などを引用する（S.42）[47]。明らかに，こうした全体論的発想はヘーゲル的である。もちろんこのことは，ウィトゲンシュタインが直接ヘーゲルから影響を受けて，みずからの見解を提起したということを意味はしないであろう。実は私も，ヘーゲルやマルクスとウィトゲンシュタインとを比較する研究を紹介しつつ，後期ウィトゲンシュタインにおける，いわばこの全体論的傾向にかつて注目したことがあった[48]。

ウィトゲンシュタインの全体論的傾向を明示するのは，ヴェルシュも注目するように，「世界像 Weltbild」の考えであろう（S.43）。私見では，「言語ゲーム」を強調したウィトゲンシュタインは，日常生活における知（知ること），信（信ずること），行動の三者の根源的な一体性の確立のなかで，疑う余地のない「世界像」を人びとがもつに至ると考えた。これは何か，ウィトゲンシュタインによって明確に概念規定されてはいないが，いわば人々の実践的準拠枠であり，「信念の体系」[49] でもあろう。子どもは学習と経験によって，この体系を徐々に獲得してきたのである。「世界像」はまた，『哲学探究』でいわれる「生活形式

46）*Ibid.*, S.11. 前掲訳，17ページ。

47）Wittgenstein, *Über Gewissheit / On Certainty*, New York / Evanston, 1969, § 410, S.52.

48）本書第6章のとくに第2節を参照。

Lebensform」とも密接に関係すると思われる。もしそうだとすれば、たしかにこうした発想は、全体論的であって、ある意味でヘーゲル的といえるかもしれない[50]。これはまた、トマス・クーンの提起したパラダイム論に類似するものでもあろう。いずれにせよ、何らかの「世界像」が個々の知の基盤にあるとすれば、命題の真偽は、事実との単純な一対一の関係では決まらないし、世界像とは、そもそも全体的なものであろう。この全体論的発想は、たしかにもはや分析的とはいえない。

　さて、さらにヴェルシュの考察で注目すべきは、クワインや後期ウィトゲンシュタインと比較すると、ヘーゲルの全体論のほうが総合的にまさっているという指摘であり、それは以下の3点にまとめられる（S.48f.）。

　（1）ヘーゲルには、知の構造と対象の構造の相関に関して深い洞察がある。
　（2）実はクワインは二元論を免れていず、十分な全体論になっていない。
　（3）ヘーゲルは実際に体系の展開をしているが、ウィトゲンシュタインの「世界像」や「生活形式」は、しっかりと体系展開されているわけではない。

　以上の指摘に賛成したい。こうして分析哲学は大きな変貌を遂げたが、ヴェルシュによれば、とくにそれは、クワイン、後期ウィトゲンシュタイン、セラーズの3人によってなしとげられた。そしてそれは、いずれも1950年代のことである。「したがって、ときおり人は、50年代以後分析哲学は終わりを告げたという。より適切には、それ以後分析哲学は、伝統的・分析的な局面からポスト分析的局面（eine post-analytische Phase）に移行したといえよう。そしてこの局面で、かつての対立者であるヘーゲルが新しい指導者として戻ってくる。」（S.22）

　何といまや、ヘーゲルが、変貌した分析哲学の新しい指導者になった、というのだ。過去の哲学事情を知る者にとって、まことに驚くべき指摘だ。ところでいま、ヘーゲルのすぐれた点の第1として、知の構造と対象の構造の相関関係の深い洞察が挙げられたが、これはまた、ヴェルシュが注目する大きな第3

49）*Ibid.*, §144, S.21.

50）David Lamb, *Hegel―From Foundation to System*, Martinus Nijhoff Publishers, 1980, pp. 29ff. は、全体論的という点で、後期ウィトゲンシュタインとヘーゲルを接近させる。第6章の注16を参照。とはいえラムは、ここで新ヘーゲル主義を説いてはいない。

の論点となる。

第5節　意識と対象の一致

　真理の全体的認識がすべての個別的な認識を網羅することではない以上，いかにしてそれは確保できるのか。ヴェルシュの錯綜した議論を整理すると，彼は，おおむねそこで2つのことを指摘しているように思われる。

　第1に，ある事物を十分に全体的にとらえたとされるとき，それを対立したものとの関係で総合的にとらえることが必要である。またそれを「概念の網の目Begriffsraster」（S.44）のなかでとらえることが必要である。たしかにこうした認識方法こそ，安定した全体認識を確保するだろう。

　第2に，知が認識の歩みを進めるとき，概念が対象に一致し，対象が概念に一致し，知がそれ以上みずからを超えて進む必要がなくなったときに，全体的認識が獲得できたといえよう。このことはまた，『精神現象学』的表現を使えば，主観的な意識の形態の吟味と客観的な対象の形態の吟味の両方を合致させて考察することを要求することとなる。「現実的総体性（wirkliche Totalität）は両方を，つまり客観的なものおよび主観的なものをともに包括しなければならない」（S.46）。

　だが，ヴェルシュによれば，この「対象と概念の一致」というヘーゲル的構想は，「絶対者」や「世界精神」などの考えをかならずしも前提しなくても，成立可能であるという（S.47）。私はこうしたヴェルシュのまとめに全体的に賛成したい。彼はヘーゲルの構想をよくとらえている。「絶対者」「世界精神」などの用語に関してはまた，ヘーゲルの宗教哲学や社会哲学，歴史哲学などをどう評価するかという，さらに大きな問題が関わるだろうが，さしあたっての総括としては是認できるものであろう。

　そして注意すべきは，ヴェルシュがこのようにヘーゲルに内在する場合，彼がおのずとプラグマティズムには与しないという態度を示すことである。それは，「プラグマティズム的に去勢されることができない理論的要求としての総体性（Totalität）」という節に明示される（S.45）。あえて結論的にいうと，彼が分析哲学の変貌にさいして，ローティやブランダムらの「プラグマティズム的転回」にほとんど言及しない理由がここにあると思われる。だがもしそうならば，「総体性」「止揚 Aufhebung」などの表現には積極的に触れるのに，彼がほとんどヘ

ーゲルの「弁証法」の概念に言及しないのは，どうも合点が行かないことである。まさにここで，ヘーゲルの弁証法的認識が事実上問題となっているのに，『大論理学』の引用はなくはないが，ヴェルシュには弁証法への改まった説明はほとんどない。これは不思議なことであると，いまは述べておきたい。

　さて，ヘーゲルに見られる，意識と対象との密接な関連については，とくに以下の３点が総括される（S.46f.）。

　（１）意識の類型と対象の類型に厳密な相関関係がある。

　（２）意識の諸形態は，発生的・継起的な関係にある。低い形態は高次のそれのなかで「止揚」される。

　（３）意識と対象の相関関係の完全な形式が考えられる。そこでは，意識と対象の関係が透明化する。このとき，全体的認識が得られる。

　これが『精神現象学』でヘーゲル自身が構想していた「意識の現象学」であることはいうまでもない。最初の「（対象）意識」の章でいえば，「感覚的確信」という意識形態には，「いま」と「ここ」に存在する「このもの」という単純な対象しか現れない。次の「知覚」という意識形態には，多様な性質をもった「物 Ding 」という対象がふさわしい。さらに「悟性」的意識には，ダイナミックに発現する「力 Kraft 」や「超感性的な世界」が対象となる。ここに第２点でいう弁証法的止揚の関係があることも確認でき，さらに「意識」は「自己意識」「理性」「精神」の章へと進まなければならない。ヘーゲルによれば，「意識がこの道を通って遍歴する数々の形姿は，むしろ意識自身が学へと自己形成する詳細な歴史である」[51]。真理を認識する学的意識に到達するまで，意識のこの遍歴は続くのである。意識が変われば，対象も変わり，その新しい対象に関わることで，また意識もさらに進んでいく……。さらにまた「だが，目標というものは，知にとっては，進行の系列と同じように立てられているものである。目標は，知がもはや自分を超えて出ていく必要のないところ，知が自己自身を見つけ，概念が対象に，対象が概念に一致するところ，そこに存在する」[52]。「……この［絶対知という］地点に到達したときに，まさに意識にたいして存在し，他者としてあるにすぎないような，見知らぬもの（Fremdartiges）につきまとわれていたその外観が払い落とされる」[53]。ここでようやく，対象の完全で全体的な姿が

---

51) Hegel, *Op. cit.*, S.73. 前掲訳，60 ページ。

170

意識に現れる。もっともこのレベルの意識を「絶対知」と名づけることを，ヴェルシュは肯定しないかもしれないけれども。

第6節　《言語論的転回》と観念論の立場

　以上が，意識と対象の一致の構想に関してヴェルシュがいいたいことの基本であるが，実は彼は，ここで《言語論的転回》の問題に関わって，さらに問題を興味深いかたちで具体化しているので，是非とも触れたい。

　そもそも《言語論的転回》のなかで論理実証主義ないし分析哲学が発展してきたときに，その言語批判・言語分析によってヘーゲルの思弁的形而上学は批判の槍玉に挙げられてきた。だがここで，同じ《言語論的転回》の続行のなかで，今度はヘーゲル哲学が再評価されてきたわけである。これはいかなることか。ヴェルシュによれば，意識（認識）と対象との関係の問題のなかで，ヘーゲル自身が《言語論的転回》をなしとげたのである。「言語論的転回（linguistic turn）が認識形式と対象形式の原理的一致に関するヘーゲル的理念にたいする言語哲学的な定式化を可能とすること，これが私のテーゼとなるだろう。」（S.50）

　いま，『精神現象学』の「感覚的確信」の箇所にもどることにする。そこでのひとつの結論は，生き生きと広がる確信の個別的事実を表すためにも，普遍的な言語を使わざるをえないことが暴露されて以来，それ以後の意識の歩みは，すべて言語によってなされるということであった。つまり対象は，ある意味で言語によって媒介され，構成される。以下のヴェルシュの議論は複雑であるが，きわめて大雑把にいうと，彼は議論を二段階的に考えているように思われるので，その点に即して紹介・検討する。第1は，ヘーゲル的な《言語論的転回》を「常識的な言語論的転回」と比較することであり，第2は，それを「言語論的立場」と比較することである。最終的にヴェルシュは，「言語論的立場」をとる哲学者たちのかなりの部分を批判することを目指す。

52）*Ibid*., S.74. 前掲訳，61 ページ。

53）*Ibid*., S.81. 前掲訳，66 ページ。

（1）常識的な《言語論的転回》との対決

　ヴェルシュによれば，一方で対象の言語的構成を肯定し，他方で言語からの対象の独立性を残すという立場は，実はヘーゲル的ではない。というのも，ヘーゲルは意識と対象の完全なる一致を考えるからだ。たしかに私見では，ヘーゲルは，古来の形而上学の大命題である「思考と存在の同一性」を肯定する以上，存在の本質を思考ないし精神とみなす。ヘーゲルが「観念論 Idealismus」を断固，擁護することも，精神，思考という観念的なものが事物をダイナミックに観念化・精神化した結果，現実世界が存立していると見ることに由来する[54]。この意味において，ヘーゲルによれば，「外面性のこの止揚は精神の概念に属するのであるが，この止揚は私たちが精神の観念性（die Idealität des Geistes）と呼んできたものである」[55]。そして端的にいえば，精神や観念の代わりに，言語による媒介を置けば，ヘーゲル哲学自身の《言語論的転回》が発生することとなる。ここでヴェルシュは，2種類の《言語論的転回》の形態を考える（S.50f.）。

　（1）常識的な《言語論的転回》。ここにはまだ，対象と言語の二元論がある。

　（2）ヘーゲルの，観念論的な《言語論的転回》。対象と概念の完全なる一致を主張。

　しかし，第1の言語と対象の固定した二元性の議論では，対象は把握されない。それでも，第2の主張を採用しつづけると，「われわれが言語によって世界を産出する」という「極端な言語論的観念論」となり，それは「主観的観念論」に接近してしまう（S.61f.）。ヴェルシュは主観的観念論の立場を取らない。だが，ヴェルシュはあくまで，ヘーゲルの「概念と対象の最終的に完全な対応」（S.51）に可能性を見いだそうとする。ではどうするか。ヴェルシュはヒラリー・パットナムの「実在論の見解 Realismus-Version」（S.63）を継承しつつ，ヘーゲルの「客観的観念論」を再解釈する[56]。

54）この点では，拙論「ヘーゲルにおける《精神》の概念とその意義」，島崎・岩佐茂編著『精神の哲学者　ヘーゲル』創風社，2003 年所収の第 1 節「《精神》の最小規定としての観念性」の説明を参照。

55）Hegel, *Enzyklopädie der philosophischen Wissenschaften* Ⅲ, Bd.10, Suhrkamp, § 381. Zusatz. 船山信一訳『精神哲学（ヘーゲル全集 3）』岩波書店，18 ページ以下。

そもそも言語と対象のあいだには，きわどい関係がある。「われわれが言語を超越するということも，厳密には，言語の内部で生じる。または，すべての外部は，ひとつの言語の内部である。」「すべてのものの言語への内在（Sprach-Immanenz von allem）は，言語論的立場の鍵となる立場である。」（S.57）ヴェルシュも言語を超越する事物の存在を承認するが[57]，しかしその存在の承認も言語によってしかおこなわれない。そうでなければ，それは無に等しい。ここでヴェルシュは，対象が「言語」によってかたど（konturieren）られるというよりも「概念」によってかたどられる，といったほうがいいと提案する。なぜなら，対象自身はやはり話さないからである。「かたどり」という用語は，それによって，はじめて対象の輪郭や構造が浮かび上がるということを意味するだろう。「だから，言語論的立場は，対象の言語的かたどりのテーゼよりも，むしろ対象の概念的かたどりというテーゼによって特徴づけることが得策である」（S.55）。

56) ここでは，客観的観念論がいかにして成立するのか，その立場は妥当なのか，などの問題が発生するだろう。ヴェルシュはその問題をとくに深めてはいないが，ブランダムはその問題をさらに追求する。この興味深い問題についてここで詳論できないので，一応彼が，客観的な事物の関係をはらんだ構造と，それを認識する主観的な意識の推論的な過程とのあいだの同一性と区別という微妙な事柄を問題としている点を指摘しておきたい。「……〔『精神現象学』の〕意識の章の終わりにたどりついた客観的世界の根底的な全体論的な構造と意識の全体論的構造とがもっていると考えられる類比（analogy）は，類似（similarity）という非常に薄く抽象的な観点に依存していることだろう。それは，そのうえに観念論的な構築物が建てられるためのか細い葦にすぎない。」「客観的観念論を理解することは，以下の2つのもののあいだの関係を，つまり主観の側の『すべての契機を行き来する休みなき運動』と，それによって把握される客観的な側の内容とのあいだの関係を理解することを要求する。」以上でいわれる2つの側面の関係の問題こそ，ヴェルシュが「意識と対象の一致」というテーマで問題にしていたことに他ならない。Robert Brandom, "Holism and Idealism in Hegel's *Phenomenology*," Welsch / Vieweg（Hg.）, *Op. cit*., pp. 57, 68.

57) 前述の雑誌 *Information Philosophie* の論文では，「なるほど，言語超越的なものは存在する。たとえば，われわれは自然的対象を，（それの記述とは区別されて）十分な権利で言語超越的と特徴づける」と明言される。Welsch, *Op. cit*., S.21.

（2）「言語論的観念論」との対決

　さらにヴェルシュは，認識活動における言語の重要性を承認しつつも，ヘー
ゲルを徹底して言語論的に解釈する立場（「言語論的立場 linguistische Position」
といわれる）とヘーゲル自身の立場とを比較する。この2つの立場は実によく
似ている。一方の「言語論的立場」ないし「言語論的観念論」（S.60）では，す
べての対象の概念的かたどりを最終的な基礎にして，対象の形式と言語の形式
がおおい合うという。他方のヘーゲルは，理念の発展を基礎にして，対象の形
式と意識の形式が同一になることを主張する（S.58）。このさい対象は，意識に
よってどこまでも媒介され，浸透されている。

　だがそこには，重大な差異がある。「言語論的立場」は，徹底して「人間の言
語活動の優位」（S.59）を基礎におく。「言語によるかたどり」といっても，「概
念によるかたどり」といっても，実はそれほど差があるわけではない。対象は
われわれ自身の言語と概念化の活動によってしか把握できないのだから，「言語
哲学者たちはまったく当然にも，対象の入手と対象の所持はわれわれの達成で
あること，それらがわれわれの側面から，われわれの活動を基礎にして把握さ
れるべきこと，それらがわれわれの言語的・概念的活動性にみずからを負って
いること，以上のことから出発する」（S.59）。ヴェルシュはこの立場を，「主観
主義的または人間主義的 subjektivistisch oder anthropisch」，さらに「主観的観念
論」と特徴づけ，批判する。とくにこうして，分析哲学者のグッドマン[58]は，
言語によって「われわれは世界を産出する」という極論に陥ってしまう。実は
この考えは，かつて日本でも現代思想華やかなりしころ，流行していたもので
ある。他方，パットナムは，グッドマンとローティを「極端な言語論的観念論」
と批判し，「実在論の見解」へと，逆方向へ舵を切る。ヴェルシュが支持するの
はこちらの立場である。

　ヴェルシュの結論によれば，「言語論的立場」ないし「言語論的観念論」のよ
うに，対象的世界が言語によって産出されるというように主観主義化するのは
誤りである。むしろ，パットナムにしたがって，対象認識は主観的なものに尽
きず，そこにすでに客観的現実からの関与が含まれているはずであり，「われわ

58）このグッドマン（Goodman）とはだれなのか，引用文献が見当たらないが，ヴェ
　ルシュ氏に確認したら，Nelson Goodman と判明した。

れの概念は対象との共同作用のもとで成立している」（S.62）と見るべきとされる。「そのときわれわれの認識は，閉じられた戸口の前の活動ではなくて，世界と世界の状態を，世界を含有するかたちで，われわれの認識へ向かって叙述するものとなる。」（S.63）こうして，ヘーゲル的概念は，あくまで現実と結合しており，単にわれわれの主観的な概念ではない。

（3）ヴェルシュの結論に関して

　以上のヴェルシュの主張に関しては，まとめとして，私はこの認識論的問題と残された重要な問題（弁証法と矛盾律の関係）を中心に述べておきたい。

　さて，ヴェルシュは結論部分で，これ以上，みずからの認識論を展開してはいない。私見では，これは，ある種の弁証法的反映論[59]の提起とみなせるだろう。そしてまた，彼の議論を通じて，「主観的観念論」「客観的観念論」「実在論」などの，なつかしい表現がもどってきた。おそらくここで，「唯物論」という概念も再検討されるべきであるが，この点は興味深い事柄である。いずれにせよ，ヴェルシュの探究をとおして多種多様な問題が沸き起こってきたが，それにひとつひとつ触れる余裕はもはやない。私自身は，上記のヴェルシュの批判と結論にはおおむね賛同したいと思うが，それでも彼は，自分の提起した問題にまだ十分に応えてはいないように思われる。

　だがそれでも，ヴェルシュがこれほどにまで，分析哲学の変貌とヘーゲルのあり方を接近させることができた背景には，実はひとつの大きな問題の捨象があることだけは付加したい。

---

59) これをけっして独断的な真理対応説と同一視してはならない。「しかし，対象をわがものとして獲得する人間の実践活動の不可欠な契機として，科学的な認識は，対象についての像が，いくたの諸段階，諸レベルを経て，内容的にますます対象に合致したものとなってゆくところの過程であり，しかも，歴史的に規定された条件のもとで主体の活動とその成果である。」（岩崎允胤・宮原将平『科学的認識の理論』大月書店，1976年，78ページ）以上が弁証法的反映論のひとつの説明である。いずれにせよ，この反映論は，対象のあるレベルでの，頭脳内での観念的再生産とみなせるが，対象の実在反映的契機（ヴェルシュのいう「実在からの関与」）をもたない真理論は，主観主義，相対主義，不可知論などに一面化するだろう。詳細は前掲『対話の哲学』，163ページ以下，172ページ以下などを参照。

第 7 章　新ヘーゲル主義の登場とポスト分析哲学　**175**

　それは，論理学の問題である。すなわち分析哲学は，その論理学として，数学的論理学ないし記号論理学を採用してきた。それは一種の形式論理学として，従来の伝統的論理学を根本的に批判し，命題論理学，述語論理学を基礎部分に，様相論理学，多値論理学などの試みを付加し，さらに形式主義的体系の吟味をおこなう，一種のメタ論理学的部分を含んでいる。他方いうまでもなく，ヘーゲルの論理学は，カントの超越論的論理学を継承した弁証法的・思弁的な論理学であり，まさにこの両者は水と油の関係であった。とくにそれは，矛盾律の扱いに明示される。数学的論理学では，ある形式主義的体系で矛盾する二つの命題が出現すれば，その体系はただちに崩壊する [60]。論理学の非両立や曖昧さ，多義性こそ科学的思考が避けるべきものである。他方，ヘーゲルは伝統的論理学の同一律・矛盾律を批判して，「矛盾が考えられないというのは，笑うべきことである」[61]，「あたかも矛盾が〔同じ反省規定としての〕同一性と同様に，本質的で内在的な規定であるとされないのは，従来の論理学と常識の抱く根本的偏見のひとつである」[62]，と指摘した。ヘーゲル自身は，同一律，矛盾律を徹底して批判するが，しかし弁証法といえども，ある意味で，形式論理学の思考の原理である同一律，矛盾律を守るべきである，などと明言したことはないと思われる。こうしてヘーゲルの弁証法が，分析哲学などによって，非合理的・非論理的と批判されてきたことは，周知のことである [63]。

　もし弁証法と矛盾律の関係はいかがかという問題が深刻に扱われれば，やはりそこにヘーゲルと分析哲学の対立が再燃することとなるだろう。変貌した分析哲学は，弁証法的矛盾もまた許容するのだろうか。この点だけは指摘しておきたい。

60）たとえば，この点の明確な主張は，ヒルベルト／アッケルマン『記号論理学の基礎』（伊藤誠訳），大阪教育図書，1954 年，27 ページにある。

61）Hegel, *Enzyklopädie* Ⅰ, § 119. Zusatz 2. 前掲訳，上，33 ページ。

62）Hegel, *Wissenschaft der Logik* Ⅱ, Bd.6, Suhrkamp, S.75. 武市健人訳『大論理学』中巻，78 ページ。

63）有名な例は，Karl Popper, "What is Dialectic?" *Conjectures and Refutations*: The Growth of Scientific Knowledge, London, 1972. であろう。なお，伝統的論理学，弁証法的論理学，数学的論理学の三者の位置づけと関係については，拙論「弁証法と形式論理学」『一橋論叢』1985 年 2 月号で詳論したことがある。

ところで，ヴェルシュが新ヘーゲル主義に関する紹介論文の最後で，ヘーゲル研究者に向かって述べたことは，示唆的である。……ヘーゲル研究者たちは，「だからヘーゲルはすでにすべてを述べていたのだ。そしてわれわれは，近年の分析哲学を断念できるのだ」と勝ち誇るかもしれない。たしかに「ヘーゲルは戻ってきた Hegel is back.」。だがそれも，「分析的な再定式化の手段なしには，ヘーゲルがその生産力の点で何をいったかを，正確にはわれわれはほとんど知ることはないであろう」（S.66）。この指摘は，ヘーゲル研究者に向けての重要な注意であって，たしかにこの点を，ヘーゲル研究者などはここで再考すべきだと思われる。

ここで私は，ヴェルシュの紹介論文「ヘーゲルと分析哲学」を去る。実はこのあと，ヴェルシュは，上記の『思考の関心』の総括論文として，「ヘーゲル観念論における二つの問題」を書いている [64]。なぜこの論文が，多くのアメリカの新ヘーゲル主義者が首をそろえた論文集の総括になるのか。それは端的にいって，いままで展開してきたヴェルシュの考察の発展的結論がこの論文にあるからである。詳細はもはや述べられないが，彼はこの論文で，近代の人間主義や相対主義を厳しく批判し，実はヘーゲルもこの傾向を免れていなかったと指摘する。いずれにせよ，彼は一種の実在論を説くようであるが，この論文の検討は将来の課題としたい [65] [66]。

64）ヴェルシュの新しい論文は，Welsch, Zwei Probleme in Hegels Idealismus, in: Welsch / Vieweg（Hg.），*Op. cit.* である。

65）実はヴェルシュ「ヘーゲルと分析哲学」と同名の英語論文がある。Peter Hylton, "Hegel and Analytic Philosophy", Frederick Beiser, *The Cambridge Companion to Hegel*, Cambridge, 1999. だが同論文は，まだアメリカの新ヘーゲル主義を，ヴェルシュほどに総括的に扱ってはいない。

66）なおオリジナルの拙論では，これ以後，第6節「ヘーゲルの『プラグマティズム的転回』をめぐって」が続いているが，割愛したい。この点での最新の研究として，寄川条路編著『ヘーゲルと現代思想』晃洋書房，2017年所収の第3章（クワイン，ブランダムを扱う），第4章（マクダウェルを扱う）がある。さらに，分析哲学，プラグマティズムとの関わりだけでなく，アメリカにおける承認論，フェミニズム論などからのヘーゲル受容については，滝口清栄・合澤清編『ヘーゲル　現代思想の起点』社会評論社，2008年所収の片山義博「アメリカにおけるヘーゲル研究の現況」が参考となる。

第8章 アルフレート・アドラーの心理学の流行と現代

第1節 なぜいま「アドラー心理学」なのか

　日本では，2016年現在で，アドラー心理学関係の著作は，『嫌われる勇気』が135万部，『幸せになる勇気』が37万部売れたといわれており，ベストセラーとなってきた[1]。なぜいまアドラー心理学が注目されるのか，この両著を中心に，その内容を紹介しつつ，その積極的意義，さらに問題点・疑問点を本章で探りたい。両著は，アドラーの化身と思われるカウンセラーの「哲人」と，カウンセリングを受けつつも彼に遠慮なく反発する「青年」とのきわめてスリリングなやりとりとなっている。こうした対話ないし議論形式の文体は，わかりやすく劇的で，おおいに読者の共感を呼ぶことだろう。こうした叙述形式を採用したことも，ベストセラーになった一因と見られる。フリーランス・ライターである古賀が，さらに効果的な文章表現を採用したことも推測される。こうした対話形式を選んだことの理由として，岸見がもともと対話篇の哲学書を著わしたプラトンの研究者であったことが挙げられるが，さらにアドラー自身が著作をしっかりと体系的に仕上げることよりも，ウィーンの多くの市民と国民集会所（フォルクスハイム）やカフェなどの場で議論し，当意即妙に応答することに熱意を注いだということも無関係ではないような気がする。アドラーならば，こういうふうに生き生きと議論したのではないだろうか……。

　ところで，いまやアドラー心理学ブームは，岸見・古賀の著書『嫌われる』の翻訳をきっかけに，韓国では日本にも増して熱狂的となってきた。韓国では，『嫌われる』の翻訳が115万部販売されたといわれるが，その人口5000万を考

---

1) 岸見一郎・古賀史健『嫌われる勇気』ダイヤモンド社，2016年（初版2013年）。同上『幸せになる勇気』ダイヤモンド社，2016年。以下，前著を『嫌われる』，次著を『幸せ』とそれぞれ略記する。なお岸見氏は，次著のほうで，この前著が「アドラー心理学の入門書にして決定版」を目指したと自負する（『幸せ』291ページ）。私は『嫌われる』について，すでに書評を書き，本書のポイントを紹介・検討した。東京唯物論研究会編『灯をともせ』第23号，2016年。

慮に入れると，この国での熱狂ぶりがうかがわれる[2]。また台湾でも，同書の翻訳が 30 万部を超えるヒットとなっているという。同書の翻訳は，すでに中国でも発行されており，タイ，ベトナム，ギリシャ，ブラジル，ポルトガル，スペインで翻訳が決定されている[3]。ところで，アドラーの心理学は，いわゆる自己啓発の源流といわれてきており，米のデール・カーネギーらがこれを高く評価している。

　なぜこうした心理学ブームが起こるのか，またなぜとくにアドラーが注目されるのだろうか。日本社会のありかたを見てみると，展望の出ない不安定な状況が続いている。新自由主義経済のもと，規制緩和，不安定雇用，消費税増額，福祉・社会保障の削減などが進み，アベノミクスも派手に宣伝されるわりには実質的な効果が出ていないように見える。こうした状況で，若者も老人も寄る辺ない，不安定な人生を歩まざるをえない。また現在，経済的に安定した人々も，将来どうなるかわからないし，多くの複雑な心理的問題を他方で抱えている場合もある。こうした状況において，人生への道しるべとしてアドラー心理学も流行したといえよう。多くの人生論，心理学，哲学，宗教論など同傾向の書物があふれるなかで，アドラー心理学のメリットといえば，その実践的性格にあるだろう。アドラー心理学は，一見極論ないし不合理に見える点が多いかも知れないが，のちに見るように，それも実に徹底した分析の結果であるように思われる。

　とくにまた岸見・古賀の両者は，アドラーを心理学者というよりも「哲学者」とみなしている。それだけ幅広く深い人間的真実をアドラーは探求したというのであろう。さらに，アドラー心理学では，従来からアドラー流の訓練を受けたカウンセラーが数多く養成されている。その点でも，それは実践的であり，また，一種の自己分析・自己診断が可能なワークブックのようなものも出版されている[4]。

2）『毎日新聞』2016 年 5 月 19 日夕刊。

3）『週刊ダイヤモンド』2016 年 7 月 23 日号，57 ページ。

4）岩井俊憲『7 日間で身につける！アドラー心理学ワークブック』宝島社，2016 年。

第8章　アルフレート・アドラーの心理学の流行と現代　**179**

第2節　アドラーとはどういう人物か

　アルフレート・アドラー（1870 ～ 1937 年）はちょうど，いわゆるウィーン世紀末といわれる時代に生きた心理学者である。かつてヨーロッパの中心（中欧）にあって栄えてきた旧ハプスブルク帝国の首都がウィーンであり，彼はその近郊ルドルフスハイムの，ユダヤ人穀物商の家で6人兄弟の2番目として生まれた。神聖ローマ皇帝を代々輩出し，カトリックの中心でもあった旧ハプスブルク帝国およびウィーンは，文化的に，つまり芸術的にも学問的にも幅広く発展し，産業革命とともに近代化を促進したが，その爛熟の状況にあって早々と近代の限界に到達し，現代の世紀末的状況を先取りしていた[5]。

　そのなかで，大都市ウィーンでは，うつ病など精神的病が蔓延し，知識人や若者の自殺も流行した。そのなかでジグムント・フロイト，カール・ユングおよびアドラーは，心理学の三大巨頭といわれてきた。従来，フロイトもユングも偉大な心理学者かつ思想家と評価され，近代合理主義の意識的主体性を超えた現代的地平を切り開いたといえよう。アドラーにはそうした思想的雄大さはないかもしれないが，その心理学の強みは，「幸福とは何か，健康とは何か，いかに人は生きていくのかということについて非常に明白でしっかりしたイメージを持っている」[6]うえで，人間の心と行動の問題を解決へと実践的に導いた，という点にあるだろう。フロイトやユングは，その思想は深遠で何か（超）現代的であるかもしれないが，こうした明確で現実的な解決法を打ち出してはいないように思われる。この意味で，「フロイトが全力で新しい学問を打ち立てるために力を注いだとすれば，アドラーはそれを病人の苦しみを癒すために使ったのである」[7]。この意味でアドラーは，近代市民社会という現実的地平を離れることなく，人びとの心理と行動の問題を当人の誕生以来の現実的人間関係の

　5）ウィーン世紀末状況については，拙著『ウィーン発の哲学』未来社，2000 年の第2章「世紀転換期の思想と文化」を参照。アドラーの生涯については，おもに岸見『アドラー心理学入門』KK ベストセラーズ，2016 年，による。

　6）前掲『アドラー心理学入門』38 ページ。

　7）ウィリアム・ジョンストン『ウィーン精神』1，井上修一・他訳，みすず書房，1986 年，398 ページ。

なかで考え，活動し続けてきた。彼には，オカルトや神秘主義の傾向はまったくなく，夢も合理的に解釈しようとする。彼は当時の世紀末の時代にあって，それにもかかわらず，近代主義的姿勢によって問題を実際に解決しようとしたといえよう。

さてアドラーは，ウィーン大学出身であるが，大学の研究者になることはかなわず，おもに市民を相手にして，講義，講演をおこなった。フロイト主宰の研究会にも招かれ，その会長も務めたが，のちに学説上の違いから，そこを脱退する。彼の心理学は，「個人心理学」と名付けられた。彼は，社会主義にも強い関心をもち，当時の社会民主党の教育改革にそって，児童相談所を数多く開いた。だが，ロシア革命には失望したという。ナチスの台頭のなかで，米国に家族と一緒に移住し（1835 年），そこで大学教授となる。スコットランドの講演先で，67 歳で心臓発作のため死す。以下では，アドラー心理学の個々の特徴を論ずる前に，その前提となる思想を考察する。

第3節　アドラー心理学の基礎にある人間観・社会観

アドラーによれば，人間個人の精神生活は，つねにその共同生活のあり方と分かちがたく結びついている。この点で，共同体の要求は，いわば「絶対的真理」である。「なぜなら，人間の個人的生活の前に，共同体はすでに存在していたからである。人間文化の歴史において，社会的に営まれなかったような生活形式は何ら存在しない」[8]。こうした共同体（社会）重視は，人間の進化の歴史によって決定されているという。アドラーは，進化論者ダーウィンを援用して，人間が，他の動物のようには，早い脚，鋭い爪，鋭敏な聴力や視力などももたず，生き残るためには，集団生活のなかで労働による「分業」を発達させる以外にはなかったと述べる。

そして人間を適応させ，安全でいられるためには，思考，感覚，行動のための「精神器官」が発達していかざるをえなかった。こうして，「すべての精神器

---

8) Alfred Adler, *Menschenkenntnis*, Frankfurt am Main 2001, S.38.　岸見訳『人間知の心理学』アルテ，2016 年，34 ページ。以下，本書に関しては，原典と翻訳のページ数を本文中に記す。なお同書と，後続の岸見訳『性格の心理学』アルテ，2015 年，を合わせて，*Menschenkenntnis* の全内容をなす。

官の能力は，社会生活がそのなかに含まれて担われる基礎のうえで発達する。人間のどんな思考も，共同体に適応できるものでなければならなかった」（S.40.36 ページ）。さらにまた，共同体のなかで人びとを結びつけるものは，とくに「ことば」であった。こうして，理性，論理，倫理，美意識なども，人間の共同的生活のなかにのみ，その起源をもっているといえる。

　ところで，さきに「絶対的真理」といわれた根本的事実の重要部分は，アドラーによれば，マルクスとエンゲルスの構想した「唯物論的歴史把握 materiali-stische Geschichtsauffassung」（S.37.33 ページ）のなかに堅持されているという。つまり彼らの史的唯物論によれば，いわゆる「イデオロギーの上部構造」を規定するのは，経済的土台および技術形態だというわけである。アドラーは社会主義に強い影響を受けており，社会民主党員でもあったという[9]。だから，ここでマルクス，エンゲルスの思想が登場しても不思議はないだろう。いずれにせよ，アドラーを読む限り，その思想はたしかに，唯物論的といえるものだと思う。かつ進化論と唯物史観を基礎とする限り，その人間観もおのずと社会重視で現実主義的なものに結果するだろう。この点に，フロイト，ユングらとの根本的差異がある。さらに，アドラーがみずからの心理学のなかで「共同体感覚　Gemeinschaftsgefül, social interest」（第 5 節参照）を重視する根拠も，実はここにあるのではないか。だから，アドラーは現実遊離の単なる理想主義を説いたわけではない。

　しかし，まさに現実に適応するためにも，精神のありかたは，単なる自然とは異なる独特の性質と機能をもたざるをえない。アドラーは「精神的生活における目標追求性」（S.31. 24 ページ）を強調する。つまり人間の精神とは，たえず一定の目標を設定し，それを実現すべく，みずから運動するものなのである。そこに自然の運動との違いもある。目標をもたずには，思考することも，感じることも，欲することも，それどころか夢を見ることもできないとされる。そして自然と異なり，人間はその目標を変えることもできる。さらに，多くの人は自分の目的をはっきり知らないで行動する場合もあるが，まさにそのさいは，その人の行動から，その隠れた目的を推測することができる。それこそ，心理学者の仕事である。以上の精神についての認識は，アドラー心理学で原因論（因果論）ではなくて「目的論」を重視する発想につながるといわれる。だから，

　9）ジョンストン，前掲書，396 ページによる。

ここでの目的論重視は，唯物論的な現実認識に裏打ちされているといっても過言ではないだろう。

　ともあれ以上のように，人間とは，徹頭徹尾「社会的存在 gesellschaftliches Wesen」（S.50.49 ページ）である。人間の精神も，まさにその目的は社会に適応することにほかならない。この点，「個人心理学の目標は『社会』適応である」と明言される。アドラーによれば，個人はただ社会的文脈においてだけ，個人となれるのである。だからこうして，「個人心理学」と「社会心理学」の区別も実は存在しないのである。こう考えると，学校と保育園とは，社会制度のミニチュアのようなものであって，社会問題の準備段階として，そこでの問題が議論されることとなる[10]。このように，アドラーは個人の問題と社会の問題をつなげて，発展的に考えようとしている。だが，マルクス，エンゲルスの唯物論的な社会主義に共感したことから明らかなように，アドラーはひたすら現存の社会制度に適応すればそれでいいというような，保守主義者ではない。

　さて，アドラー心理学における人生の基本目標は，簡潔にいって以下の通りである。つまりそれは，行動面からすると，第1に自立すること，第2に社会と調和して暮らすことであり，心理面からすると，第1に，「私には能力がある」という意識をもつこと，第2に，「人びとは私の仲間である」という意識をもつことである（『嫌われる』109 ページ）。ここで詳しく議論できないが，以上の4つの目標は，アドラー心理学の大前提であり，この心理学はこれらの目標を達成するためにある。

第4節　アドラー心理学の特徴①
（目的論，ライフスタイル，人生のテーマ）

　第1の特徴は，いま述べた，人間理解における目的設定重視という発想である。つまり目的論的人間観ということである。

　アドラーによれば，個人心理学は，人生における「目的論」的な力に注目する。一般に人間は，将来にたいする夢を想定して現在の欠陥と困難を克服しようとしたり，理想をもとうとしたりする。子どもは一般に弱い存在だから，通例，強い大人をモデルにして生きるという目的をもつ[11]。歪んだ形であれ，無意識であれ，どんな人間も，自分の人生に意味と価値を与え，そうして納得して（諦めても）生きている。こうしてそこに，劣等感によるコンプレックスや過剰な

優越欲のように，病的な目的設定がなされる場合もある。だから，人間はただ，環境との因果関係に影響されて，受動的に動くわけではない。アドラーは，こうした個人の内発的傾向や力に注目し，そこに働きかけようとする。外部からの働きかけだけでは，けっして人は変われない。だからここでアドラーは，外因論ではない，内在的かつ能動的な唯物論を主張したともいえるだろう。

　『嫌われる』はその点に関して，フロイト的な「トラウマ〔心的外傷〕を否定せよ」，「トラウマの議論に代表されるフロイト的な原因論とは，かたちを変えた決定論であり，ニヒリズムの入口なのです」（『嫌われる』37ページ）と明快に批判する。原因論（因果論）の決定論を乗り越えて，自分を変えようとする目的論を称揚するのである。わかりやすい例でいうと，「自分は両親の虐待を受けたから，社会に適合できない」と主張する人がいたとする。そのいわばトラウマに自分の人生が決定され，結果として自分が苦しんでいるわけである。これはどうしようもないと。だが，アドラー的にいうと，実はその人に，そう考えたい「目的」があるのだという。さしあたりは，外に出る不安を隠すという目的で，自分でトラウマの恐怖を作り出しているのだ。そして部屋に引きこもっていれば，両親の注目を引き続けることができ，自分が丁寧に扱われるようになる……。この人は自分の生き方に不満があるだろうが，さしあたり居心地はいいのだ。だからその人は，ある意味「目的」に沿った（合理的な）行動をとっていることに間違いない。ここでは歪んだ形ではあるが，「目的論」が働いている。

　もしトラウマなどが絶対的かつ決定的ではなく，意識的・無意識的に本人がある目的で維持していたということが自覚されると，そうだからこそ，その目的を変更するという可能性が内発的に生まれる。つまり自己決定できる余地が生まれる。そこに「人生の嘘」，すなわち，自分にたいする自己欺瞞が存在することも自覚される。いままでは前向きに生きる「勇気」が挫かれていたのであったが，ここで自分を変える勇気も湧いてくることであろう。こうして，目的論の立場を採用したことによって，人は自己変革のスタート地点に立ったのである。

　第2に，原型とライフスタイルの主張である。

10）アドラー『個人心理学講義』岸見訳，アルテ，2016年，123ページ以下参照。

11）前掲『個人心理学講義』9ページ以下参照。

アドラーによれば、「原型 Schablone」とは、入学以前、4，5歳で形成される思考と行動のパターンであり、彼はこれを重視する。「ライフスタイル Lebensstil, Lebensschablone など」とは、原型を発展させて、形成されたものであり、この点で、原型が未熟な果実に、ライフスタイルが成熟した果実にたとえられる[12]。ライフスタイルとは、岸見のまとめによれば、自分のことをどう思うか（自己概念）、他者を含む世界の現状をどう思うか（世界像）、自分と世界についてどんな理想を抱いているのか（自己理想）を包括したものである[13]。ライフスタイルは、遺伝、器官劣等性、家族構成、社会環境などによって規定されるが、もちろん絶対的なものではなく、可変的なものである。「器官劣等性」とは、低身長、虚弱など、身体的な不利を意味する。さらにまた、「誕生の順位」が重視され、たとえば第一子は、誕生後しばらく安定した座を確保するが、次の子が生まれることによって、いわば廃位させられる。第一子では保守的な見方が優勢だといわれる。第二子は前の第一子に追いつこうと狙っており、革命的である。こうしてアドラーは、子どもの心理と行動を実に精細に観察している。

だからここで、アドラーは、可変的であるが、一種の因果関係を見ていることに間違いない。アドラー自身背が低く、幼いころクル病であったという。だが、そこで生ずる劣等感は悪いものではなく、優越しようとする努力の基盤ともなる。そしてそこで、自分はダメだという劣等コンプレックスに陥れば、歪んだ目的と価値観を担うことになる。したがって、人間の現実的行動のなかで因果関係と目的論は絡み合っているものである。

ところで、アドラーによれば、神経症はライフスタイルの病気である[14]。したがって、個別的な症状の治療は一応わきにおいて、ライフスタイルそれ自身の改良に取り組む必要がある。健全なパーソナリティをもてなければ、つまり他者との関係を有効に築けなければ、症状は一時的に消えても、また別な症状が現れてくる。実はその患者は、家族らを支配するために、症状を必要としているとみなされる。だから、それは形を変えて現れてくる。こうして、患者は

12）前掲『個人心理学講義』第4章と86ページ参照。

13）岸見『人生の意味の心理学』NHK 出版，2016 年，28 ページ。

14）前掲『個人心理学講義』165 ページ。

15）アドラー，岸見訳・注釈『勇気はいかに回復されるのか』アルテ，2014 年，110 ページ。

第8章　アルフレート・アドラーの心理学の流行と現代　**185**

自分の人生の課題に向き合って，取り組まなければならない[15]。

　第3の特徴は，人生の3つのテーマを明快に設定することである。

　人生の課題とは，個人が社会で生きていく限り，直面せざるをえない問題であり，そこから逃げないという現実的態度が必要である。それは一言でいって，「仕事」「交友」「愛」という3つのテーマであり，それを円満に遂行することによって健全なライフスタイルが構築される。仕事の課題とは，労働を中心に他者と協力しあうことであり，ここでつまずくとニートや引きこもりとなる。交友の課題とは，仕事を離れた友人関係である。だから通例，学校や職場とは別にある。愛とは，恋愛関係や家族の関係（夫婦関係，親子関係など）で成立するものである。一言で「愛と結婚の課題」といわれる。一般にいって，社会適応ができず，共同体感覚（次節参照）が養成されていないと，これらの課題を遂行することはむずかしいとされる[16]。これら3つの課題は，対人関係の距離と深さの点で，段々とむずかしくなる。

　こうした人生論風のテーマを明確に描くことは，いかに健全なライフスタイルを形成するかを考えるうえで前提となることであり，人生のなかでどこへ向かうかを考えるうえで指針となるものであろう。これら3つのうちのひとつを欠いても，健全なパーソナリティは形成されない。私見では，能力的にいって，仕事につけない人もいるかもしれないが，少しでもできるだけそれに関わろうとするべきではないか。さらにアドラー心理学では，「存在する」だけで，他者に意味があるということも強調される（『嫌われる』208ページ）。なお，最近のアドラー心理学では，そのほかに，趣味，レジャー，健康などの課題を扱う「セルフタスク」，理想的なもの，大自然への畏敬の念，宗教性などの課題を扱う「スピリチュアル・タスク」の2つが付加されることがある[17]。近代主義の立場にいるアドラーにとって，この2つの課題がどう了解されるかはわからないが，現代社会では，この2つは不可欠と見られるだろう。

　さて，アドラー心理学では，以上の人生の課題を発展的に考える。たった一人で生まれてきた子どもはまったく自己中心的であるが，仕事と交友関係を通

16）以上の3つの課題については，前掲『個人心理学講義』129ページ以下など。『嫌われる』108ページ以下参照。とくに愛については，『幸せ』の第5部「愛する人生を選べ」で詳論される。

17）岩井，前掲書，27ページ参照。

して仲間意識が醸成される。愛によって人生の主語が「私たち」に変わり，そこからやがて共同体全体へと意識が拡張されていく。だから，ここでなされる「自立」とは，「自己中心性からの脱却」を意味する。そしてまた，仕事と交友の課題がうまく行かなければ，愛の課題も結局はうまく果たされないとされるが，たしかにその通りであろう。

第5節　アドラー心理学の特徴②
（課題の分離，承認欲求の否定，共同体感覚）

　第4は，「課題の分離」である。『嫌われる』では，「これはだれの課題なのか」という視点から，自分の課題と他人の課題を分離していく必要性について強調される。「およそあらゆる対人関係のトラブルは，他者の課題に土足で踏み込むこと——あるいは自分の課題に土足で踏み込まれること——によって引き起こされます。課題の分離ができるだけで，対人関係は激変するでしょう」（『嫌われる』140ページ）。そしてだれの課題かを見分ける方法はシンプルであって，「その選択によってもたらされる結末を最終的に引き受けるのはだれか」を考えることで，判定されるという。
　例を挙げると，子どもが勉強しないという選択をしたとき，その決断によって生ずる結末を引き受けるのは，子ども自身であって，親ではない。すなわち，勉強とは，子どもの課題である。「哲人」のこの断言にたいして，教師である「青年」は憤激し，「子どもに勉強させることは親の課題だ」と反論する。しかし親は，「あなたのためを思って」などというが，それが結局，親の見栄や支配欲，体裁のためにいっていることを，子どもはすでに見抜いている。だから子どもは反発するのだ。では放任すればいいかというと，そうではないと「哲人」はいう。勉強については，子どもが何をしているかを見守り，勉強することが本人の課題であることを伝え，困ったらいつでも援助する用意があると知らせる。それが親のできる範囲であり，自分を変えることは本人でしかできない……。
　「青年」は納得いかず，なおも食い下がる。このあたりの二人のやり取りはリアルで，思わず引き込まれる個所である。「青年」は，では，子どもが引きこもりになってしまったら親はどうするのかと，さらに質問する。「哲人」は，自分の子であっても，やはりこれは子どもの課題とみなし，介入しようとせず，まず過度に注目することをやめる。そして同様に，困ったときはいつでも援助す

る用意があると伝える。そうすると，親の変化を察知した子どもは，今後どうするかについて自分の課題として考えざるをえなくなるのだとされる。子どもとの関係で悩んでいる親は，「子どもこそわが人生」と考えてしまい，子どもの課題を自分の課題として抱え込み，いつの間にか，親の人生から「わたし」が消えている……。課題の分離の原則に従えば，「他人はあなたの期待を満たすために生きているのではない」のであって，たとえわが子であっても，親の期待を満たすために生きているのではない（『嫌われる』144 ページ）。

こうして，以上の課題の明確な分離が対人関係を一変させるものであり，「アドラー心理学ならではの画期的視点」になると宣言される（『嫌われる』150 ページ）。まだ青年は納得しない。たしかにこのテーマは，親子関係にとって，また他人に何か冷淡なようにも見える。とはいえ，課題の分離はまだ対人関係の最終目標ではないと，「哲人」は注意する。ともかく，このテーマは最後の「共同体感覚」や全体論のテーマにまでつながらなければ完成しないだろう。

「課題の分離」というテーマは，私にとってきわめて魅力的で覚醒させられるような力をもっていた。これはある意味，健全な常識なのかもしれないが，徹底して考え抜かれた結果として提言されている。だが残念ながら，アドラー自身の著作のなかに，このテーマのきちんとした説明はないようである。いずれにせよ，このテーマはたしかに，アドラー心理学の一角をしめるにふさわしいものだといえよう。

第 5 の特徴は，承認欲求の否定と横の関係の主張である。

他者からの承認を求めることをあえて否定するという態度は，「アドラー心理学の大前提」（『嫌われる』132 ページ）であるという。これも何か納得しがたい感じがする。だが，さきの課題の分離の主張に従えば，われわれは他者の期待を満たすために生きているのではないが，承認を求めることは他者からの評価を気にしており，最終的には，他者の人生を生きることになってしまうだろう。そこでは，個人の真の自立は妨げられる。他者が私をどう評価するかは，その他者の課題であって，自分にはどうともならない。とはいえ，「承認」の問題は，現代哲学の最前線のテーマでもあるので，次節で再論したい。

人間関係を縦の関係からではなく，「横の関係」から見ることは，課題の分離や承認欲求の否定から自然と出てくることである。アドラーによれば，親や教師は，子どもよりも大きい力や広い経験があるからといって，子どもに命令できると思ってはいけない。彼らは基本的に，子どもを自分と対等の存在とみな

すべきである。そこから民主主義が始まる。つねに縦の関係に置かれると，子どもは従属的になり，勇気が挫かれ，自己決定ができなくなってしまう[18]。この点でアドラー心理学が，横の関係に基づく「民主主義の心理学」だといわれることは注目に値する（『幸せ』141 ページ）。

　ところで，『幸せ』では，褒賞，賞罰は否定される。この制度のもとでは，他者が競争相手，敵とみなされてしまい，横の関係が築けなくなるからである。こうして，本当の協力関係ができづらくなる。「ほめない，叱らない」という態度も，ここから出てくる。通例，子どもの教育では，「ほめて伸ばせ」という方針がいわれるが，これが否定される。「ほめる，叱る」という態度は，結局，相手が生徒であれ，職場の部下であれ，相手を目下とみなし，縦の関係をそこで形成することとなる。この点で，「ほめることは"能力のある人が，能力のない人に下す評価"であり，その目的は"操作"である」（『幸せ』131 ページ）といわれる。おのずと承認欲求がそこで支配的となり，ほめられないとやらない，叱られるからやるという，依存的な態度が醸成されるに至る。「ほめる」のではなくて「勇気づける」ことがアドラー心理学の基本方針である[19]。

　「よくやったね」は上からの評価であり，その代わりに「ありがとう」「助かったよ」というべきである。この表現は縦の人間関係を含まないとされる。ここで大事なのは，承認欲求の代わりに，共同体（社会）への「貢献感」をもてることであり（『嫌われる』252 ページ），「ありがとう」といわれることで，それが満たされるのである（『嫌われる』204 ページ）。こうして人間の幸福とは，端的に，この貢献感だと指摘される。このアドラーの主張は，議論を呼ぶところだろうが，徹底して考えると，また長期的に人生を考えると，やはり彼の主張が基本的に正しいのではないだろうか。

　第 6 の特徴は，全体論と共同体感覚の主張である。これなしでは，アドラー心理学は画竜点睛を欠く。

　アドラー自身はみずからの心理学を「個人心理学」と呼んだが，これは誤解を招く呼称かもしれない。これは単に個人主義を称揚する心理学ではない。これは，個人を分割されない（individual）全体と見るものであり，むしろ全体論的視点を含む。その意味は二重であると思われる。第 1 に，個人の行動や心理を，

---

18) 前掲『勇気はいかに回復されるのか』113 ページ以下参照。

19) 前掲『週刊ダイヤモンド』60 ページでは，「ほめる」と「勇気づける」の違いが図式によって明快に説明される。

個人の全体の表現と見る。だから，個人の理性と感情，意識と無意識，肉体と精神などは，それぞれ実は何か対立的，分裂的な実体ではなくて，むしろ全体の現れであり，両者は相補的なのである[20]。第2に，世界の全体を共同体とみなし，それに個人は「共同体感覚」によって接近するという意味での全体論である。以下順に説明したい。

第1点については，「わかっているがやめられない」という態度を挙げよう。これは理性と感情の分裂を表現している。だが，理性も感情も一個人のものであり，実は感情もコントロールできないわけではない。子供を叱っていた母親が，その先生とばったり出会えば，急に愛想がよくなるようなものである。だが，分裂させておけば，さしあたり主体的責任は問われないですむ。そこに隠された意図がある。もし人が真に分裂していれば，そこにコントロールが効かない限り，修正は不可能であろう。またアドラーは，フロイトを批判して，意識と無意識を区別することに絶対的意味はないという。あらゆることが無意識の深みから意識へと昇ってくるのだ[21]。

第2点の全体論とは，世界全体を「共同体感覚」によって見るという考えである。これは人びと，他者を仲間とみなす意識である。人びとを横の関係で見て，そこで共同体をつくろうとするが，これこそ健全なるパーソナリティというものである。この共同体感覚が欠如すると，問題行動のある子ども，犯罪者，精神病者，アルコール依存症などの人びとが出てくる[22]。またこの場合の共同体とは，幅広いものであり，アドラー心理学では，それは，自分が属する家族から，学校，職場，社会，国家，人類という集団，さらに生物，無生物，宇宙の全体だという（S.51.50 ページ）。これは到達できない理想である。

いずれにせよ，さきの「課題の分離」は，共同体感覚へと継承・発展されなければ，アドラー心理学は十分なものにならない。

第6節　アドラー心理学に見られる逆説的状況

以上，私はアドラー心理学の6つの特徴を列挙したが，同時にそれらは緊密

20）この点で，岩井，前掲書，70 ページの説明は有益である。

21）前掲『個人心理学講義』26 ページ，99 ページ以下参照。

22）前掲『個人心理学講義』16 ページ以下。

に結合している。そこにはもっと多くの論点があるが，以上でその核心を認識できるのではないかと思われる。だが，いままでにも言及したように，アドラー心理学には，一見していくつかの極論ないし不合理があるように思われる。そして，いままで議論した事例はすべて普通の人びとが体験してきた卑近なことであり，人びとは何らかの意味ですでにそれらを了解している。だからこそ，直ちに疑問や反発が出てきやすいし，多くの偏見もまたそこに現れるだろう。そしてそれは，人間一般の弱点として，学歴や職業の高低にほとんど無関係に生ずる。

　一番大きな逆説は，アドラー心理学がすべての人びとの心理学であり，アカデミズムから離れて人びとのコモンセンスとして生き続けるといわれながら（『嫌われる』276 ページ），他方で，それが常識へのアンチテーゼであるといわれる点である（『幸せ』227 ページ，276 ページ）。常識へのアンチテーゼであるという点では，①それがトラウマ的決定論を排して目的論を説いたこと，②人間の悩みはすべて対人関係に由来するということ，③承認欲求を否定すること，④ほめない，叱らないという教育方針を立てること，などの主張が見られる。

　ここでまたいちいち議論しないが，②，③について少し言及したい。人間がすべて社会的存在であるというアドラーの主張からすれば，どんなに深い内面的悩みといえども，対人関係が絡んでいるという認識には根拠があるだろう。最初から一人で無人島で暮らしている人間には，悩みなどはなく，ただ生きる上での困難があるだけではないだろうか。

　③については，おもにアドラーや岸見は，子どもの教育を念頭に置いている。だが，承認とは，対等平等な形での相互承認が基本である。アドラー心理学のいう承認欲求とは，まだ浅いレベルのものではないか。ヘーゲルが問題にしてきたような相互承認論とは，まずは市民社会における大人のそれであり，経済的，法的な意味での社会内での承認である。『精神現象学』で議論された，有名な主人と奴隷の闘争と承認では，そこに成立するのは差別的な承認であって，まだ不完全である。立場の相互交換による共感を強調するアダム・スミス的な承認

23）相互承認行為によってこそ，真の自由が獲得される。この点では，高田純『承認と自由』未來社，1994 年参照。またテイラーらについては，拙著『現代を読むための哲学』創風社，2004 年の第 2 章「近代的価値観から多文化的共生への歩み」を参照のこと。

論も，ヘーゲルへと流れ込んでいる。こうして人びとは，承認されることによって，みずからのアイデンティティを獲得する。たしかに承認には果てがないが，それは現実がそうだからである。最近では，ヘーゲルを継承して，ヘーゲル研究者でもあったチャールズ・テイラーらによる多文化主義における民族相互の承認論なども展開されてきた[23]。アドラーらの承認欲求の否定は，特殊なケースで妥当するものと思われる。

　結局，すぐれた考えというものは，それが徹底化されているがゆえに，逆説的な言説へと至ることがしばしばある。それが浅薄な常識ではないからである。だが，それが普遍的真理であるがゆえに，人びとの高次元のコモンセンス（良識）には再び合致するといえよう。

第7節　アドラー心理学の問題点と現代的意義

　さらにここで，アドラー心理学にまつわる問題点をいくつか述べたい。

　第1に，認識の主観性の主張である。私が注意してきたように，アドラー自身は，目的論や現実への意味づけを強調しながらも，科学の名のもとに，現実や人間心理への因果関係の客観的究明をおろそかにはしなかった。ここで気になったことは，『幸せ』で，「我々の世界には，本当の意味での過去など存在しない」「歴史も時代の権力者によって改ざんされ続ける，巨大な物語だ」「今の『目的』に反する出来事は消去する」（『幸せ』66ページ）などと断定されると，これは一般論としては受け取れないということである。これは哲学的には不可知論だといえる。哲学からすると，こうした主張は問題をはらむ。

　第2に，アドラー心理学には，いわゆる「心理主義」の傾向があり，またそれとの関係で，教育はカウンセリングだと断言していいのかという疑問である[24]。簡単には，心理主義とは，教育などの場で，子どもの心理に働きかけて，心を主観的に操作することによって，教育問題の解決を図ろうとする立場である。ここで教育現場や社会での疎外された客観的な問題状況が無視され，心理療法やカウンセリングが強調されるのである。だが，左翼的な社会民主主義に賛同していたアドラーには，そういう保守的な傾向はなかったといえるだろう。

---

24) この点では，拙論「『心理主義』の流行とカウンセリング・心理療法の是非をめぐる問題」，季報『唯物論研究』第100号，2007年を参照。

またアドラー心理学で，教育がカウンセリングだといわれたときも（『幸せ』116ページ），そこでライフスタイルの形成と改良を目指した限り，けっして現実の問題から目をそらせたことはなかったと思われる。それはいままでの議論の端々にうかがえるものであった。アドラーにとって，教育とは，啓蒙的な意味で，人間性（人格）のたえざる形成であろう。

　第3に，アドラー心理学は自己責任を強調したりして，現代の新自由主義に親和的なのではないかという疑惑である。この点で，「『自己責任論』へ悪用の恐れ」[25]などと指摘される。だが，自己責任は正しく問われれば必要なものであり，責任をもつということは，共同体感覚の一部である。逆に，アドラーは競争や他者からの評価を徹底して否定したのであって，同様に縦の関係もまた否定した。その点で，根本的には，新自由主義的な評価主義とはまったく親和的ではない。ただ，「あなたの不幸は，あなた自身が『選んだ』もの」（『嫌われる』44ページ）と指摘されるとき，これが一般化できないことはもちろんである。心理的に，そういう側面もあるということだろう。

　アドラー心理学は，徹底して日常的な現実を離れることはなかった。この論文で挙げられた事例も実はすべて卑近なものであった。これこそ，われわれの市民社会的な平凡な現実であった。すべての問題は，まずはそうした生活世界から発生する。そして彼は，家族関係，子育て，夫婦関係，教育など，人びとが日常で抱える悩みや問題に目を据えて，その解決を実践的に目指そうとした。近代化の挫折の果てに生じた世紀末という状況にあって，彼はその市民社会を離れることなく，人びとの悩みと真摯に向き合った。彼こそ，すぐれた意味での近代的合理主義者，ヒューマニストといえよう。彼が進化論やマルクス・エンゲルスの唯物論を継承したことも，ここで有効に働いている。ジョンストンによれば，ロシア系の妻のライサの影響で，彼は共同体重視のマルクス主義に惹かれるようになり，またそこに友人レオン・トロッキーの影響もあったという。ジョンストンによると，初期のフロイト学派の周辺で，社会民主党員だったのは，アドラーだけだったとされる[26]。いずれにせよ，単に人びとの心理を解釈するだけではなく，当時の治療ニヒリズムに抗して，正しいライフスタイルを構築することによって，アドラーは未来志向の実践的心理学を模索したといえ

25）前掲『毎日新聞』。

26）ジョンストン，前掲書，296ページ以下参照。

るだろう。

　アドラー心理学のような内容を軽視する者は，かえって低レベルのライフスタイルを身につけたままで終わるかもしれない。アドラーはみずからの「人間知」を本から得られる知識ではなくて，実践的に習得されるものだと強調した（S.23.14 ページ）。現代の寄る辺ない現実を生き抜くには，人間疎外の根本的発生要因である現実問題に関心をもつとともに，アドラー心理学のような良質の「人間知 Menschenkenntnis」，人間学が必要であろう。

195

補論：プロレタリアートと宗教
オットー・バウアー　（訳／島崎隆・島崎史崇）

第1節　宗教は社会的・集団的な現象である

　私たち知識人ほど，集団心理的な発展過程を正しく解釈することで困難に陥る者はいない。私たちは自分たちの信念を，論証上の闘いや科学的な論争のなかで形成するように教育されてきた。したがって，私たちにはつねに，大衆の意識のなかの表象の変遷も誤って知性的に理解してしまう嫌いがあり，これら表象を新しい知性的要素の把握，新しい論証の決定的な力によって発生したと考えてしまうのである。学者たちの世界像は，現代的な研究と思考作業の成果によってつくり変えられているので，学者たちと同一の過程が，程度が違うだけで，幅広い大衆の意識のなかでも起こったと仮定してしまうのだ。

　集団心理的現象のこの知性的な解釈がどれほど不当であるかは，宗教の領域において，他の領域ではほとんどありえないくらい決定的に示される。一度，小ブルジョア的あるいはプロレタリアート的な自由思想家〔無神論者の意味もある：訳者〕の団体で，教会の教義に対置されるような論証を見てみるとよい。すると，伝来の教義にたいする大衆的な批判が依拠しているほとんどすべての事実が，私たちの祖父たちにも，私たちと同じようによく知られていたことがわかるだろう。祖父たちが信仰をもっていたのにたいして，それでも私たちは，信仰をもたないのである。

　たとえば，今日の経験上の事実はイエスの母の処女性の教義に反するが，この事実はかつての信心深い世代にも本当に知られていないわけではなかった。変化したのは，知識ではなく，知識を使いこなす性向の変化である。未熟な知識がより成熟した知識によって克服されたというわけではなく，古い信仰がただ衰えたのである。なぜなら，みずからの思考と知識にもとづいて自分の世界像を形成するという力が強くなるに従って，信仰する意思は弱まるからである。それゆえに古い民衆の信仰にたいする深い動揺は，必ずしも民衆における知識の普及の効果ではなく，必ずしも啓蒙の産物でもない。信仰への動揺は，むしろ大規模な経済の革新により祖先たちの生活様式から抜け出し，すべての伝統

的な生活・労働・思考・価値のすべての形式の力の及ぶ範囲から離脱する，という多くの現象のひとつである。父親から習った経営の方法からみずからを解放し，自分の作業を人工肥料と機械によって改善する農夫もいる。祖先たちの服を捨て観光客用ホテルを建て，農業協同組合を組織する村人もいる。彼らの事例は，伝統の呪縛からの解放，合理主義の強化と同じ発展過程の場合と同様であり，みずからの知識にもとづきみずからの目的のために，自由で目的に合致した生活の自主的設計へと成熟する発展過程と同様の事例である。彼らはちょうど，何世紀にもわたって神聖なものとされてきたドグマに，自分の経験の事実を対置する労働者と同様である。個人の意識のなかで宗教は無論，つねにそのドグマにたいして直接向けられた〔合理的〕論証によってのみ克服される。しかしこれらの論証が現れ，父祖たちの神殿を破壊する力をもつこと自体が，すべての古い権威にたいする動揺，古い共同体からの個々人の離脱，大衆の伝統的な束縛の段階から個人的自由と思考の独立性の段階への向上，という大いなる過程の部分的な現象である。そしてその過程自体も，資本主義の支配下における大衆の社会的な生活様式の変革の結果としてのみ把握されうる。

　宗教は最初から社会的な現象である。同じ源泉から流出し，恒常的な相互作用のなかで発展する宗教的な表象と感情をもつ人びとが，外的にはいかなる絆によって結ばれてはいなくても，社会的な集団を形成する。彼らに内面的に共通の宗教的イデオロギーが，彼らを宗教的な共同体へと結び付ける。しかし，この内面的な共同体はいまや，自分のなかから，外的な規則によって結ばれた結社，組織化された団体を，すなわち教会を設置する。この団体の官僚階級は物々交換経済の時代におけるあらゆる官僚階級のように支配し搾取する階級になる。その官僚階級は，強制的な手段すら用いて宗教的イデオロギーの存続を確保することと，強制的な手段すら用いてその妥当性を拡大することを目指す。なぜなら，彼らの支配はこのイデオロギーにもとづいているからである。しかし，この志向は，人民大衆自体の宗教的共同体のもっとも内面的な欲求にも一致している。というのも，物々交換経済的に生きていて，土地に束縛されている人民大衆は，異質の表象や価値判断の仕方や習俗を，罪深く異端的であり，罰するべきと感じるからである。このようにして教会は，すべての国家的な強制手段を用いる支配団体になる。近代の科学的な欲求に一致する教会の歴史はわれわれには知られていない。キリスト教成立についての探求は，教会の理解にわずかしか寄与しない。近代的教会と近代的キリスト教そのものの探求への鍵は，

古代史ではなく，中世史にある。

第2節　宗教は私事である

　商品生産の発展による物々交換経済の時代の古い共同体の解消によって初めて，古い統一的な宗教共同体から離脱する新たな宗教共同体もまた創設される。階級対立には文化対立が対応しているので，闘いはこの2つの領域においておこなわれる。知識人のあいだでは人文主義，新たな科学と哲学，プロテスタント神学が教会と対抗し，そして大衆のあいだでは，民衆的な異端が教会と対抗する。ブルジョア的な文化共同体の波及と統一化に伴い，この2つの潮流は一八世紀のブルジョア的啓蒙において互いに接近し，19世紀にはついに，反教会的・反宗教的・分派的なプロパガンダの幅広い大河に流入するに至ったが，この大河は多岐に分かれてもいる。近代人は，自分の生活様式の変化によってすべての伝統的な価値にたいする批判に敏感になり，これによりあるときは宗教的な分野で特定の教説を批判する潮流の影響を受け，あるときは宗教そのものに敵対する潮流の影響を受け，いまや自分の知識と能力から，みずから独自の世界像をつくる。そして，あらゆる個人的な差異がこれらの個人的世界観のなかに表現される。このようにして宗教は，もはや未分化の共同体の不可侵とみなされた共有財産ではなく，個人の思考と感情の成果となり，宗教は私事となったのである。個人が宗教的な問題に個人的に立場を表明するようになったので，宗教をめぐる論争はいまやこのように活発である。そしてハルナッハ（Harnach）がいうように，「キリスト教の本質と価値をめぐっては，今日で30年前よりも多くの探求と問いがある」。それゆえ近代人はまた，法秩序もこの意識の状態に適応すること，国家が宗教を，その現在の変化に鑑みて私事として扱うことも要求する。近代人は支配団体としての教会をもはや容認せず，その社会的な作用が，それに自発的かつ内面的に所属している共同体の範囲を越えないことを要求する。

　宗教は私事である。このことは，古い経済的共同体がもっぱら契約と現金払いによって結ばれた，自由な個々人へと解消されているように，古い宗教共同体が，主体重視のかたちで解体されているということを意味する。したがって，国家も宗教結社との関係を解消し，宗教団体にたいする自発的で契約的な連合のみを個人に向けて解放しなければならない。宗教のこの個人化からあらたな

宗教共同体が生じ，それらが再びあらたな宗教団体をつくり出すか，既存の結社があらたな共同体にたいして適応するか，それとも芸術・科学・倫理が宗教にとって代わるかは，抽象的な歴史的思弁の問いであり，それに答えることは，今日の発展段階における宗教の正しいとり扱いにとって重要ではない。

　古く硬直した宗教共同体からの個々人の分離の過程は，どの階級のなかでもそれ独自の方法で起こり，すべての階級で無数の中間段階を通過する過程として起こる。この過程はあらゆる階級のさまざまな階層をさまざまな力と速さでとらえる以上，あらゆる階級のなかのあらゆる瞬間で，さまざまな宗教的意識の状態が並存している。このことはもちろん，これらの並存している意識状態のなかにひとつの発展過程の諸段階を認識することを，私たちにたいして妨げることはできない。

第3節　初期プロレタリアートと宗教の密接な関係

　このようにして，近代的プロレタリアートにおいても，この発展過程は少しずつしか実現しない。資本主義的に進歩した国の農業労働者たちの集団や，農村と小都市に散らばった小規模経営者たちと家族労働者たちや，小さな工業地に住んでいる鉱山労働者や工業労働者たちのところに行くならば，あるいはようやく小ブルジョア階級から分離しつつあり，地方から移住したばかりの都市の工業労働者たちのところに行くならば，とくにまた女性労働者層を熟視するならば，われわれは近代プロレタリアートのもっとも初期の段階を観察できる。これらプロレタリアートの階層はすべて（そして彼らはオーストリアのプロレタリアートの多数派を確実に形成している），自分たちの集団の小ブルジョア的・農民的な伝統からまだ分離しておらず，宗教共同体から脱してはいない。彼らにとっては，人生の大きなできごとのさいに，教会の救済手段はどうしても不可欠である。彼らの子ども時代の信仰にたいする攻撃は，彼らの感情を傷つける。無信仰であるという非難は，これら労働者階層をめぐる闘いにおいて，われわれの敵対者のいまだにもっとも効果的な武器である。

　いまやこの労働者階層も宗教共同体を侵食している発展過程にとらわれているということは，宗教にたいする批判ではなく，宗教の立場からの教会の支配団体にたいする批判のなかに現れているのである。彼らは福音の教えを堕落した教会に好んで対置し，ナザレの貧しい大工の息子〔イエス・キリスト〕を教

会の富める高位聖職者たちと比較し，工場主たちや豪農たちと一緒に食事する聖職者たちや協力者たちよりも，自分たちのことを良いキリスト教徒だと感じている。僧侶階級に反対する闘いには，これらのプロレタリアの階層は敏感である。しかし彼らは，支配団体としての教会のみを打倒したいのであって，宗教共同体としてのキリスト教を打倒したいのではない。彼らは教会に反対するための自分たちの論拠を，まさに宗教的イデオロギーから借用する。イエスが最初の社会主義者であるといわれることを好んで聞く者たちこそ，彼らなのである。

　徐々にであるが，プロレタリアートは伝承されてきたイデオロギーの範囲から，離脱する。困難で刺激に満ちた賃金闘争が労働者たちを彼らの生活の静けさから引き離す。彼らはこの闘いのなかで彼らの世界のすべての権威を，敵として，憎むべき搾取者の同盟者として知ることとなった。いまや彼らにとって，自分たちがいままで信じ，尊重していたすべてが問題になった。伝承されてきたすべてのもの，つまり宗教についても，彼らは批判を手がけてみる。子ども時代の信仰からの完全な離脱は，彼らにとって重要な内面的体験であり，激しい内面的な闘いの成果である。彼らはこの体験に参加しない者はだれでも軽蔑する。彼らは自分たちがつらい闘いにおいて内的に克服しなければならなかった〔宗教的〕イデオロギーにたいする対立を，資本家階級と階級国家にたいする外面的な対立よりも強く感じる。彼らはただ単に無信仰となるのでなく，古い信仰を憎むのである。しばしば愛が，無関心になることができる前に，憎しみへと変わることがあるように。この階層は，資本主義的な生産手段にたいする批判よりも宗教にたいする批判を好んで聞き，僧侶階級にたいする闘いを階級国家にたいする闘いよりも大きな情熱をもっておこなうのだ。私たちにたいして僧侶階級にたいする闘いを宗教にたいする闘いに転換するようにくり返し迫り，僧侶階級にたいする情熱的な憎しみからプロレタリアートの宿敵たちとさえも同盟を結ぶことを欲する者たちこそ，この階層である。彼らは疑いなくプロレタリアートの少数派を形成している。しかし彼らは，まだ宗教的に束縛されている労働者階級の多数派より，精神的にも政治的にもずっと活発な階層であるがゆえに，したがって私たちの組織と盟友たちのあいだでもとりわけ強く代表として選出されているがゆえに，私たちの政党の生命にたいする彼らの影響は大きい。

　僧侶階級にたいするこの過剰な憎しみが私たちにとって好ましくなく，戦術

的に危険で，ときにはまた醜い現象をもたらすものであるということは，確実である。しかしこれは，歴史的進展の不可避の産物であり，労働者たちがいくつかの経済的および政治的な教条の単なる受容によってではなく，強い衝撃を与える全意識の変革において社会主義に到達するという事実の作用である。このことの最終的な根拠は次のような一般的な心理法則にある。すなわち人間は，自分をもっとも内面的に支配し，もっとも過酷な闘いにおいてようやくみずからを解放することができるものを，もっとも深く憎むという法則である。これらの労働者階層が宗教にたいしておこなう批判が，たいてい歴史的・哲学的な深化を欠いていることは確かである。資本主義的社会が労働者たちを私たちの文化のもっとも高尚な達成物から閉め出している以上，これ以外の状況はありえないのではないだろうか。

第4節　私たちは反宗教的プロパガンダをおこなうことはできない

しかし激しい内面的な闘いにおいて，伝承されてきた表象への思考なき束縛からみずからを解放したこれらの人びとを，シュトラッサー同志[1]がしているように「無神論的な聖徒集団」と嘲笑することは，もっとも危険な知識人の傲慢の兆候である，たしかにいくたの同志たちが僧侶階級にたいする闘いを私たちの階級闘争の特別な部分として認めず，階級闘争の必然性をその闘いに少なくとも一時的に従属させたがるのは，ときおり有害な作用を及ぼすかもしれない。シュトラッサー同志が主張するように，ボヘミアのいくつかの小都市で，私たちの組織における仕事が，熱狂的に鼓舞されたフリースクールへの参加により被害を蒙ったことも同様である。だがこのような現象は，その根拠を広いプロレタリア的大衆の感覚のなかにもち，プロレタリア的意識の全体的な発展に根ざしているので，つねに避けられるわけではないことを認識しなければならない。たしかにこれらの危険と闘うことは私たちの義務である。しかし私たちは，プロレタリアートの大衆の心理的な欲求を満たされないままにしておくことはできず，それどころか，シュトラッサー同志が忠告するように，まさに

1）おそらくは，社会民主党の幹部で，のちにライヒェンベルクの左派に属し，オーストリア共産党の創始者の一人となったヨーゼフ・シュトラッサー（1870～1935年）のことだろう。〔本文付属の註〕

彼らの欲求に逆らうことはできないのである。

　私たちは反宗教的プロパガンダをおこなうことはできない。プロパガンダによって，私たちはまだ宗教的に束縛されているプロレタリアートの多数派の，権威にたいする信仰を揺るがすことはできないだろう（というのも，社会的な生活様式の変化が伝承されてきた価値の批判にたいする感受性をまだつくっていないところでは，私たちのことばは効果をもたないままであるからだ）。むしろ私たちは，最重要課題として勧誘している大衆の感受性を傷つけ，彼らを僧侶階級の扇動の餌食にしてしまうだろう。私たちは神と世界に関する教説をめぐってではなく，社会的および政治的な制度のために闘うのだから，政党として反宗教的プロパガンダを必要とはしない。しかし私たちは，労働者政党に属しており，無数のプロレタリアートたちの欲求に満足を与えないわけにはいかない。

　私たちが政党として行動する場合は，大衆を私たちの政治的・経済的・社会的な要求のための闘いに要請しなければならないが，政党として私たちは，いかなる信仰も，また無信仰も支持してはならず，あらゆる信条がわれわれにとって神聖でなければならない。だが，私たちは個人にたいして，私たちの組織のなかでも政党のそとでも〔世界観に関する〕大いなる謎の答えを探すこと，その人がその答えとみなしていることを表明すること，このことを禁止できない。そして，この探求と表明が無数の者たちにとってやはり避けられない欲求である以上，政治闘争において，世界観に関する問いに関心を向ける者の意識にとってとくに重要と思われる彼らの欲求の側面を，彼らが特別の重みをもって強調することもまた禁止することはできない。

第5節　宗教そのものではなく，社会制度が問題である

　階級の一般的利害と，そのひとつの層の，そのひとつの発展段階の特別な利害とのあいだの矛盾から生じる困難は，僧侶階級とそのブルジョア的敵対者たちの本質についての演説と論説によって克服されることはできない。プロレタリアートの発展がみずからそれを克服するのである。私たちの大都市と工業地域では，子ども時代を信仰のない家庭で過ごし，宗教がわずかな学校の授業についての思い出以上ではない，そういった労働者層は増え続けている。彼らは伝承された宗教を一度も本気で愛したことがないので，それを憎んではいない。

彼らの意識はもはや自分の信仰からの困難な解放によっては規定されておらず，彼らは私たちの組織のなかで，とくに労働組合のなかで教育を受けたのである。彼らの利害は経済的および政治的な目的に向けられている。彼らは僧侶階級にたいする闘争を自分たちの階級闘争の一部としておこなっている。彼らは意見をめぐってではなく，制度をめぐって争う。多分彼らは，まだプロレタリアートの小さな部分でしかないが，確実にもっとも成熟した部分である。プロレタリアの他の階層も彼らのようになるだろう。

　いまやこの発展に，私たちの理論の変化も対応している。マルクス主義の理論家たちの比較的古い世代は宗教にたいする闘いも理論的な分野でおこない，このために自然科学的唯物論を利用した。このようにして私たちの歴史観と私たちの経済学は，共同君主連合によって自然科学的唯物論と結ばれたのである。より若い私たちには，宗教をめぐって深刻な闘いをおこなう必要はもう存在しなかった。私たちの哲学的関心はそれよりもずっと，方法論的な考慮によってひき起こされた。だから私たちは，私たちの科学を哲学的体系とのあらゆる結合から解放した。いまや私たちの歴史観と私たちの経済学は非常に多様な認識論的な見解と結合するように見えるのであり，またたとえば，生物学がカントからも，マッハからも，アヴェナリウスからも，ディーツゲンからも，さらに自然科学的唯物論からもその研究成果の確認を必要としないのと同程度に，多様な見解から独立しているように見える。

　プロレタリアートのもっとも成熟した階層にとって，僧侶階級にたいする闘いにおける私たちの戦略に関して，およびフリースクールへの参加が目的にかなっていることに関しては，疑問の余地はまったくありえない。その階層は，特定のブルジョア階層に影響を及ぼすことを望めるところでは，この団体を支援するだろう。そして，この希望がないところでは，これから離れるだろう。しかし，もしまだ成熟していない，ようやく目覚めつつあるプロレタリアートの階層が，僧侶階級にたいするあらゆる新しい戦闘手段をあまりにも過剰に歓迎するならば，またこの階層が多くの戦闘形態と戦闘の機会を，冷静な政治的熟慮にとって正しく思われる以上に高く評価するとしても，そのとき私たちは，彼らが真の心の欲求を実現することを妨げられないし，妨げるべきでもない。

　宗教は私事である。　われわれの政党の綱領のこの命題は，宗教的意識の発展傾向だけでなく，宗教共同体の主体主義的な解体を簡潔にまとめている。この命題は国家にたいする要求を言明しているのみならず，私たちの戦略の最高の

規則も含んでいる。そして，私たちもまた宗教を私事として扱わねばならず，僧侶階級にたいする私たちの闘いは制度にたいして向けられ，宗教的表象や感情にたいしてではない。この考えは宗教的無関心に対応しており，プロレタリアートのもともと成熟した階層の，圧倒的に政治的および経済的な方向に向いた利害関心に対応している。伝承からまだ離脱しておらず，ようやく段々と小ブルジョア的および農民的な価値判断の様式から上昇しつつあるプロレタリアートの階層の獲得をめぐる私たちの闘いが，これを要求している。

第6節　宗教を党の事柄にしてはならない

しかし，労働者階級のもっとも成熟した層とまだまったく教育されていない階層とのあいだに，世界観の問題にたいして強い関心を寄せ，僧侶階級にたいする闘いを特別の情熱をもっておこなう大人数の集団が存在する。この場合たしかに，私たちはこの集団によって指示されている道から外れることになってはならないし，また宗教を党の事柄にしてはならず，さらに階級闘争を文化闘争のなかで消滅させてはならないが，しかしこの集団にたいして，プロレタリアートの全体的な発展に根ざしているその欲求を，私たちの組織の内部と政党のかたわらで満たすことを妨げようとしてはならない。フリースクールは党の制度ではないし，そうなるべきでもない。だが，僧侶階級に反対する勢力が集中している場所ではどこでも，そこでフリースクールがともに活動するのを妨げようとすれば，私たちは多数の労働者たちの感情に対立することになるだろう。より賢明なのは，私たちの同志がフリースクールにおいても，まさに同志として行動するように配慮することである。これはいままでときおり起こらなかったとしても，可能である。僧侶階級にたいする闘いがとりわけ学校の分野でおこなわれれば，この戦略は，私たちにも非常に歓迎されなければならない。だからこの戦略は推奨される。自由思想家の同盟からフリースクールへの道程は私たちの発展の方向に向いている。すなわち，世界観をめぐる闘いから制度をめぐる闘いへの進歩の方向に向いている。

僧侶階級にたいする闘いにおいて，往々にして間違いが犯されることを私たちは否定しない。しかし私たちは，誤る機会をいつも臆病に避けることはできない。私たちの戦略は無味乾燥の政治的打算のみによっても，また政治的および経済的にのみ規定された血の通わない階級の抽象化によっても定められるこ

204

とはできず，プロレタリア大衆自身の生き生きとした欲求によって規定される
のである。労働者は，私たちの運動によって，けっしてその政治的および経済
的な利害のみをもってとらえられるのではなく，その全存在をもってとらえら
れる。私たちは労働者の利害のみを代弁してはならない。利害の階級イデオロ
ギーとそのイデオロギーの発展のあらゆる段階とが，私たちの運動の生き生き
とした現実のなかにその表現を見出さなければならない。

訳者付記

　原典は，Otto Bauer, Proletariat und Religion, in: *Werkausgabe*, 8. Band, Wien 1980, S.
141-149. である。もともとは，『闘争 Der Kampf』第 1 巻，S.537ff. に掲載されたものであ
り，Karl Mann の筆記とあるから，本来はバウアーの講演か演説かであるかもしれない。
翻訳作業は島崎史崇が下訳をし，島崎隆が全面的に検討し，両者が議論しつつおこなった。
　本文中の斜字体の部分には下線を引いた。本文中の〔　〕は，訳者の補った箇所である。
一段落の長い部分は，翻訳上いくつかに段落を分けた。そして 6 つの節への区分と標題は，
訳者が内容のわかりやすさを考慮して付加した。
　オットー・バウアー（1881 ～ 1938 年）は，日本ではオーストリア派のマルクス主義者
として知られており，当時のウィーンの社会民主労働者党の理論家であった。ユダヤ人で
ある。なお彼には，『社会民主主義・宗教・教会』（1927 年）という著作もある。日本では
すでに最近，大著『民族問題と社会民主主義』（丸山敬一・倉田稔他訳）御茶の水書房，
が出版されている。なお村岡到「レーニンとオーストリア社会主義」（上島・村岡編著『レ
ーニン　革命ロシアの光と影』社会評論社，2005 年）は，オーストリア社会主義および
バウアーについて議論しており，興味深い。　　（島崎隆）

〔解説〕 政治・政党は宗教をどう扱うべきか
島崎　隆

　以下，この論文の意義を，レーニンの宗教政策論などと比較しつつ，簡単に提示したい。この論文は社会主義の立場から，宗教に関してきわめて深い理解を，いわば高い文化成熟度に即して示している。そしてその立場は，基本的に史的唯物論の認識にもとづいているといえるだろう。バウアーによれば，第1節に明示されたように，宗教は民衆の生活習慣と宗教的共同体のなかに息づいているので，それを知識人がやるように，合理的批判と啓蒙によって，単純に否定することはできない。バウアーは明快に，近代の啓蒙主義がやるような「集団心理的現象のこの知性的な解釈」を批判する。宗教の非合理性を示したとしても，それだけでは宗教はなくならない。この点に関して彼は，「危険な知識人の傲慢」（第4節）にすら言及する。そして近代では，宗教は変貌し，共同体の産物というよりも，「個人の思考と感情の成果となり，宗教は私事となったのである」。これは，教会的位階制度を廃止し，聖書と個人の内面の良心に依拠したプロテスタンティズムの宗教改革にとくに示される事態だろう。バウアーはこの事態を，共同体をまとめる価値観という宗教のあり方から，個々人がおのれの主観に従って，「主体主義的に」宗教にアプローチする事態の変化であると総括する。そこで，まさにバウアーは，「宗教は私事である」と強調するのである。もちろんこうした宗教の認識には，当時の社会民主党がいかに宗教と民衆に対応すべきかという実践的課題が控えており，この課題がつねに本論文の叙述のなかに意識化されている。第3節でバウアーが初期プロレタリアートと宗教生活の密接な関係を展開したことも，慎重でリアルな配慮といえるだろう。彼ら民衆にとって，宗教と生活は一体化しており，だから安易に宗教を批判することは彼らの心を傷つけるのだ。したがってまた，彼らが社会的矛盾に目覚めるのも，宗教的脈絡にそってであり，教会への批判もそれが本当のキリスト教に合致しないからという理由でおこなわれる。こうして彼らは，イエスが「最初の社会主義者」であるというような表現を好むのである。

　だから，彼らが子ども時代から親しんできた，宗教の非合理性に真に目覚めるとき，徹底した内面的な葛藤をへなければならないこと，このことをバウア

ーは見逃してはいない。「彼らは自分たちがつらい闘いにおいてみずからのなかで克服しなければならなかったイデオロギーにたいする対立を，資本家階級と階級国家にたいする外面的な対立よりも強く感じる。彼らはただ単に無信仰となるのでなく，古い信仰を憎むのである。」僧侶階級への闘いを階級国家への闘いよりも優先するという考えは，もちろんバウアー自身の理論によれば，誤りであり危険でもある。だが，私が感心したのは，そうした民衆の気もちを尊重し，ある程度，そうした傾向をバウアーが許容していることである。つまり真理はわれにありとして，蒙昧な民衆を上から指導するという態度を取っていないということである。

　第4節で，「私たちは反宗教的プロパガンダを行うことはできない。プロパガンダによって，私たちはまだ宗教的に束縛されているプロレタリアートの多数派の，権威にたいする信仰を揺るがすことはできないだろう」と指摘されることも，いままで述べてきたことの帰結である。つまり政党は，反宗教的プロパガンダをおこなってはならない。政党は宗教や信仰とは無関係である。同様に，第六節にあるように，「宗教を党の事柄にしてはならない」。「世界観をめぐる闘い」は党の主要課題にならない。むしろ大事なのは，社会制度をどう批判し，変革するかである。だがここでもバウアーは，民衆中心の柔軟な考えを打ち出す。つまり第4節にあるように，彼らが党組織の内外で，世界観に関する「大いなる謎」について，つまり人間は何のために生きているのか，などの哲学的・倫理学的根本問題について議論したいと考えたとき，それを禁止することはできないというのである。いずれにせよ，大事なのは，宗教そのものを問題視することではなく，「世界観をめぐる闘いから制度をめぐる闘いへ」という方向の転換である。

　レーニンの宗教観やマルクス・レーニン主義の社会主義の内実をある程度知っている者ならば，ほぼ同時代人でありながら，この考えとバウアーの考えがまったく異なり，ことごとく対立していることにただちに気づくだろう。周知のように，一般的にも，このオーストリア派のマルクス主義・社会主義がソ連のマルクス・レーニン主義に対立していたのである。
私は拙著『ポスト・マルクス主義の思想と方法』（こうち書房，第1章など）で，ソ連・東欧のマルクス・レーニン主義が世界観政党として，世界観や宗教を党の事柄としてきたことを，「崩壊」後の反省として明らかにしてきた。日本でいえば，コミンテルンと共産党の指導のもとに，「日本戦闘的無神論者同盟」（1931

年）が結成され，大々的に宗教打倒演説会などが開かれた。旧唯研からは，戸坂潤，永田廣志，古在由重らが参加したのである。民衆の宗教意識を考慮しないこの運動は，もちろん失敗に終わった。他方，旧東独などで，これからは民主主義や多元主義が政治の世界で重要であるという，それ自体正しい認識から，哲学の世界でも相対主義や多元主義が正しく，そこで真理の複数性が提起されるという，逆の誤りに陥ったことがあった。以上の状況を考慮して，私は，マルクス主義における「理論的問題」と「実践的問題」を相対的に区別したい。前者は学問としてのマルクス主義が，理論的問題として，宗教などをどうとらえるかということを含む。そのさい宗教は，当然にも唯物論的マルクス主義にとって批判的に取り扱われる。後者はマルクス主義的社会主義が，社会運動のなかで宗教などをどう実践的に取り扱うべきかという問題である。これこそバウアーが苦心して取り組んだ問題であった。近代市民社会における思想や信教の自由を前提にするかぎり，そしてそれが実践的に必然的な産物であるかぎり，それが疎外されたイデオロギーであるからといって，それを禁止することはできないのである。マルクス主義は，宗教が疎外された社会制度の産物であるから，社会が実践的に改善されなければ宗教に依存する態度は消失しないと見る。とはいえ，社会主義国家が成立した場合，宗教施設などをどう扱うかは微妙な問題を含むだろう。

さらにまた，レーニンが，「宗教にたいする労働者党の態度について」というような論文のなかで，無神論であるマルクス主義が宗教にたいして呵責のない闘争を，階級闘争のなかでおこなうべきだ，と述べたことをいかに評価すべきかについても，私は検討してきた。レーニンは宗教評価の点で，全体として近代の啓蒙主義の枠内から脱してはいないといっていいだろう。バウアーはまさに執拗に，こうしたレーニン的見解を批判したのである。この点では，上島武氏が「ロシア革命と宗教」『QUEST』第33号，2004年）で明示したように，たしかにマルクスとレーニンでは宗教への態度がはっきり異なるのである。マルクスは近代の啓蒙主義を抜け出ており，まさに近代の資本主義批判を中心としたのである[*]。

第5節でバウアーは，自然科学的唯物論を利用し，宗教に闘いを挑む「比較的古い世代」と，自分たち「若い世代」とを区分したが，まさに「古い世代」には，内容的にレーニン，スターリンらが妥当しよう。いやここでバウアーによって書かれたすべては，ことごとくレーニン的な，マルクス・レーニン主義

の宗教や世界観にたいする立場へのきわめて的確な批判となっている。それで もなお，私見では，哲学的世界観と政治の関係は，まだ問題として残っている ことも付加されるべきだろう。

　そして最後に考えなければならないのは，なぜバウアーらによって，まさに 現代的といえるような柔軟ですぐれた考えが，当時のオーストリアで生まれた のかという問題である。そのとき，ハプスブルク帝国の重厚で豊かな文化的遺 産を継承したオーストリアと野蛮なツァーリのロシアとの文化的差異に思い至 るのではないだろうか。まさに当時のウィーンなどの都市文化のなかで，政治 に関係するかどうかは別として，「家族的類似」（ウィトゲンシュタイン）程度 のつながりでもって，多分野のそうそうたる知識人・文化人が多数，交流して いたことが思い起こされるのである。文化的・市民的成熟がなければ，そして 人間それ自身への深い理解がなければ，経済も政治も結局はうまくはいかない だろう。

　＊）拙論として，「《実践的唯物論》への道程——政治と哲学の距離」（島崎・岩佐・渡辺 　　編著『戦後マルクス主義の思想』社会評論社，2013 年）55 ページ以下参照。さらに 　　ソヴィエト共産党による宗教への対応の紆余曲折に関する詳細な展開に関しては，上 　　島武「続・ロシア革命と宗教」（『カオスとロゴス』第 26 号，2004 年）が有益であっ 　　た。

索　引

＊数ページにわたる項目は，最初のページのみを示した。
＊目次でわかる場合は，以下の項目には入れなかった。

あ行

愛　102
アドラー，アルフレート　179
アドラー『人間知の心理学』　180
アドラー『個人心理学講義』　183
アプリオリ　60，62
アプリオリな総合判断　24，163
アポステリオリ　62
アメリカ・ヘーゲル学会　155
イーストン，スーザン　140
イデア　62
意味する　53
岩崎允胤・宮原将平　174
ウィトゲンシュタイン，ルートヴィッ
　ヒ　26，31，45，55
ウィトゲンシュタイン『確実性につい
　て』　136
ウィトゲンシュタイン『哲学的考察』
　序文　143
ウィトゲンシュタイン『哲学探究』
　27
ウィトゲンシュタイン『論理哲学論考』
　26，131
ウィーン学団　36，38
ウィンチ，ピーター　141
上山安敏　17

ヴェルシュ，ヴォルフガング　149
エックハルト，マイスター　66
エーブナー『ことばと精神的実在』
　94
エーブナー『ことばは道（日記)』　93
エンゲルス　72，75，80
大川勇　71
大河内泰樹　165
オーストリア的なるもの　19
《オーストリア哲学》　3，25，34
オッカム，ウィリアム　61，66

か行

概念　64
カイヒャー，ペーター　32
科学的世界把握　36
科学批判　110
春日祐芳　146
家族的類似　134
課題の分離　186
片隅に生きる人　94
かたどり　172
神　96
カムピッツ，ペーター　19，23，115
カルナップ，ルドルフ　27
カルナップ「言語の論理的分析による

形而上学の除去」 28
カルナップ「理論的認識と実践的決断」
　30
川崎誠 140
考えるな, 見よ! 145
感覚的確信 157
感覚複合体 85
感覚与件 156
還元主義 163
カント『純粋理性批判』 19
観念論 62, 171
慣用 54, 134
器官劣等性 184
岸見一郎『嫌われる勇気』 177
岸見『幸せになる勇気』 177
木田元 70
客観的精神 56
キューン, ヨアヒム 47
狂気 103
共同体感覚 188
偶然感官 57
クック, ダニエル 138
クリッチリー, サイモン 151
黒崎宏『ウィトゲンシュタインと禅』
　144
クワイン, ウィラード・ファン・
　オーマン 162
形而上学 107
形而上的なもの 33
ゲーデルト, ジョルジュ 121
ゲームの規則 56
言語ゲーム 134
言語捏造 37
言語の治療 135
言語の本質 135

言語批判 27
言語論的啓蒙主義 53
《言語論的転回》 43, 155, 170
『言語論的転回』 4
後期ウィトゲンシュタイン 166
コカイ, カーロイ 21
ことばによる物神崇拝 56
ことばの権力 53
ことばの実念論 63
ことばの迷信 53
コミュニケーション的言語観 54
根源のことば 99
根源命題 100

さ行

差異と承認 148
死 68
自我 106
自我の深淵 103
実在論（実念論） 60
実践的唯物論 72
史的唯物論 181
写像の理論 132
ジャニク／トゥールミン『ウィトゲン
　シュタインのウィーン』 32, 60
シャルル, フランツ 96, 112
宗教は私事である 197
自由主義体制の危機 41
シュタドラー, フリードリッヒ 90
受動態 99
シュテール, アドルフ 30, 37
シュリック, モーリッツ 31
ジョンストン, ウィリアム『ウィーン
　精神』 20, 95, 115

シュランペライ精神　19
承認欲求の否定　186
初期プロレタリアートと宗教　198
所与性　158
所与の神話　159
人生の３つのテーマ　185
神秘主義　65
生活形式　133
世紀転換期　17
世紀末　17
世紀末的二重性　41
世紀末の未来　22
精霊論　98
世界像　137, 166
セラーズ，ウィルフリッド　157
全人格的対話　114
全体論　164, 188
禅的アプローチ　144
ソロモン，ロバート　155, 160

た行

対向関係　118
対象と概念の一致　168
対話　113
他者　118
タナトス　68
田辺秀樹　17
ダームス，ハンス＝ヨアヒム　38
ダメット，マイケル　26
耽美主義（感性至上主義）　110
治療　148
ツヴァイク，シュテファン　18
デカルト　65, 104
トイニッセン，ミヒャエル　109

ドイツ哲学　35
トラウマ　183

な行

ナーグル，ルートヴィッヒ　152
ナチス　39
西村雅樹『言語への懐疑を超えて』
50
人間主義　49
人間知　193
人称　103
ノイラート，オットー　36
野家啓一　44, 69

は行

ハイデガー，マルチン『形而上学とは
　何か』　29
ハイネ，ハインリッヒ　19
ハインテル，エーリッヒ　23
バークリ　86
パスカル　109
ハッキング，イワン　44
発話　58
パトゴーンの形而上学　31
ハプスブルク神話　19, 41
ハプスブルク帝国　41
ハラー，ルドルフ　5, 34
ハーン，ハンス　61
平野嘉彦　47
フィッシャー，クルト　20
フィヒテ　108
フェルスター，エッカルト　153
フォイエルバッハ　158, 161

フォイエルバッハテーゼ・第2　141
物質の哲学的概念　79
ブーバー，マルチン　101, 114
ブーバー『出会い』　117
ブーバー『ユートピアの途』　124
ブーバー『我と汝・対話』　123
ブープナー，リュディガー　154
普遍　60
《プラグマティズム的転回》　155
ブランダム，ロバート　172, 176
ブレンターノ，フランツ　23
ブリオン，マルセル　18
フロイト，ジグムント　179
分析哲学　151
ヘーゲル　20, 39, 120, 164
ベーコン，フランシス　28
ベルクマン，グスタフ　43, 156
弁証法　40, 169
弁証法的反映論　174
弁証法と矛盾律　175
ボグダーノフ　89
保守革命　41
ポスト分析的局面　167
細川亮一　32
ホーフシュテッター，ロベルト　33
ホフマンスタール，フーゴ『チャンドス卿の手紙』　51

ま行

マウトナー，フリッツ　46, 124
マウトナー『言語批判論集』　49
マウトナー『哲学辞典』　49
マギー，ブライアン　3
マクタガート，ジョン　153

マグリス，クラウディオ　18
マッハ，エルンスト　49
マッハ『感覚の分析』　70
マッハ『認識の分析』　70
マルクス　109, 136, 141
マルクス・レーニン主義　127
マルコム，ノーマン　135, 143
マンハイム，カール　129
水上藤悦　50
道（タオ）　64
無　28
村岡到　204
目的論　181
モンク，レイ　134, 139

や行

唯物論的歴史把握　181
唯名論　59
ユートピア的社会主義　125
ヨーゼフ二世　42
「ヨハネ福音書」　52, 96

ら行

ライフスタイル　184
ラッセル，バートランド『哲学入門』（『哲学の諸問題』）　156
ラム，デイヴィッド　140
ランダウアー，グスタフ　47
リヒテンベルク，ゲオルク　49
レーニン　70, 207
レーニン『唯物論と経験批判論』　79
レーニン『哲学ノート』　81
ローティ，リチャード　44, 154

ロート美恵　17
論理代数　59

わ行

われ考える　65, 105
われ‐なんじ関係　99

著者略歴

島 崎　隆（しまざき　たかし）

1946 年生まれ，一橋大学社会学部名誉教授。
『ヘーゲル弁証法と近代認識』未來社，1993 年。
『ウィーン発の哲学 文化・教育・思想』，未來社，2000 年。
共著『精神の哲学者 ヘーゲル』創風社，2003 年。
共著『教育基本法と科学教育』創風社，2004 年。
『現代を読むための哲学　宗教・文化・環境・生命・教育』創風社，2004 年。
『エコマルクス主義　環境論的転回を目指して』知泉書館，2007 年。
翻訳：ミューレッカーら『哲学の問い』晃洋書房，2002 年。

《オーストリア哲学》の独自性と哲学者群像
　　——ドイツ哲学との対立から融合へ——

2017 年 12 月 1 日　第 1 版第 1 刷印刷　　　　　　　著　者　　島崎　隆
2017 年 12 月 10 日　第 1 版第 1 刷発行　　　　　　　発行者　　千田　顯史

〒113 — 0033 東京都文京区本郷 4 丁目 17 — 2

発行所　　(株)創風社　電話 (03) 3818— 4161　FAX (03) 3818— 4173
　　　　　　　　　　振替 00120—1—129648
　　　　　　　http://www.soufusha.co.jp

落丁本 ・ 乱丁本はおとりかえいたします　　　　　印刷・製本　光陽メディア

ISBN978—4—88352—240—8